U0707799

國家出版基金項目

唐仲英基金會資助項目

國家社會科學基金重大項目

日本京都大學藏珍稀漢籍十一種　册五

楊海崢　主編

附釋音春秋左傳註疏

〔西晉〕杜預　註
〔唐〕孔穎達　疏

北京大學出版社
PEKING UNIVERSITY PRESS

日本京都大學藏珍稀漢籍十一種　册五

目録

附釋音春秋左傳註疏卷四五—卷五二

1005
東方文化學院京都研究所

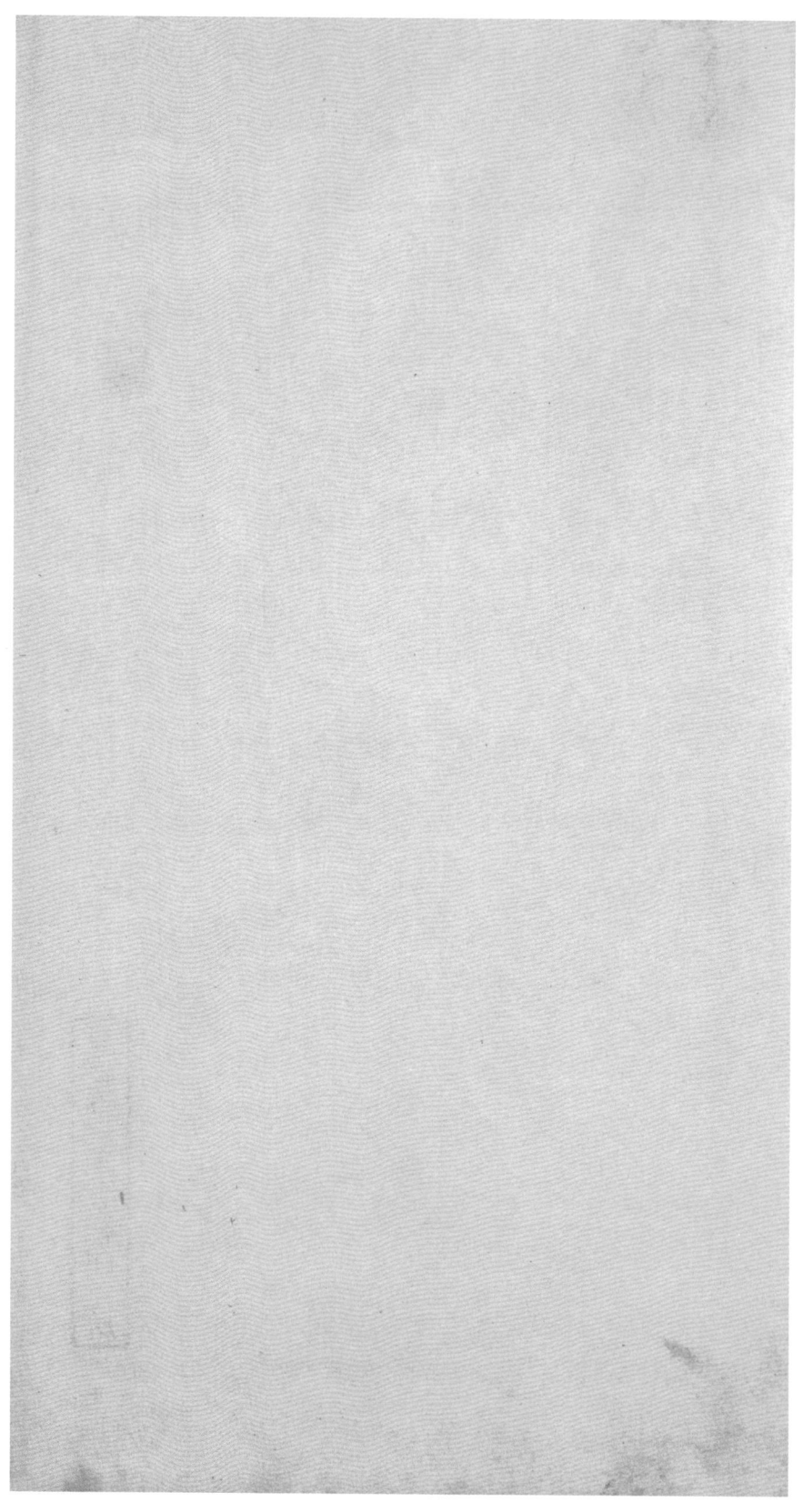

附釋音春秋左傳註疏卷第四十五 昭九年盡十二年

經九年春叔弓會楚子于陳以事往非行會禮 疏 注以事會禮○正義曰此與宣十五年公孫歸父會楚子于宋其事同也楚子在彼魯欲敬大國自往會之非楚子召使會自以小國事大國之禮往○許遷于夷許畏鄭欲遷故以自遷爲文 疏 注許畏至爲文○正義曰許自楚莊王以來世屬於楚常與鄭爲仇敵今畏鄭欲遷都近楚楚從其意而遷之故以許自遷爲文若許不欲遷而楚強遷之則當云楚人遷許如宋人遷宿齊人遷陽○夏四月陳災天火曰災陳既已滅降爲楚縣而書陳災者猶晉之梁山沙鹿崩不書晉災害繫於所災所害故以所在爲名○ 疏 注天火至爲名○正義曰天火曰災宣十六年傳例也公羊穀梁經皆作陳火公羊傳曰陳已滅矣其言陳火何存陳也穀梁傳曰國曰災邑曰火火不志此何以志閔陳而存之也賈服取彼爲說言愍陳不與楚故存陳而書之言陳尚爲國也杜以左氏無此義故辯而異之云陳既已滅降爲楚縣不言楚陳災而直書陳災者猶如晉之梁山沙鹿崩不書晉也以彼不繫晉知法自不當繫楚非是存

陳如舊國也凡災害所及繫於所災所害之數故以所在爲名一不復繫其本國大都以名通例不繫國陳是楚之大都無緣當繫於楚二傳妄說故杜不從所災所害昔所災謂陳災是也所害謂梁山沙鹿崩是也然災害繫於所災所害而宣十六年不直云宣榭火而以宣榭繫成周者以宣榭甚名不顯若不繫成周不知何處宣榭與此別也○秋

仲孫貜如齊○貜俱傳反○冬築郎囿○囿音又苑也於郎地築苑

傳九年春叔弓宋華亥鄭游吉衛趙黶會楚子于陳楚子在陳故四國大夫往非盟主所召不行會禮故不摠書○黶於減反【疏】注楚子至摠書

正義曰往年楚公子弃疾帥師圍陳楚子不親行也既滅陳以爲縣楚子自往巡行鎮撫之魯宋鄭衛聞其在陳畏威加敬各遣大夫往彼會之非是盟主所召亦不行會禮故魯史獨書已使不復摠書諸國也傳因叔弓所見歷序四國大夫以見諸國皆行非獨魯也十一年叔孫婼如晉葬晉平公傳因歷序諸國大夫此意與彼同也服虔以爲此會宋鄭衛之大夫不書叔弓後也服見文七年公會諸侯晉大夫盟于扈傳歷序諸國乃云公後至故不書所會凡會諸侯不書所

會後也後今不書其國與不敏也服意推彼爲義故云叔弓後耳彼爲盟主所召故諱後期此則楚非盟主何以當諱春秋之意豈欲尊仲尼而從楚乃爲之諱其會楚逆也且彼不書所會乃揔書諸侯此若是會經何以不揔書叔弓會諸侯之大夫傳何以不言叔弓會楚子宋華亥鄭游吉衞趙黶于陳也今傳以四國大夫共會楚子義不應類足以可明且叔弓若後傳當言之傳不言後而服以爲後是欲代丘明爲傳非解之也故杜顯而異之言不行會禮故不揔書見此意

○二月庚申楚公子弃疾遷許于夷實城父

此時改城父爲夷故傳實之城父縣屬譙郡

【疏】注此時至譙郡○正義曰杜以地名經傳不同而傳言實者則以爲名有改易也傳不言實則以爲二名兩存也所言實者皆舉舊以實新也舊名城父此時新改爲夷然言城父是舊名故傳以實明之凡有二義經書未改之名傳以所改實明之凡有二義經書未改之名傳以所改實之則昭十八年許遷于白羽傳云許遷于析實白羽定十年公會齊侯于夾谷傳云會于祝其實夾谷是也若經書已改之名則傳亦舉其已改實其未改之號即此許遷于夷傳云遷許于夷實城父定十二年齊侯衞侯次于垂葭傳云次于垂葭實郥氏是

此此四者或經書未改或經書已改傳皆上句言其已改之名下句實其未改之號凡一地前後二名者非謂經時爲未改之名傳時爲已改之名乃於經傳以前上世之時已有所改前後之名夫子集史記而爲經丘明采簡牘而作傳史記或書其舊名者即白羽夾谷是也或史記書其後名者即夷與垂葭是也丘明據簡牘爲傳以所改後名而實之故僖二十五年秦取析矣襄二十六年声子云析公之亂皆言白羽改爲析之後但簡牘稱析故杜云於傳時白羽改爲析止謂簡牘之時非丘明作傳時也若其不然孔子脩經丘明作傳事相連接時日不遠豈可脩經時爲白羽作傳即改爲析故杜云此四者皆爲所在之地舊名絕於當時史記有遺者也劉炫不審思杜意揔僖公襄公之世已有析名而規杜氏非也

取州來淮北之田以益之益許田　疏取州至益之　正義曰釋例云州來淮南下蔡縣汝水之南也淮北之田淮水北田則州來邑在淮南邑民有田在淮北也許國盡迁于夷夷田少故取以益之

伍舉授許男田然丹遷城父人於陳以夷濮西田益之以夷田在濮水西者與城父人○濮音卜遷方城外人

於許成十五年許遷於葉因謂之許今許近於夷故以方城外人實其處傳言靈王使民不安○葉始涉反處昌慮反○周甘人與晉閻嘉爭閻田甘人甘大夫襄也閻嘉晉閻縣大夫○閻以廉反

疏注甘人至大夫○正義曰孔子父叔梁紇爲鄹邑之長論語謂孔子爲鄹人之子是與邑大夫法當以邑名冠之而稱人知此甘人即是下文甘大夫襄也甘人是甘縣大夫知閻嘉是晉之閻縣大夫名嘉也甘閻接竟田或相侵故共爭之

晉梁丙張趯率陰戎伐潁陰戎陸渾之戎潁周邑○趯他歷反王使詹桓伯辭於晉辭責讓之桓伯周大夫○詹之廉反曰我自夏以后稷魏駘芮岐畢吾西土也在夏世以后稷功受此五国爲西土之長駘在始平武功縣所治斄城岐在扶風美陽縣西北○夏戶雅反注同駘他來反依字應作邰芮如銳反岐其宜反長丁丈反下師長同治直吏反斄本又作斄他來反又音來一音力之反

疏注在夏至西北○正義曰周語云昔我先世后稷以服事虞夏及夏之衰也棄稷弗務我先王不窋用失其官案本紀不

邰，后稷之子繼其父業出為大国故受此五国為西土之長也。釋例土地名云：魏，河東河北縣也。芮，馮翊臨晉縣芮鄉是也。畢在京兆長安縣西北。駘在武功。岐在美陽，今案其地芮在魏之西南百餘里耳。岐在駘之西北無百里也。詩称后稷封邰，與岐畢相近，為之長可矣。計魏在邰東六百餘里，而令邰国與魏為長，道路太遥。公刘居豳，又在岐西北四百餘里。此傳極言遠竟而辞不及豳，並不知其故。

及武王克商蒲姑商奄吾東土也樂安博昌縣北有蒲姑城。○蒲如字，又音薄。奄，於檢反。纍音路。

疏及武至東土。正義曰：武王克商，光有天下，外薄四海，皆為周地。上文既言西土，故以下唯說三方。其實西方所至過於上文，自岐以西猶是周竟，但不復重言之耳。服虔云：蒲姑、商奄，濱東海者也。蒲姑，齊也；商奄，魯也。二十年傳曰：蒲姑氏因之。定四年傳曰：因商奄之民命以伯禽。

巴濮楚鄧吾南土也肅慎燕亳吾北土也肅慎，北夷，在玄菟北三千餘里。○巴必加反。燕於賢反。亳步各反。

疏巴濮至北土。○正義曰：土地名云：巴，巴郡江州縣也。楚，南郡江陵縣也。鄧，義陽鄧縣也。建寧郡南有濮夷地。然則巴、楚、鄧，中夏之国，唯濮為遠夷耳。土地亦又云燕国薊縣也亳是小国騶不知所在盖與燕相近亦是中国也唯肅愼爲遠夷○注肅愼至餘里○正義曰書序云成王既伐東夷肅愼來賀魯語云武王克商肅愼氏貢楛矢韋昭云肅愼東北夷之国去扶餘千里晉之玄菟即在遼東北杜言玄菟北三千里是北夷之遼東者故杜言北夷韋言東北夷

吾何邇封之有

迩近也〔疏〕吾何迩封之有○正義曰言我之封疆何近之有迩近也

文武成康之建

爲後世廢隊兄弟之国當救濟之○蕃方元反屏必井反隊直類反注同爲于僞反注同〔疏〕文武至是爲○正義曰傳稱虢仲虢叔王季之穆是文王母弟也管蔡郕霍魯衛毛聃史記以爲武王之母弟也曹叔成王之母弟也其康王之母弟則書傳無文文王周之郜王故言文王文王未得封諸侯也弟以同母爲親故言母弟耳所封非同母者亦多矣建爲国君所以爲蕃籬屏蔽周室使與天子蔽鄣患難亦其慮後世子孫或有廢隊王命望諸侯共救濟之是爲此也

母弟以蕃屏周亦其廢隊是爲

豈如弁髦

而因以敝之

童子垂髦始冠必三加冠成禮而弃其始冠故言弁髦因以敝之○弁皮彥反本又

作下髮音毛始冠古亂反【疏】豈如至敝之○正義曰豈如弁髦因以敝之者弁謂緇布冠髦謂童子垂髦凡加冠之禮先用緇布之冠斂括垂髦三加之後去緇布之冠不復便用故云因以敝之今王自比豈得將王室如緇布冠加髦之後不須當用因以敝之猶言以我王家封建晉國之後因即棄而不著之也○注童子至冠也○正義曰案禮未冠之時以垂髦故云童子垂髦也士冠禮始冠緇布冠次加皮弁次加爵弁是始冠以三加冠也其記冠義云始冠緇布之冠冠而敝之可也玉藻亦云始冠緇布冠自諸侯下達冠而敝可也鄭玄云本太古耳非時王之法服也是言本古而暫冠既加而即棄是初成而棄其始冠故云弁髦而因以敝之也弁有爵弁皮弁嫌緇布之冠不得名弁故云弁亦冠也用禮弁知冠冕是弁為大名也劉炫以為弁髦二物以童子垂髦為髮彼兩髦又云因以敝之者謂親没不髦案禮加冠以後親没以前身既成人猶自垂髦何得云童子垂髦髦既親没乃棄杜注何以不言親没也若三加之後弁亦不棄髦杜注何得云棄其始冠故言弁髦因以敝之既連髦而言明非親没之髦也髦之形像鄭注士喪禮云未聞

先王居檮杌于四裔以禦螭魅言檮杌略舉四凶之一下言四裔則三苗在其

□○檮徒刀反杌五忽反裔以制反禦魚呂反螭勑知反魅本又作鬽武冀反疏注言檮至其中正義曰文十八
年傳舜臣堯流四凶族渾敦窮奇檮杌饕餮投諸四裔以禦螭魅先儒皆以為渾敦驩兜也窮奇共工也檮杌鯀也饕
餮三苗也此傳以晉率陰戎伐潁正須言饕餮耳而云檮杌者略舉四凶之一耳下言四裔則三苗在其中可知也杜直
謂鯀當言居檮杌于羽山不須言四裔也故允姓之姦居于瓜州允姓陰戎之祖
與三苗俱放三危者瓜州今敦煌○姦古顏反瓜古華反敦都門反煌音皇疏注允姓至敦煌正義曰此言主
責陰戎知允姓陰戎之祖也言允姓之姦者謂其奸邪之人懸言之也尚書云竄三苗于三危此言允姓居于瓜州時同
而入別知與三苗俱放於三危也伯父惠公歸自秦而誘以來僖十
十五年晉惠公自秦歸二十二年秦晉遷陸渾之戎於伊川使偪我諸姬入我郊
甸則戎焉取之邑外為郊郊外為甸言戎取周郊甸之地○偪彼力反甸徒遍反焉於虔反
如字疏則戎焉取之○正義曰焉猶何也昔不由晉則戎何得取周之地也○注邑外至之地○正義曰釋地云

是外謂之郊周礼載師掌任土之法其斂王畿之内遠近之次自国中以外有近郊遠郊次甸次稍次縣次都是郊外爲
甸也陸渾之戎居伊洛之間是取周郊甸之地戎有中國誰之咎也咎在晉○咎其
九反后稷封殖天下今戎制之不亦難乎后稷修封殖
五穀今戎得之唯以畜牧○殖時力反疆居良反畜許又反一音許六反牧音目又音茂伯父圖之
我在伯父猶衣服之有冠冕木水之有本原
民人之有謀主也民人謀主宗族之師長疏我在至主也○正義曰言我周存在
於伯父有益如衣服云云伯父若裂冠毀冕拔本塞原專棄
謀主雖戎狄其何有余一人伯父猶然則雖戎狄無所同責習率陰戎伐周
邑故云然疏雖戎至一人○正義曰言伯父我親德自如此則雖戎狄其何有恩義於我一人既無恩親侵我亦
無可責叔向謂宣子曰文之伯也豈能改物言文公雖霸未

能改正朔易服色○伯如字又音霸翼戴天子而加之以共翼佐也自

文以來世有衰德而暴滅宗周宗周天子以宣示

其侈諸侯之貳不亦宜乎且王辭直子其圖

之宣子說王有姻喪外親之喪○說音悅疏王有姻喪○正

義曰隱元年傳云士踰月外姻至姻是外親故杜云外親之喪也服虔云嬪之父曰姻王之后喪父於王亦有服義故往弔案妻父爲婚雖有此稱王之納后必取諸侯之女后之父母不得身在京師往弔可耳何以得致襚也以致襚言之知是外親之喪宜不知外親喪是誰死使趙成如周弔且致閻田與襚襚送死衣○襚音遂贈死衣服反潁俘王亦使賓滑執甘大夫襄以說

於晉晉人禮而歸之賓滑周大夫○俘芳夫反滑乎八反又乎八反說如字又音悅

○夏四月陳災鄭裨竈曰五年陳將復封封

五十二年而遂亡子產問其故對曰陳水屬也陳顓頊之後故為水屬○復扶又反下注復封皆同疏陳水屬○正義曰陳顓頊之後顓頊以水德王天下故為水屬也陳是舜後舜為土德不近言土屬而遠繫顓頊為水屬者蓋稗竈知陳將欲復興須取水為占驗假此以為言耳未必帝王子孫永與所承同德楚之先世嘗為火官即以火為楚象豈復五行之官後世皆依其行乎此皆賢哲有以知之非吾徒所測火水妃也火畏水故為之妃○妃方非反一音配注同疏注火畏至之妃○正義曰陰陽之書有五行妃合之說甲乙木也丙丁火也戊己土也庚辛金也壬癸水也木克土土克水水克火火克金金克木木畏金以乙為庚妃也金畏火以辛為丙妃也火畏水以丁為壬妃也水畏土以癸為戊妃也土畏木以己為甲妃也裨用此說故云火畏水故為之妃也服虔云火離也水坎也易卦離為中女坎為中男故火為水妃而楚所相也相治也楚之先祝融為高辛氏火正主治火事○相息亮反注同疏注相治至火事○正義曰相訓助也主火而助君為治故以為治也二十九年傳曰火正曰祝融顓頊氏有子曰犂為祝融楚世家云高陽

王稱稱生卷章卷章生重黎重黎爲高辛氏火正甚有功能光融天下帝嚳命曰祝融共工作亂帝使重黎誅之而不盡帝誅黎而以其弟吳回爲後復居火正爲祝融吳回生陸終陸終生子六人六曰季連芈姓楚其後也是楚之先爲火正治火事

今火出而火陳火心星也火出於周爲五月而以四月出者以長曆推前年誤置閏【疏】注火心至置閏○正義曰襄九年傳曰心爲大火十七年傳曰火出於周爲五月今經書四月陳災傳言火出而火陳火得以四月出者長曆云閏當在此年五月後而在前年故火以四月出也長曆以爲前年閏八月則此年四月五日得中氣二十日得正月節故四月得火見逐楚而建陳也水得妃而興陳興則楚衰故曰逐楚而建陳【疏】注水得至建陳○正義曰杜以陳爲楚邑楚人在陳陳興則楚衰故曰逐楚而建陳當謂逐去楚人之在陳者君穿封戌爲陳公者也但毆逐楚国之人於義甚通刘炫乃以逐爲遁言火逃遁去楚而建立陳国而規杜非也

妃以五成故曰五年妃合也五行各相妃合得五而成故五歲而陳復封爲十三年陳侯吳歸于陳傳○妃音配注妃並同【疏】注妃合至陳傳○正義曰妃合釋詁文也易係辭云天一地二天三地四天五

地六天七地八天九地十天數五地數五五位相得而各有合鄭玄云天地之氣各有五五行之次一曰水天數也二曰火地數也三曰木天數也四曰金地數也五曰土天數也此五者陰無匹陽無耦故又合之地六爲天一匹也天七爲地二耦也地八爲天三匹也天九爲地四耦也地十爲天五匹也二五陰陽各有合然後氣相得施化行也是言五行各相妃合十一數以上皆得五而成故云五歲而陳將復封

歲五及鶉火而後陳卒亡

楚克有之天之道也故曰五十二年

是歲歲在星紀五歲及大梁而陳復封自大梁四歲而及鶉火後四周四十八歲凡五及鶉火五十二年天數以五爲紀故五及鶉火火盛水衰

【疏】注是歲歲至水衰○正義曰如杜所注歲星每年而行一次至昭三十二年則歲星在寅未至於丑其傳云越得歲而吳伐之故服氏以爲有事于武宮之歲龍度天門謂十五年歲星從由越未而至午壁家以周天十二次次別爲百四十四分歲星每年行一百四十五分是歲星行一次外剩行一分積一百四十四年乃剩行一次故昭十五年得招一辰今杜氏既無此義而三十二年歲星得在丑者但歲星之行天之常數超辰之義不言自顯故杜不注若然楚卒城

陳在哀十七年則歲星當偷鶉火至鶉尾而一云五及鶉火者
以顓頊歲在鶉火而滅故裨竈舉大畧而言云五及鶉火不
復細言殘数維至鶉尾亦經由鶉火天有五星又大微宫中
有五帝坐又四方中央亦有五是天数以五爲紀故五及鶉
火也歲星天之貴神所在之国必昌歲在
鶉火火得歲星之助火所盛而水則衰 ○晉荀盈如
齊逆女自爲逆○爲于僞反還六月卒于戲陽魏郡内黄縣此有戲陽城
○戲許宜反殯于絳未葬晉侯飲酒樂膳宰屠蒯
趨入請佐公使尊公之使人執尊酌酒請爲之佐○樂音洛屠音徒礼記作杜蒯苦怪反使
尊加字亦所吏反許之公許之而遂酌以飲工工樂師師曠也○飲於鴆
反下又**疏**注工樂師師曠也○正義曰礼記檀弓說此事
飲同云知悼子卒未葬平公飲酒師曠李調侍知工
即師曠也外嬖
叔即李調也曰女爲君耳將司聰也樂所以聽耳○女音汝下
皆**疏**注樂所以聽耳○正義曰樂以和心聲從耳入故樂
同者所以聰耳大師掌樂務使君聰故爲君耳將司聰

也辰在子卯謂之疾日疾惡也紂以甲子喪桀以乙卯亡故國君以爲忌日○喪息浪反

疏注疾惡至忌日○正義曰訓疾爲惡言王者惡此日不以舉吉事也尚書武成篇云時甲子昧爽受率其旅若林會于牧野罔有敵于我師前徒倒戈攻于後以北血流漂杵是紂以甲子喪也詩云韋顧既伐昆吾夏桀言昆吾與桀同時死也十八年傳二月乙卯周毛得殺毛伯過而代之萇弘曰毛得必亡是昆吾稔之日也昆吾之死與桀同日知桀以乙卯亡也以此二王之亡爲天誅之日故國君以爲忌日惡此日也檀弓云君子有終身之憂故忌日不樂鄭玄云謂死日也彼謂親亡之日至此日而念親故此日不用舉吉事非是惡此日也此與忌日名同意異

君徹宴樂學人舍業爲疾故也君之卿佐是謂股肱股肱或虧何痛如之言痛疾過於忌日○舍音捨爲于僞反下爲是同女弗聞而樂是不聰也不聞是義而作樂又飲外嬖嬖叔外都大夫之嬖者

疏注外都至嬖者○正義曰此言外嬖嬖叔即李調是也礼記云調也君之褻臣

也既云褻臣而謂之外嬖知是外都大夫之嬖者猶晉獻公時有外嬖梁伍東關嬖伍曰女爲君目將司明也職在外故上視服以旌禮旌表也禮以行事事政令事有其物物類也物有其容容貌也今君之容非其物也有卿佐之喪而作樂褻會故曰非其物而女不見是不明也亦自飲也曰味以行氣氣以實志氣和則志充

【疏】服以至不明○正義曰吉有弁冕凶有衰麻礼有吉凶之異作衣服以表之如此之類是服以旌礼也周礼司服六冕以祭祀皮弁以視朝韋弁以即戎冠弁以田獵如此之類是礼以行事也傳稱哀有哭泣樂有歌舞如此之類是事有其物言行事各有其物類也記稱衰麻則有哀色端冕則有敬色介胄則有不可犯之色周礼保氏教国子六儀一曰祭祀之容二曰賓客之容三曰朝廷之容四曰喪紀之容五曰軍旅之容六曰車馬之容少儀曰言語之美穆穆皇皇朝廷之美濟濟翔翔祭祀之美齊齊皇皇車馬之美騑騑翼翼鸞和之美肅肅雍雍如此之類是物有其容也

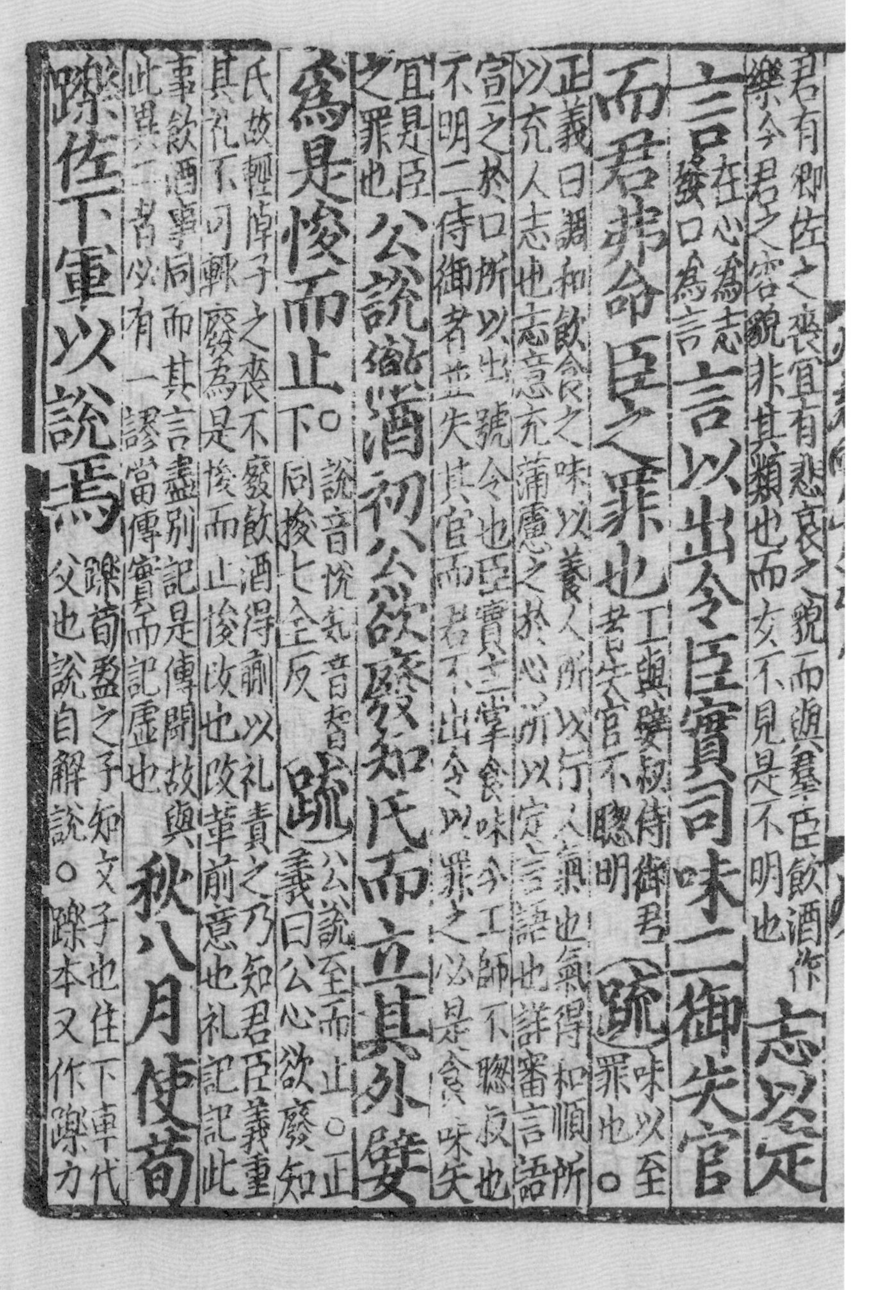

君有御佐之喪宜有悲哀之貌而與羣臣飲酒作樂今君之容貌非其類也而女不見是不明也志以定言在心為志發口為言言以出令臣實司味二御失官而君弗命臣之罪也工與嬖叔侍御君君失官不聰明【疏】味以至罪也○正義曰調和飲食之味以養人所以行人氣也氣得和順所以充人志也志意充滿慮之於心所以定言語也詳審言語宣之於口所以出號令也臣實主掌食味今工師不聰叔也不明二侍御者並失其官而君不出令以罪之必是食味失宜是臣之罪也公說徹酒初公欲廢知氏而立其外嬖為是悛而止○說音悅知音智下同悛七全反【疏】公說至而止○正義曰公心欲廢知氏故輕悼子之喪不廢飲酒得蒯以禮責之乃知君臣義重其禮不可輒廢為是悛而止悛改也改革前意也禮記記此事飲酒事同而其言盡別記是傳聞故與此異二者必有一謬當傳實而記虛也秋八月使荀躒佐下軍以說焉躒荀盈之子知文子也佐下軍代父也說自解說○躒本又作躒力

反余音洛○孟僖子如齊殷聘禮也自叔老聘齊至今二十年禮意久曠今脩盛聘以無忘舊好故曰禮○好呼報反疏注自叔至曰禮○正義曰襄二十年叔老聘齊至今二十年更不遣聘是邦交禮意久曠絕也殷訓盛也今脩盛聘以無忘舊好故禮之也聘禮云小聘曰問不享有獻不及夫人主人不筵几不郊勞然則聘禮經之所言是大聘也王制云諸侯之於天子也比年一小聘三年一大聘鄭玄云小聘使大夫大聘使卿聘禮既是大聘使卿矣殷聘又當盛於大聘不知以何為盛或當享禮之物多矣○冬築郎囿書時也季平子欲其速成也叔孫昭子曰詩曰經始勿亟庶民子來詩大雅言文王始經營靈臺非急疾之眾民自以子義來勸樂為之○亟紀力反樂如字又五教反一音洛疏詩曰至子來○正義曰大雅靈臺之篇也言文王經始靈臺之基趾其意勿使急成之但其眾民曰以子成父事而來勸樂而早成之耳子成父事不待督勵故云子來以示民樂之意焉用速成其以勦民也勦勞也○焉於虔反勦初交反又子

小乎無聞猶可無民其可乎
經十年春王正月○夏齊欒施來奔者酒好肉以取敗亡
敗書名○耆冒市志反傳同好呼報反○秋七月季孫意如叔弓仲孫
貜帥師伐莒三大夫皆卿故書之季孫爲主二子從之疏注三大夫從之正義曰成二年
鞌之戰晉四卿並書此三卿皆書重兵詳內故備書之其他國行兵唯書元帥而已略外也傳云平子伐莒取鄆平丘又
獨見執明是季孫爲伐莒之主二子從之○戊子晉侯彪卒五同盟○彪彼料反○九
月叔孫婼如晉○葬晉平公三月而葬速○十有二
月甲子宋公成卒十一同盟也無冬史闕文○戍音城何休音恤疏注五同盟
正義曰彪以襄十六年即位自年盟于溴梁十九年于祝柯二十年于澶淵二十五年于重丘二十七年于宋不數元年
號會是五同盟○注十一同盟○正義曰成以成十六年即位十七年盟于柯陵十八年于虛朾襄三年于雞澤五年于

昭九

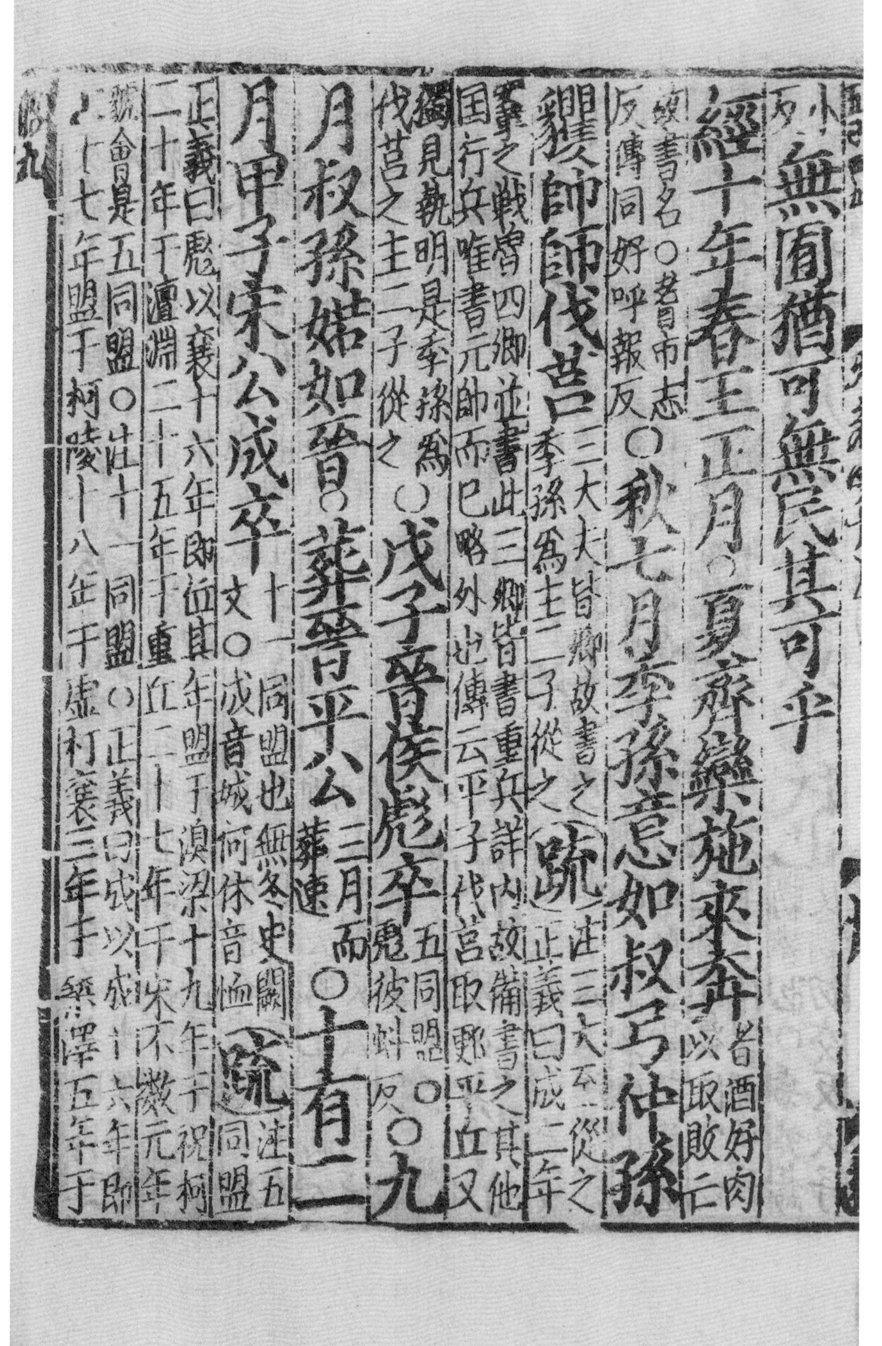

咸九年于戲十一年于亳城北十五年及向戌盟于刘十六年于湨梁十九年于柷祁二十年于澶淵二十五年于重丘二十七年于宋元年于虢皆魯宋俱在凡十三同盟杜意盟數多者不數將盟襄十五年向戌盟于刘及虢盟不數故一刘炫并數以規杜過非也如此數盟不同者或可傳寫誤

傳十年春王正月有星出于婺女客星也不書非孛○婺武付反孛蒲對反鄭裨竈言於子產曰七月戊子晉君將死今茲歲在顓頊之虛歲歲星也顓頊之虛謂玄枵○裨婢支反虛起魚反注同

疏注歲歲至玄枵○正義曰釋天云玄枵虛也顓頊之虛虛也郭璞曰虛在正北顓頊水德位在北方當以北方三次以玄枵爲中玄枵次有三宿又虛在其中以水位在北顓頊居之故謂玄枵虛星爲顓頊之虛也

姜氏任氏實守其地姜齊姓任薛姓齊薛二國守玄枵之地○任音壬注同居其維首而有妖星焉告邑姜也客星居玄枵之維首邑姜

齊大公女晉唐叔之母星占婺女爲既嫁之女織女爲處女邑姜齊之既嫁女妖星在婺女齊得歲故知禍歸邑姜○大音泰【疏】居其至姜也○正義曰維者綱也玄枵次有三宿女爲其初女是次之綱維也居其維首謂星居之也其玄枵維首而有妖異之星焉以將死之妖告邑姜也邑姜齊女告邑姜言其子孫當死也**邑姜晉之妣也天以七紀**二十八宿面七○妣必履反宿音秀【疏】邑姜晉之妣也○正義曰曲禮云生曰母死曰妣鄭玄云妣之言媲媲於考也邑姜唐叔之母故爲晉之妣也邑姜亦是成王之母而於周無與任姜共守其地而不告辭女此則裨竈自知非吾徒所能測**戊子逢公以登星斯於是乎出**逢公殷諸侯居齊地者逢公將死妖星出婺女時非歲星所在故齊自當禍而以戊子日卒【疏】戊子至乎出○正義曰昔戊子之日逢公死其神以此日登天於時有星是此星也於是婺女乎出爾時妖星出於婺女而戊子逢公死今此星亦出婺女知戊子晉君當死也逢公死日星出婺女當時猶有書記故裨竈得而知之○注逢公至日卒○正義曰二十年晏子說齊地云有逢伯陵因之則陵是逢君之始祖也周語說玄枵之次云我皇妣大姜之姪

伯陵之後逢公之所馮神也孔晁云大姜大王之妃王季之母也女子謂昆弟之子曰姪伯陵大姜之祖逢公大姜之姪伯陵之後逢公殷諸侯也然則伯陵之後世爲逢君皆是逢公未知戎子卒者何名號也逢公死時妖星亦出婺女於陵歲星不在齊分故齊地之君自當其禍此時歲在齊分故外孫當之吾是以譏之爲晉侯彪卒傳

○齊惠欒高氏皆耆酒欒高二族皆出惠公信內多怨說婦人言故多怨○說音悅彊於陳鮑氏而惡之惡陳鮑○惡烏路反注同夏有告陳桓子曰子旗子良將攻陳鮑亦告鮑氏桓子授甲而如鮑氏遭子良醉而騁欲及子良醉故騁告鮑文子○騁勑領反遂見文子文子鮑国則亦授甲矣使視二子二子子旗子良則皆從飲酒桓子曰彼雖不信彼傳言者○傳直專反聞我授甲則必逐我及其飲酒也

先伐諸陳鮑方睦遂伐欒高氏子良曰先得公陳鮑焉往欲以公自輔助○先伐諸一本無伐字焉於虔反下焉歸同遂伐虎門欲入公不聽故伐公門疏齊惠欒高氏○正義曰齊惠公生子欒公子高高生子尾尾生子良欒生子雅雅生子旗旗生是欒孫良是高孫孫以王父字為氏皆出惠公故曰惠欒高氏也○遂伐虎門○正義曰周礼師氏掌以美詔王居虎門之左司王朝鄭玄云虎門路寢門也王日視朝於路寢門外畫虎焉以明勇猛於守宜也司猶察也察王之視朝若有善道可行者則當前以詔王彼師氏察王得失明其近王故以虎門為路寢門此亦當然或以虎門非路寢門當是宮之外門不與周礼同晏平仲端委立于虎門之外端委朝服疏注端委朝服○正義曰元年傳刘定公謂趙孟子文云吾與子弁冕端委哀七年傳曰大伯端委以治周礼則端委是在公之服故云朝服鄭玄云諸侯與其臣皮弁以視朔朝服以視朝其朝服玄冠緇布衣素積以為裳也四族召之無所往四族欒高陳鮑其徒曰助陳鮑

乎已何善焉言無善義可助助欒高乎曰庸愈乎猶惡不差於陳鮑○差初賣反然則歸乎曰君伐焉歸公召之而後入公卜使王黑以靈姑銔率吉請斷三尺焉而用之王黑齊大夫靈姑銔公旗名斷三尺不敢與君同○銔扶眉反又音丕率所律反徐祈類反斷丁管反注同

疏公卜至用之○正義曰公卜卜與欒高戰此靈姑銔者齊侯旌旗之名卜使王黑以此靈姑銔之旗率人以戰得吉也禮諸侯當建交龍之旂此靈姑銔蓋是交龍之旂當時爲之名其義不可知也知是旗者以請斷三尺而用之故知是旗

五月庚辰戰于稷稷祀后稷之處○稷地名六國時齊有稷下之號○處昌慮反欒高敗又敗諸莊莊六軌之道

疏注莊六軌之道○正義曰釋宮云六達謂之莊舊說皆云六道旁出杜皆以一達爲一軌

國人追之又敗諸鹿門鹿門齊城門欒施高彊來奔高彊不書非卿陳鮑

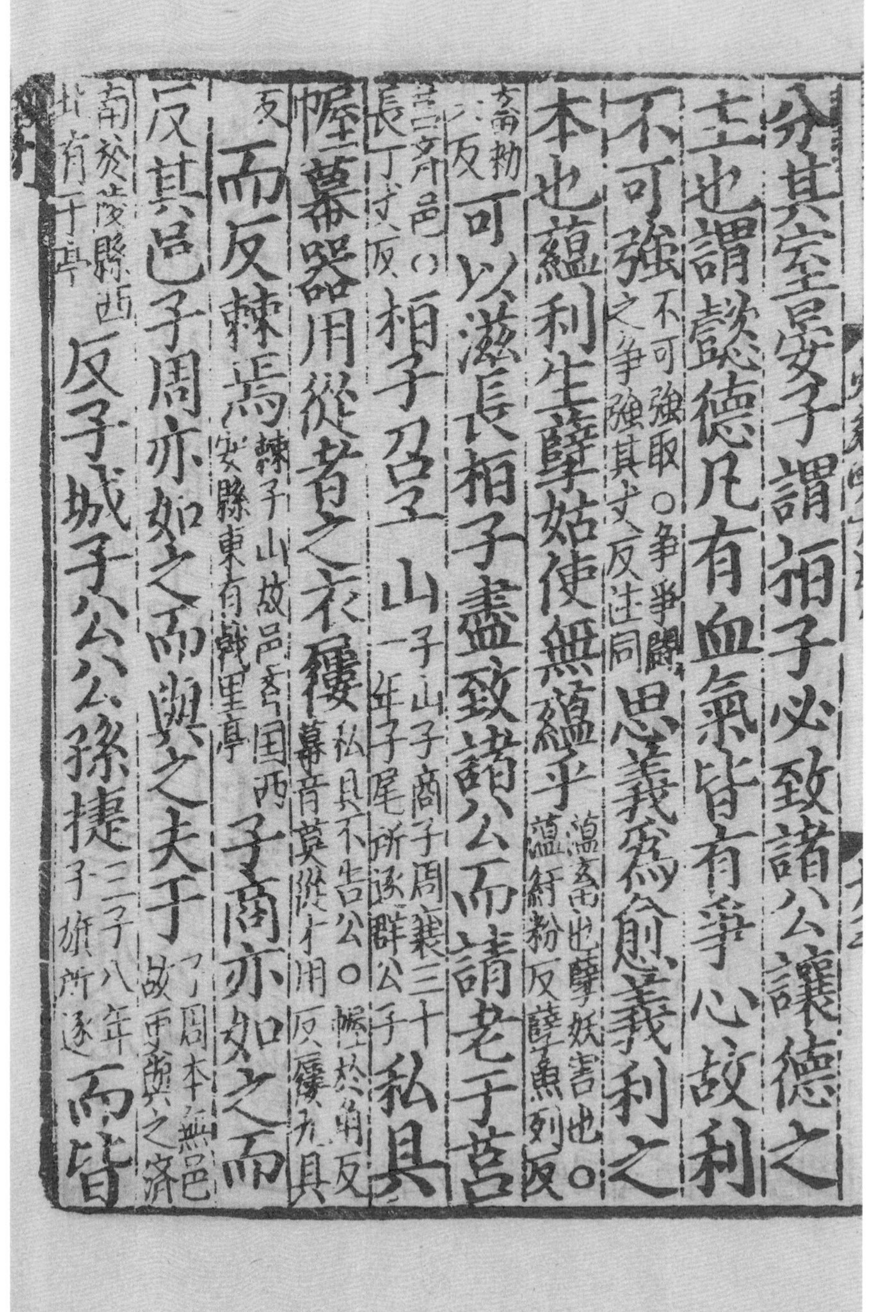

分其室晏子謂桓子必致諸公讓德之
主也謂懿德凡有血氣皆有爭心故利
不可強不可強取○爭爭鬪之爭強其丈反注同思義爲愈義利之
本也蘊利生孽姑使無蘊乎蘊畜也孽妖害也○蘊紆粉反孽魚列反
大畜物之反可以滋長桓子盡致諸公而請老于莒
莒齊邑○長丁丈反桓子召子山子山子商子周襄三十一年子尾所逐群公子私具
幄幕器用從者之衣屨私具不告公○幄於角反幕音莫從才用反屨九具
反而反棘焉棘子山故邑齊国西安縣東有戟里亭子商亦如之而
反其邑子周亦如之而與之夫于子周本無邑故更與之濟
南於陵縣西北有于亭反子城子公公孫捷三子八年子旗所逐而皆

益其禄。凡公子、公孫之無禄者，私分之邑。桓子以己邑分之。國之貧約孤寡者，私與之粟。曰：「詩云：『陳錫載周』，能施也。詩大雅。言文王能布陳大利以賜天下，行之周徧。○載，如字，詩作哉，毛云哉載也，鄭云始也。施，始豉反，下注同。徧，音遍。桓公是以霸。」齊桓公亦能施以政霸。【疏】曰詩云至桓公是以霸。○正義曰：曰者，桓子辭也。既私施與，又自言己施之意。大雅文王之篇。錫，賜。載，行。周，徧也。言文王能布陳大利以賜天下，行之周徧，此言文王之能施也。桓公亦用此能霸諸侯，焉得不務施乎？言己多施爲此也。

公與桓子莒之旁邑，辭。讓不受。穆孟姬爲之請高唐，陳氏始大。穆孟姬，景公母。傳言陳氏所以興。○爲，于僞反。

秋七月，平子伐莒，取郠。郠，莒邑。取郠不書，公見討平丘，魯諱之。○郠，古杏反。獻俘，始用人於亳社。以人祭殷社。○俘，芳夫反。亳，步洛反。臧武仲在齊，聞之，曰：「周公

其不饗食嘗祭乎周公饗義魯無義詩曰德音
孔昭視民不恌詩小雅恌偷也言明德君子必愛民○視如字詩作示恌他彫反恌
之謂甚矣而壹用之將誰福哉壹同也同人於畜牲○畜許又
反疏詩曰至福哉○正義曰小雅鹿鳴之篇也孔甚昭明恌偷也言君子之人爲賓客德音甚明其視下民不
偷薄苟且也偷之已謂甚矣而一同畜牲用之將誰肯福祐之哉恌偷釋言文李巡曰恌偷薄之偷也孫炎曰偷苟且也
○戊子晉平公卒如禆竈之言鄭伯如晉及河晉人
辭之游吉遂如晉礼諸侯不相弔故辭九月叔孫婼齊
國弱宋華定衛北宮喜鄭罕虎許人曹人莒
人邾人薛人杞人小邾人如晉葬平公也經不書諸
侯大夫者非盟會鄭子皮將以幣行見新君之贄○見賢遍反下不得見下文因見同贄

子產曰喪焉用幣用幣必百兩載幣用車百乘○焉於虔反乘繩證反疏百兩○正義曰尚書武王戎車三百兩孔安國云兵車稱兩百兩必千人千人至將不行行用也不行必盡用之不得見新君將自費用盡○費芳味反下同幾千人而國不亡言千人之費不可數○幾居豈反數所角反子皮固請以行既葬諸侯之大夫欲因見新君叔孫昭子曰非禮也弗聽叔向辭之曰大夫之事畢矣送葬禮畢而又命孤孤斬焉在衰絰之中既葬未卒哭故猶服斬衰○衰七雷反絰直結反其以嘉服見則喪禮未畢其以喪服見是重受弔也大夫將若之何皆無辭以見子皮盡用其幣歸謂子羽曰

裴東校　黄道林

非知之實難將在行之言不患不知患不能行○嘉服見知字又賢遍反下同重直用反以見賢遍反下同夫子知之矣我則不足言已由子產之戒既知其不可而遂行之是我之不足【疏】非知至不足○正義曰尚書說命云非知之艱行之惟艱此言出彼意也非知之實爲難將在行之爲難也言子產語已既知之知而不行所以自悔夫子子產知之矣知喪不用幣也我則知不足矣

書曰欲敗度縱敗禮逸書○敗必邁反下同【疏】書曰至敗禮正義曰尚書太甲篇也孔傳云言已放縱情欲毀敗禮儀法度我之謂矣夫子知度與禮矣我實縱欲而不能自克也欲因喪以慶新君故縱而行之不能自勝○勝音升

昭子至自晉大夫皆見高彊見而退高彊子良昭子語諸大夫曰爲人子不可不慎也哉

昔慶封亡子尾多受邑而稍致諸君君以爲

忠而甚寵之將死疾于公宮在公宮被疾輦而○語魚據反歸吾親推之推其車而送之○推如字又他回反注同其子不能任是以在此忠爲令德其子弟能任罪猶及之難不愼也喪夫人之力弃德曠宗以及其身不害乎夫人謂子尾曠空也○任音壬下同喪息浪反夫音扶注同【疏】難不愼○正義曰言人居■難可不謹愼詩曰不自我先不自我後其是之謂乎詩小雅言禍亂不在他正當己身以喻高彊身自取此禍○冬十二月宋平公卒

初元公惡寺人柳欲殺之元公平公大子佐也○惡烏路反寺又作侍

【疏】詩曰至我後○正義曰正月大夫刺幽王也云父母生我胡俾我瘉不自我先不自我後注云父母謂文武也天使父母生我何故不長遂我而使我遭此暴虐之政而病此何不出我之前居我之後窮苦之情苟欲免身○平○正

襄康交　疏四五　二六　黃道林

義曰謚法内外賓服曰平○元正義曰謚法好建國都曰元及喪柳熾炭于位次溫地○熾尺志反炭吐旦反將至則去之使公坐其處○去起呂反處昌慮反比葬又有寵言元公好惡無常○比必利反好呼報反惡烏路反

經十有一年春王三月叔弓如宋○葬宋平公○夏四月丁巳楚子虔誘蔡侯般殺之于申蔡侯雖弒父而立楚子誘而殺之刑其羣士蔡大夫深怨故以楚子名告○虔其連反般音班弒申志反傳放此

【疏】注蔡侯至名告○正義曰蔡侯雖弒父而立實宜受討但立爲君於蔡已十三年楚子誘而殺之又刑其羣士不以弒父之罪討之蔡大夫深怨楚子故以楚子名赴告禮諸侯不生名書名是罪絕之事以其名告欲使諸國之史書名以罪絕之也若是楚告不當自罪其君知是蔡人告也公子圍殺君取國改名曰虔

楚公子弃疾帥師圍蔡○五月甲申夫人歸氏薨昭公

娶胡女歸姓○大蒐于比蒲○仲孫貜會邾子盟于

祲祥祲祥地闕○比音毗徐扶夷反祲子鴆反徐又七林反○秋季孫意如會

晉韓起齊國弱宋華亥衛北宮佗鄭罕虎曹

人杞人于厥慭厥慭地闕○佗徒何反慭魚靳反徐五巾反一音五轄反○九月

己亥葬我小君齊歸齊歸諡○齊如字○冬十有一月

丁酉楚師滅蔡執蔡世子有以歸用之用之殺以祭山

疏蔡世子○正義曰父既死稱世子者君死而國被圍未暇以禮即位故國以世子告

傳十一年春王二月叔弓如宋葬平公也嫌以

聘事行故○傳具之景王問於萇弘曰今茲諸侯何實

吉何實凶萇弘周大夫○萇直良反對曰蔡凶此蔡侯般弒

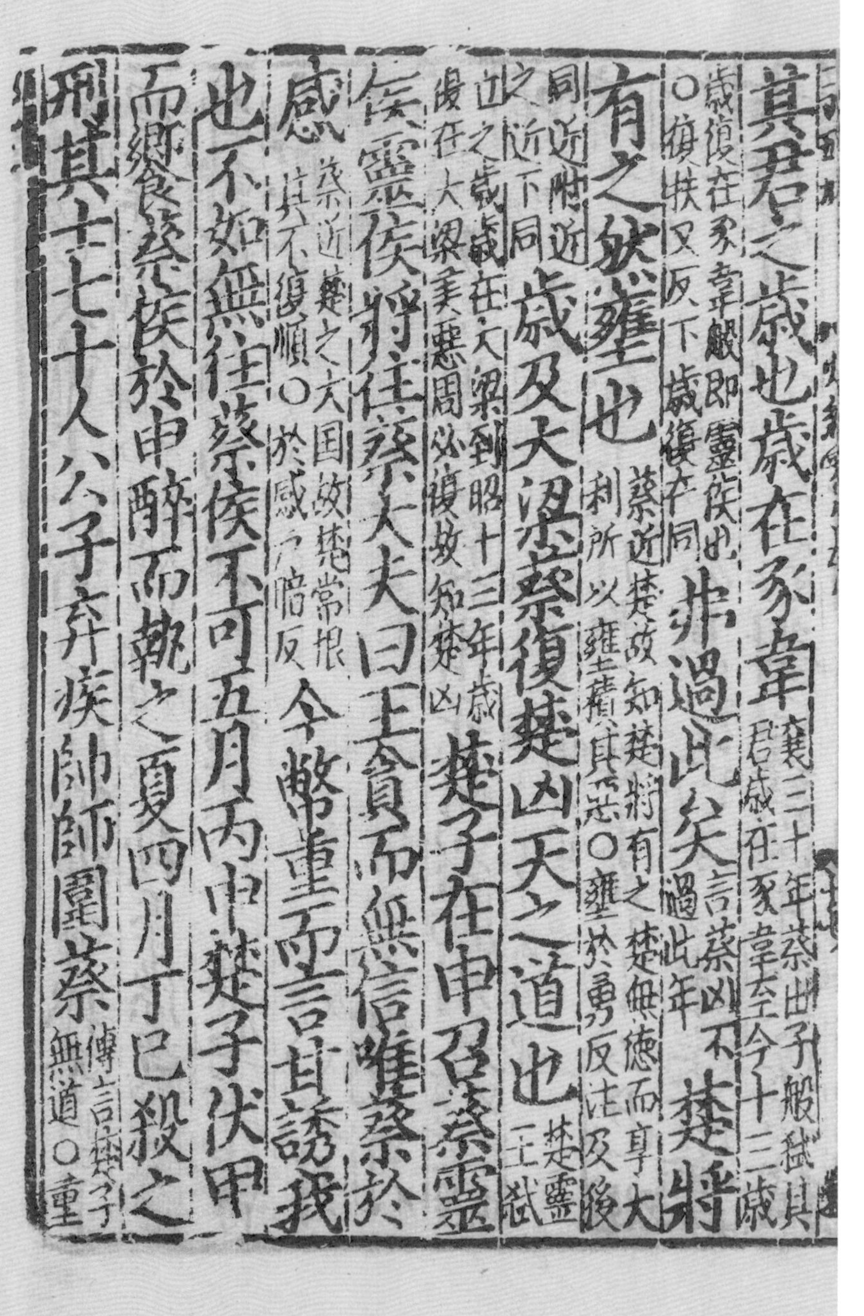
其君之歲也歲在豕韋襄三十年蔡世子般弑其君歲在豕韋至今十三歲
歲復在豕韋般即靈侯也○復扶又反下歲復皆同弗過此矣言蔡凶不過此年楚將
有之然壅也蔡近楚故知楚將有之楚無德而享大利所以壅積其惡○壅於勇反注及後
同近附近之近下同歲及大梁蔡復楚凶天之道也楚靈王弑
立之歲歲在大梁到昭十三年歲復在大梁美惡周必復故知楚凶楚子在申召蔡靈
侯靈侯將往蔡大夫曰王貪而無信唯蔡於
感蔡近楚之大国故楚常恨其不復順○於感户暗反今幣重而言甘誘我
也不如無往蔡侯不可五月丙申楚子伏甲
而饗蔡侯於申醉而執之夏四月丁巳殺之
刑其士七十人公子棄疾帥師圍蔡傳言楚子無道○重

直用反韓宣子問於叔向曰：楚其克乎？對曰：克哉！蔡侯獲罪於其君，謂弒父而立。而不能其民，不能施德。天將假手於楚以斃之，借楚手以討蔡。○斃，婢世反。何故不克？然肸聞之，不信以幸，不可再也。楚王奉孫吳以討於陳，曰將定而國，陳人聽命，而遂縣之，事在八年。今又誘蔡而殺其君，以圍其國，雖幸而克，必受其咎，弗能久矣。桀克有緡以喪其國，紂克東夷而隕其身。紂為黎之蒐，東夷叛之。桀為仍之會，有緡叛之。故伐而克之。○緡，武巾反。喪，息浪反，下且喪君同。隕，于敏反。疏桀克至其身○正義曰：桀身奔南巢，故云喪其國也。紂首縣白旗，故云隕身也。楚小位下，而亟暴於二王，能無咎乎？

天之假助不善非祚之也厚其凶惡而降之罰也且譬之如天其有五材而將用之力盡而敝之是以無拯不可沒振金木水火土五者爲物用之則必有敝盡盡則弃捐故言無拯拯猶救助也不可沒振猶沒不可復振○亟欺冀反數也咎其人反下同酢本又作祚在路反拯拯濟之拯注同振之眞反捐以專反救本亦作捄音救不可復振扶又反本或作沒振

疏 楚小至咎乎○正義曰亟數也比於桀紂則楚小位下而數行暴虐甚於桀紂二王能無咎惡乎○井以下沒振○正義曰拯音烝之上聲也方言云出溺爲拯拯是救助之義天之用楚如人用五材力盡而敝敝則棄之是以無救拯之者拯是拔溺之名遂以救溺爲喻也不可沉沒之後復振敗之振亦救也言楚如沒水不可救也○水不至弃捐○正義曰金木水火土五者之材皆爲物用用久則必敝盡敝盡則弃捐之捐亦弃也言天之用楚亦如此也○

五月齊歸薨大蒐于比蒲非禮也○孟僖子會邾莊公盟于

祲祥脩好禮也蒐非存亡之由故臨喪不宜爲之盟會以安社稷故喪盟謂之禮○好呼報反

泉丘人有女夢以其帷幕孟氏之廟泉丘魯邑○夢以其帷位悲反一本作夢以帷幕音莫遂奔僖子其僚從之鄰女爲僚友者隨而奔僖子○僚力彫反盟于清丘之社曰有子無相棄也二女自共盟

僖子使助薳氏之簉簉副倅也薳氏之女爲僖子副妾別居在外故僖子納泉丘人女令副助之○薳爲彼反本又作蔿簉本又作簉初又反說文簉從廿倅七對反令力呈反疏注簉副至助之○正義曰禮有副車倅車皆謂副貳之車也簉亦副倅之意妻爲正適妾爲副貳薳氏之女先爲副貳別居在外故使泉丘人女與之聚居令副助而爲對偶之

反自祲祥宿于薳氏生懿子及南宮敬叔於泉丘人其僚無子使字敬叔字養也似雙生○生如字或一音所敬反疏於泉丘人○正義曰以傳直云宿於薳氏即連言生懿子

及南宮敬叔謂遂氏所生故傳顯云生懿子及南宮敬叔於泉丘人於泉丘人宜上讀爲句○楚師在蔡向四月之師○向本又作鄉亦作向同許亮反晉荀吳謂韓宣子曰不能救陳又不能救蔡物以無親物事也疏以物無親○正義曰物事也事事如此以是故無人肯親我晉國晉之不能亦可知也已爲盟主而不恤亡國將焉用之○將焉於虔反○秋會于厥慭謀救蔡也不書救蔡不果救蔡鄭子皮將行子產曰行不遠不能救蔡也蔡小而不順楚大而不德天將弃蔡以壅楚盈而罰之盈楚惡蔡必亡矣且喪君而能守者鮮矣三年王其有咎乎美惡周必復王惡周矣元年楚子弒君而立歲在大梁後三年十

三歲歲星周復於大梁○鮮息淺反復扶又反本又作複在晉人使狐父請蔡于楚弗許狐父晉大夫○狐音胡○單子會韓宣子于戚單子單成公視下言徐叔向曰單子其將死乎朝有著定著定朝内列位常處謂之表著○著張慮反徐治居反注及下同處昌慮反

疏注著定至表著○正義曰著定謂佇立定處故謂朝内列位常處也周禮司士正朝儀之位辨其貴賤之等王南鄉三公北面東上孤東面北上卿大夫西面北上王族故士虎士在路門之右南面東上大僕大右六僕從者在路門之左南面西上鄭玄云此王日視朝事於路門外之位此是朝上之位貴賤有定處也會有表亦是位之定處但著下言定則表亦是定故直言會有表耳俗本表下有複謬也野會設表爲位亦當有物記處如今之位版也謂之表著者杜意當以下文表著之位謂此也劉炫謂下文有著有表二文不同以著定爲朝有著不得謂之表著而規杜氏今知非者杜意當以下文會朝之言必聞於表著故於朝有著之文并探下文會有表以配著故云謂之表著所以覆結下文非謂著之一字即名表著也劉炫不達

杜言而爲規過非也會有表野會設表以爲位【疏】注野會至爲位○正義曰礼諸侯建旂設旂以爲表也周礼司儀云將合諸侯則令爲壇三成宮旁一門覲礼云諸侯覲于天子爲宮方三百步四門壇十有二尋深四尺上介皆奉其君之旂置于宮尚左公侯伯子男皆就其旂而立鄭玄云置于宮者建之豫爲其君見王之位也諸公中階之前北面東上諸侯東階之東西面北上諸伯西階之西東面北上諸子門東北面東上諸男門西北面東上尚左者建旂公東上侯先伯伯先子子先男而位皆上東方也諸侯入壝門或左或右各就其旂而立王降階南鄉見之是天子於暫會諸侯設表以爲位也周礼大司馬中冬教大閱門立曰表是以設表爲位也盟主之會諸侯必亦旂表位大夫聚會亦應有以表位但無文以言耳衣有襘帶有結襘領會結帶結也○襘古外反說文云帶所結也會朝之言必聞于表著之位所以昭事序也視不過結襘之中所以道容貌也言以命之容貌以明之失則有闕今單子爲王官

伯而命事於會，視不登帶，言不過步，貌不道
容而言不昭矣。不道，不共；不昭，不從。貌正曰共，言順曰從。
○道音導，下同。【疏】言不過步○正義曰：言聲所聞不過一步。○注貌正曰從○正義曰：洪範五事，貌曰恭，言曰從。
其意云容貌當恭恪，言其則可從，是貌正曰共，言順曰從。無守氣矣。爲此年冬單子卒張本。【疏】
無守氣○正義曰：言無守身之氣，將必死。○九月，葬齊歸，公不慼。晉士
之送葬者，歸以語史趙。史趙曰："必爲魯郊。"言昭
公必出在郊野，不能有國。○語，魚據反。【疏】晉士至魯郊○正義曰：傳稱文襄之制，夫人喪，士弔，大夫送葬。此言
晉士送葬者，蓋大夫來而士爲介，未必士獨行也。此士以公不慼語史趙，故特言士耳。必爲魯郊，言昭公必爲魯人所逐
而出在郊。侍者曰："何故？"曰："歸姓也，不思親，祖不歸
也。"姓生也。言不思親，則不爲祖考所歸祐。○祐音又。叔向曰："魯公室其卑

乎君有大喪國不廢蒐謂蒐比蒲有三年之喪而無一日之慼國不恤喪不忌君也忌畏也君無慼容不顧親也國不忌君君不顧親能無卑乎殆其失國爲二十五年公孫於齊傳○冬十一月楚子滅蔡用隱太子于岡山蔡靈公之太子蔡侯廬之父○岡音剛廬力吳反疏用隱太子于岡山○正義曰此時楚以畜牲用之無人爲之作謚必是蔡侯廬歸國乃追謚其父爲隱耳釋例土地名岡山闕不知其處經言以歸用之必是楚地山也申無宇曰不祥五牲不相爲用況用諸侯乎五牲牛羊豕犬雞○爲于僞反或如字疏況用諸侯○正義曰世子雖未即位以其父既死則當居君處故以諸侯言之甚之也○注五牲至犬雞○正義曰爾雅以此五者并馬爲六畜周禮謂之六牲但馬非常祭所用故云馬而以此五者當之王必悔之悔爲暴虐○十二月

單成公卒終叔向之言○楚子城陳蔡不羹襄城縣東南有不羹城定陵西北有不羹亭○羹舊音郎漢書地理志作更字【疏】不羹○正義曰古者羹臛之字音亦爲郎故魯頌閟宮楚辭招魂與史游急就篇羹與房漿糠爲韻但近世以來獨以此地音爲郎耳使弃疾爲蔡公王問於申無宇曰弃疾在蔡何如對曰擇子莫如父擇臣莫如君鄭莊公城櫟而寘子元焉使昭公不立子元鄭公子莊公寘子元於櫟桓十五年厲公因之以殺櫟大夫檀伯遂居櫟卒使昭公不安位而見殺○櫟力狄反【疏】注子元至見殺○正義曰杜以子元爲鄭公子曼伯與檀伯爲一人莊公城櫟而置子元又使檀伯爲櫟邑大夫故厲公得因子元而殺檀伯劉炫以爲傳言城櫟以置子元當謂賜元以櫟則以元爲櫟邑之長若其别有大夫子元寄居於櫟便是城櫟以置檀伯何言置子元也若厲公因子元以殺檀伯則子元是櫟邑之一夫耳豈是莊公城櫟之咎乎且桓十五年傳云鄭伯因櫟人殺檀伯不言因子元也子元

鄭之公子不得為櫟人也鄭衆云子元即檀伯也厲公殺檀伯居櫟因櫟之衆偪弱昭公使至殺死案桓五年傳云子元請為左拒即云曼伯爲右拒則曼伯子元近是為一以規杜氏今知刘說非者案晉封桓叔于曲沃而以栾賓傳之鄭使許叔居許而以公孫獲為佐楚使大子建居城父而以奮揚助之竝是一邑之内而有二人則莊城櫟而置子元别有檀伯居櫟何爲不可子元共櫟邑之人而納厲公但此因弃疾在蔡故特指子元桓十五年直明厲公之入故揔言櫟人爵有彼此不可爲恠刘子元寫曼伯案隱五年傳云曼伯與子元潛軍軍其後又下云鄭二公子敗燕師于北制是子元非曼伯也刘妄規杜非也

齊桓公城穀而寘管仲焉至于今賴之城穀在莊三十二年臣聞五大不在邊五細不在庭上古金木水火土謂之五官玄鳥氏丹鳥氏亦有五又以五鳩鳩民五雉為五工正蓋立官之本也末世隨事施職是以官無常數今無宇稱習古言故云五大也言五官之長専盛過節則不可居邊細弱不勝任亦不可居朝庭

注上古至朝廷○正義曰二十九年傳曰有五行之官是謂五官木正曰句芒火正曰祝融金正曰蓐收水正曰玄冥土

正曰后土是上古金木水火土謂之五官也十七年傳云少皞氏紀於鳥爲鳥師而鳥名鳳鳥氏歷正也玄鳥氏司分者也伯趙氏司至者也青鳥氏司啓者也丹鳥氏司閉者也是玄鳥丹鳥亦有五也彼傳又云五鳩鳩民者也五雉爲五工正數皆有五蓋古立官之本以五爲常末世隨事施職是以官無常數不復以五耳今無宇稱習古言故云五大也言五官之長其人大大專盛過節則不可居邊城或將據邊城以陵本國也五官之長大細弱則不勝其任不能使威行於下將爲人所陵亦不可居朝廷也賈逵云五大謂大子母弟貴寵公子公孫累世正卿也鄭衆云大子晉申生居曲沃是也母弟鄭共叔段居京是也貴寵公子若弃疾在蔡是也貴寵公孫若無知食渠丘是也累世正卿衛甯殖居蒲孫氏居戚是也五細賤妨貴少陵長遠間親新間舊小加大也不在庭不當使居朝廷爲政也此五大五細無宇雅言五耳不知五者何謂故先儒各自以意言之雖杜之言亦無明證正以彼必不通故攻之耳

親不在外羈不在內今弃疾在外鄭丹在內襄十九年丹奔楚君其少戒王曰國有大臣何如對曰鄭京櫟實殺

曼伯曼伯檀伯也厲公得櫟又并京○曼音萬疏注又并京○正義曰厲公并京傳無其事正以京櫟連言故云又并京宋蕭亳實殺子游在莊十二年齊渠丘實殺無知在莊九年渠丘今齊國西安縣也齊大夫雍廪邑疏注在莊至廪邑○正義曰渠丘爲雍廪之邑傳無其文以彼傳言雍廪殺無知此云齊渠丘實殺無知以此知渠丘是雍廪邑也鄭衆以渠丘爲無知之邑無知不坐邑死何以言渠丘殺無知蕭亳非子游之邑渠丘不得爲無知邑衛蒲戚實出獻公蒲甯殖邑戚孫林父邑出獻公在襄公四年○出如字徐音黜若由是觀之則害於國末大必折折其本尾大不掉君所知也爲十三年陳蔡作亂傳○掉徒弔反疏則害至不掉○正義曰宋殺子游齊殺無知乃是賴得大邑以討篡賊而謂之害於國者以其能專廢置則是國害天子之建諸侯欲令藩屏王室諸侯之有城邑欲令指揮從己不得使下邑制國都故大城爲國害也末大必折以樹木喻也尾大不掉以畜獸喻也楚語説此事公制城邑若體牲馬自首領股肱至

於拇指毛脉大能掉小故變而不勤夫邊竟者國之尾也譬之如牛馬處暑之既至虻蝱之既多而不能掉其尾臣懼之

經十有二年春齊高偃帥師納北燕伯于陽 注三年燕伯出奔齊高偃高傒玄孫齊大夫陽即唐燕別邑中山有唐縣不言于燕未得國都○傒音奚 疏注三年至國都○正義曰劉炫云杜譜以偃與傒爲一亦云高傒玄孫案襄二十九年傳云敬仲曾孫鄭非玄孫也今知非者案世本敬仲生莊子莊子生傾子傾子之孫鄭是偃爲敬仲玄孫也經言于陽傳言于唐知陽即唐也不言于燕未得國都與哀二年納蒯聵于戚同

○三月壬申鄭伯嘉卒 五同盟 疏注五同盟○正義曰加以襄九年即位其年盟于戲十一年于亳城北十六年于溴梁二十年于澶淵二十五年于重丘二十七年于宋元年于虢皆魯鄭俱在凡七云五者杜以其盟既多故皆據君在盟會而言之襄二十七年是大夫之盟元年虢會讀舊書二者不數故爲五也或可轉寫錯誤

夏宋公使華定來聘 定華椒孫

○公如晉至河乃復 晉人以莒故辭公

○五月葬鄭簡

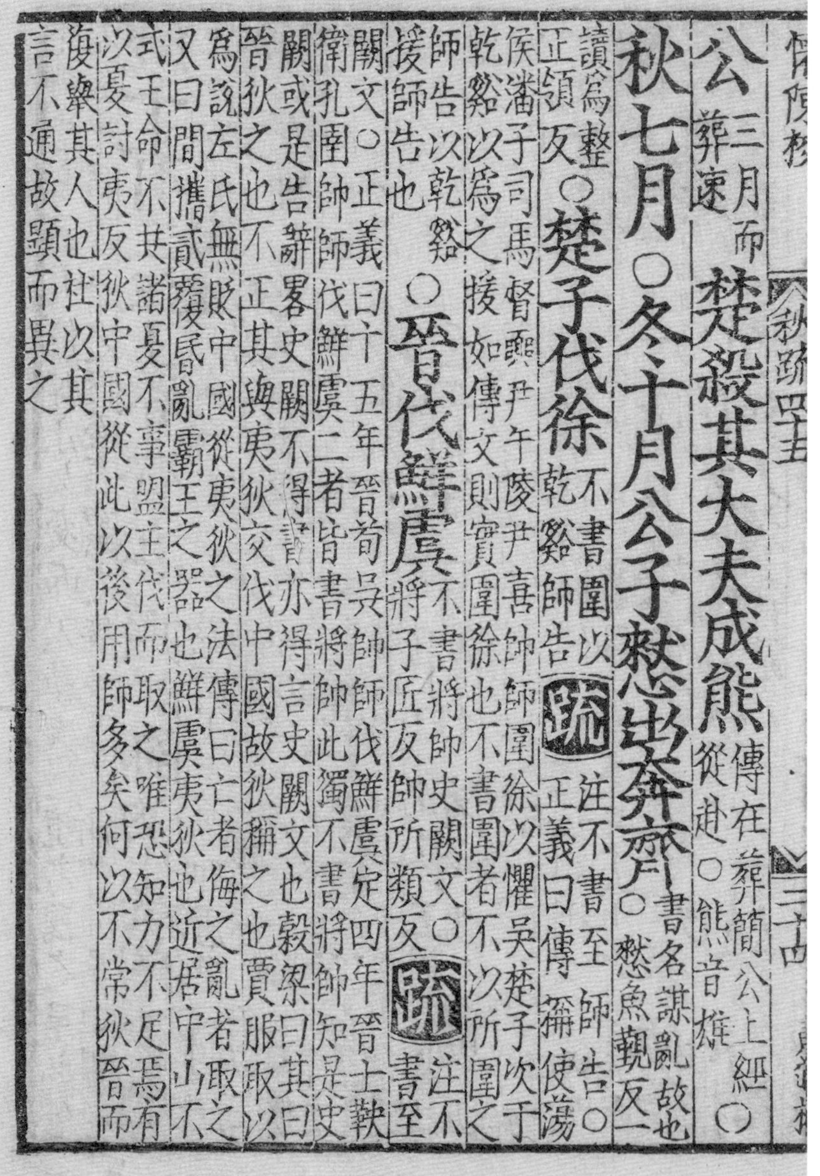

公三月而葬速楚殺其大夫成熊傳在葬簡公上經○從赴○熊音雄

秋七月○冬十月公子慭出奔齊書名謀亂故也○慭魚覲反一讀爲整正頌反○楚子伐徐不書圍以乾谿師告【疏】注不書至師告○正義曰傳稱使蕩侯潘子司馬督囂尹午陵尹喜帥師圍徐以懼吳楚子次于乾谿以爲之援如傳文則實圍徐也不書圍者不以所圍之師告以乾谿援師告也○晉伐鮮虞不書將帥史闕文○將子匠反帥所類反【疏】注不書至闕文○正義曰十五年晉荀吳帥師伐鮮虞定四年晉士鞅衛孔圉帥師伐鮮虞二者皆書將帥此獨不書將帥知是史闕或是告辭畧史闕不得言亦得言史闕文也穀梁曰其曰晉狄之也不正其與夷狄交伐中國故狄稱之也賈服取以爲說左氏無貶中國從夷狄之法傳曰亡者侮之亂者取之又曰間攜貳覆昏亂霸王之器也鮮虞夷狄也近居中山不式王命不共諸夏不事盟主伐而取之唯恐知力不足焉有以夏討夷反狄中國從此以後用師多矣何以不常狄晉而復舉其人也杜以其言不通故顯而異之

日本京都大學藏珍稀漢籍十一種 冊五

傳十二年春齊高偃納北燕伯款于唐因其衆也言因唐衆欲納之故得先入唐○三月鄭簡公卒將爲葬除除葬道○為于偽反及游氏之廟游氏子大叔族將毀焉子大叔使其除徒執用以立而無庸毀用毀廟其疏執用至庸毀○正義曰子曰用謂毀廟之具若今鍬钁之類也庸亦用也教其除道之徒執所用作具以佇立而無用即毀廟也產過女而問何故不毀乃曰不忍廟也諸將毀矣教毀廟者之辭○女音汝既如是子產乃使辟之司墓之室有當道者簡公別營葬地不在鄭先公舊墓故道有臨時迂直也司墓之室鄭之掌公墓大夫徒屬之家○迂音于厂音於疏司墓之室○正義曰周禮墓大夫下大夫二人中士八人掌凡邦墓之地域爲之圖令國民族葬鄭之司墓亦當如彼此官掌公墓大夫也言之室有當道者則非司墓自家之室故注以爲

從屬之家猶尚書注云玄孫之親言之以見高祖曾祖之弟皆親親相似毀之則朝而塴下塴

棺○朝如字塴北鄧反徐甫贈下礼家作窆徐驗反義同【䟽】注塴下棺○正義曰周礼作窆之礼記作封此作塴皆

是葬時下棺於壙之事而其字不同是聲相近經篆隸而字轉易耳弗毀則日中而塴

子大叔請毀之曰無若諸侯之賓何不欲久留賓

子產曰諸侯之賓能來會吾喪豈憚日中

無損於賓而民不害何故不為遂弗毀日中

而葬君子謂子產於是乎知禮禮無毀人以

自成也○禪待旦反○夏宋華定來聘通嗣君也宋元

公新即位享之為賦蓼蕭弗知又不荅賦蓼蕭詩小雅義取燕

笑語兮是以有譽處兮樂與華定燕語也又曰既見君子為龍為光欲以寵光賓也又曰宜兄宜弟令德壽凱言賓有令

德可以壽樂也又曰和鸞雝雝萬福攸同言欲與賓同福祿也○爲于僞反蓼音六樂音洛【疏】爲賦蓼蕭正義曰享燕之礼自有常樂今特云爲賦蓼蕭者文四年衛甯武子來聘公与之宴爲賦湛露及彤弓注云非禮之常公特命樂人以示意則知此亦特命樂人所以嘗試華定

昭子曰必亡宴語之不懷懷思也寵光之不宣宣揚也令德之不知同福之不受將何以在爲二十年華定出奔傳○【疏】昭子至不受○正義曰不懷不宣不知不受皆揚華定爲文也詩云燕笑語兮言定當思此笑語與士相對也詩云爲龍爲光定當慮此寵光宣揚之也詩云令德受凱定當知己有德与否須辭謝之也詩云萬福攸同定當受同福荷君恩也各準事而爲之文

○齊侯衛侯鄭伯如晉朝嗣君也晉昭公新立○公如晉亦欲朝嗣君○至河乃復取郠之役在十年莒人愬于晉晉有平公之喪未之治也故辭公公子憖遂如晉

慭魯大夫如晉不書還不復會而奔故史不書於策【疏】注慭魯至於策。正義曰此經書公子慭出奔齊名見於經則慭是卿也出奔既書於策如晉亦應書之今不書者杜以宣十八年書公孫歸父如晉歸父還自晉至笙遂奔齊傳稱歸父還至笙聞公薨乃壇帷復命於介然後出奔書曰歸父還自晉善之也彼善之故書其去又書其還此慭知已謀泄逃介而先不復命於君而還出奔故史不書於策言其為此故不書其如晉也劉炫云杜以慭還不復命於介而奔止可不書其還何故如晉亦不書也此蓋謂君使臣聘必當告廟告廟乃得書於策公歸告廟不告使慭故不書如晉今刪定以為慭欲謀亂魯國而往聘晉魯人責其謀亂不復命故賤而不錄其聘也出奔書者禁其罪人斯得故顯而書之也劉以為出聘不告廟故不書而規杜氏案不復命而奔傳有其事公子慭不告廟傳無其文以無文之事妄規杜氏非也。

晉侯享諸侯子產相鄭伯辭於享請免喪而後聽命簡公未葬。相息亮反下同【疏】子產至於享。正義曰僖九年宋桓公卒未葬襄公會諸侯故曰子是先君未葬有從會之禮也鄭偪於楚以固事晉故父雖未葬朝晉嗣君不得已而行於情可許也

諸侯相享享必有樂未葬不可以從吉故辭享爲得禮 晉人許之禮也善晉不奪孝子之情

晉侯以齊侯宴中行穆子相穆子荀吴 投壺晉侯先穆子曰有酒如淮有肉如坻淮水名坻山名○淮舊如字四瀆水也學者皆以淮坻之韻不切云淮當爲濰濰齊地水名下稱澠亦是齊國水也案澠是齊水齊侯稱之荀吴既非齊人不應遠舉濰水古韻緩作淮足得無勞改也坻直疑反徐直夷反詩云宛在水中曰坻坻水中高地也

【疏】投壺正義曰禮記有投壺之禮其文無相者呪辭此中行穆子與齊侯皆有言辭者投之中否似若有神故設爲此語或可投時皆有言語禮自不載之耳伯瑕責穆子唯言壺何爲焉其以中爲攜責其失辭不云法不言是投壺皆有言也凡宴不射即爲投壺投壺之禮壺去席二矢半司射執八筭東面壺投如射三而止其矢室中五扶堂上七扶庭中九扶鋪四指曰扶扶四寸也筭長尺二寸壺頸脩七寸腹脩五寸口徑二寸半容斗五升壺中實小豆焉爲其矢之躍而出也小豆取滑且堅矢以柘若棘毋去其皮取其堅且重也舊說矢大七分○注淮水名坻山名○正義曰杜以濰爲水名當謂四瀆之淮

也劉炫以爲淮坻非韻淮當作濰又以坻爲水中之地以規杜氏今知不然者以古之爲韻不甚要切故詩云汎彼柏舟在彼中河髧彼兩髦實維我儀又云爲絺爲綌服之无斁儀河斁綌尚得爲韻淮坻相韻何故不可此若齊侯之語容可舉齊地濰水此是穆子在晉何意率齊地水乎又酒肉相對多少相似案爾雅小洲曰陼小陼曰沚小沚曰坻何得以坻之小地對淮之大水故杜以坻爲山名劉炫又以山無名坻者案楚子觀兵於坻箕之山坻非山乎劉以此規杜失非也

寡君中此爲諸侯師中之齊侯舉矢曰有酒如澠有肉如陵澠水出齊國臨淄縣北入時水陵大阜也○中丁仲反下及注同澠音繩時如字本或作溡音同

【疏】注澠水至阜也○正義曰釋例云澠水出齊國臨淄縣北經樂安博昌縣南界西入時水釋地云大阜曰陵

寡人中此與君代興代更也○更音庚亦中之伯瑕謂穆子伯瑕士文伯曰子失辭吾固師諸侯矣壺何爲焉其以中儁也言投壺中不足爲儁異齊君弱

吾君歸弗來矣欲與晉君代興是弱之○齊君弱吾君輕吾君以爲弱也穆子曰吾軍帥彊御卒乘競勸今猶古也齊將何事言晉德不衰於古齊不事晉將無所事○帥所類反御魚呂反卒子忽反乘繩證反公孫傁趨進曰日旰君勤可以出矣以齊侯出傁齊大夫傳言晉之衰○傁素口反徐又所流反旰古旦反○楚子謂成虎若敖之餘也遂殺之成虎令尹子玉之孫與鬭氏同出於若敖宣四年鬭椒作亂今楚子信譖而託討若敖之餘疏成虎○正義曰經書熊虎傳言虎者此人名熊字虎傳言其字經書其名名字相覆猶伯魚名鯉或譖成虎於楚子成虎知之而不能行書曰楚殺其大夫成虎懷寵也解經所以書名○六月葬鄭簡公傳終子產辭享明既葬則爲免喪經書五月誤○晉荀吳僞會齊師者假道

於鮮虞遂入昔陽鮮虞白狄別種在中山新市縣昔陽肥國都樂平沾縣東有昔陽城○種章勇反沾張廉反韋昭音拈字林他廉反【疏】注鮮虞至陽城○正義曰宣十五年晉師滅赤狄潞氏十六年晉人滅赤狄甲氏及留吁成三年晉郤克衛孫良夫伐廧咎如傳曰討赤狄之餘焉是赤狄已滅盡矣知鮮虞與肥皆白狄之別種也杜以昔陽爲肥國之都樂平沾縣東有昔陽城疑此爲都也下注云鉅鹿下曲陽縣西南有肥累城復疑肥國取彼肥爲名也劉炫以爲齊在晉東僞會齊師當自晉而東行也假道鮮虞遂入昔陽則昔陽當在鮮虞之東也今案樂平沾縣在中山新市西南五百餘里何當假道於東北之鮮虞而反入西南之昔陽也旣入昔陽而別言滅肥則肥與昔陽不得爲一安得以昔陽爲肥國之都也昔陽即是肥都何以復言鉅鹿下曲陽有肥累之城疑是肥名取於彼也肥爲小國竟必不遠豈肥名取鉅鹿之城建都於樂平之縣也十五年荀吳伐鮮虞圍鼓杜云鼓白狄之別鉅鹿下曲陽縣有鼓聚炫謂肥鼓並在鉅鹿昔陽即是鼓都在鮮虞以東南也二十二年傳云晉荀吳使師僞糴者負甲以息於昔陽之門外遂襲鼓滅之則昔陽之爲鼓都斷可知矣今杜以昔陽爲肥國都是者以傳云遂入昔陽即云壬午滅肥是因入而

滅之故云昔陽肥国都也昔陽既在樂平沾縣而杜又云鉅
鹿下曲陽縣西南有肥累城相去遠者以肥是本封之名後
遷於昔陽猶若杞国本都陳留後遷緣陵鄭本都京兆後遷
號鄶與此何異川昔陽今屬廣州去下曲陽道路非遠在中
山南二百許里劉炫自云肥之與鼓俱在中山足知肥累城
与昔陽不甚縣絶劉意欲破杜乃云樂平沾縣在中山新市
西南五百餘里又自云昔陽鼓国都与肥相近在中山東南
是自相矛楯也然鮮虞在北昔陽在南所以得假道鮮虞遂
入昔陽者荀呉意欲滅肥恐肥国防備故從晉之地音爲欲
東南而行往會齊師故先廻路假道鮮虞南入昔陽如湯之
伐桀迂路從師出其不意故也且杜君土地例稱有者皆疑
辭故杜云樂平沾縣東有昔陽是疑而不定又且郡縣移動
古今不一則昔時樂平沾縣向亦不是今之昔陽但肥都昔
陽与鼓相近晉既滅得肥国故二十二年息昔陽之門外遂
襲鼓而取之昔陽非鼓都也
劉意好異聞妄規杜過非也秋八月壬午滅肥以肥
子緜皋歸肥白狄也緜皋其君名鉅鹿下曲陽縣西有肥累城爲下晉伐鮮虞起○皋古刀反累劣
彼反又力輒反○周原伯絞虐其輿臣使曹逃原伯絞周大夫

原公也考褻也曹羣也○絞古卯反【疏】注原伯絞周大夫○正義曰注以原伯絞為周大夫甘簡公為周卿士此無明據以意言耳

冬十月壬申朔原輿人逐絞而立公子跪尋跪尋絞弟○跪求委反又音詭絞奔郊郊周邑○甘簡公無子立其弟過甘簡公周卿士○過古禾反下文牙過反過將去成景之族成公景公皆過之先君○去起呂反成景之族賂劉獻公欲使殺過劉獻公亦周卿士劉定公子○丙申殺甘悼公悼公即過而立成公之孫鰌鰌平公○鰌音秋丁酉殺獻太子之傅庾皮之子過過劉獻公太子之傅殺瑕辛于市及宮嬖綽王孫沒劉州鳩陰忌老陽子八子周大夫及庾過皆甘悼公之○[illegible]黨傳言周衰原甘二族所以遂微○[illegible]

平子立而不禮於南蒯蒯南遺之子季氏費邑宰○蒯苦怪反費音祕南

蒯謂子仲子仲，公子慭。吾出季氏而歸其室於公，室，季氏家財。子更其位，更，代也。○更音庚，注同。我以費爲公臣。子仲許之。南蒯語叔仲穆子，且告之故。穆子，叔仲帶之子叔仲小也。語以欲出季氏，以不見禮故。○語，魚據反，注同。季悼子之卒也，叔孫昭子以再命爲卿。悼子，季武子之子，平子父也。傳言叔孫之見命乃在平子爲卿之前。及平子伐莒克之，更受三命。十年平子伐莒，以功加三命。昭子不伐莒，亦以例加爲三命。

疏「季悼至爲卿」○正義曰：悼子之卒不書於經，則是未爲卿也。其卒當在武子之前，平子以孫繼祖，武子卒後即平子立也。傳言悼子卒者，欲見昭子爲卿遠在平子之先。○注「十年至三命」○正義曰：十年平子伐莒，名書於經，即平子於時已爲卿矣。釋例曰：魯之叔孫父兄再命而書於經，晉司空亞旅一命而經不書。推此知諸侯之卿大夫再命以上皆書於經，自一命以下大夫及士，經皆稱人，名氏不得見也。劉、賈云春秋之序三命以上乃書於經，頴氏以為再命稱人傳云叔孫昭子三命踰父兄昭公十年昭子始加三命先此叔孫皆自見經知所書皆再命也是杜檢傳文知再命書名平子伐莒書名知其已再命矣平子伐莒克之昭子不伐莒也昭子無功而更受三命知平子以功加一命昭子以例加為三命也**叔仲子欲構二家**欲構使相憎**謂平子曰三命踰父兄非禮也**言昭子受三命自踰其先人【疏】注言昭至先人○正義曰禮記文王世子云其朝于公內朝庶子治之雖有三命不踰父兄鄭玄云治之治公族之禮也唯於內朝則然其餘會聚之事則與庶姓同一命齒于鄉里再命齒于父族三命不齒不齒者不在父兄行列中也彼言三命不踰父兄者自謂在公內朝位在父兄下耳非謂不得受三命踰父兄也叔仲子欲構二家因禮有三命不踰父兄之法遂言昭子受三命自踰其先人以此為非禮也平子初得其言不甚曉解故使昭子令自貶黜見昭子不服乃自知其非故懼而歸罪於叔仲子也昭子無兄叔仲子引禮法連言之耳**平子曰然故使昭子**使昭子自貶黜**昭子曰叔孫氏有家禍殺適立庶故婼也及**

此禍在四年。○適丁歷反。若因禍以斃之，則聞命矣。言欲亂所。○一下亦辭。若不廢君命，則固有著矣。著位次。昭子朝而命吏曰：「婼將與季氏訟，書辭無頗。」頗，偏也。○頗，普何反。季孫懼而歸罪於叔仲子。故叔仲小、南蒯、公子慭謀季氏。慭告公，而遂從公如晉。慭，子仲。南蒯懼不克，以費叛如齊。子仲還，及衛，聞亂，逃介而先，介，副使也。○介音界，使所吏反。及郊，聞費叛，遂奔齊。言子仲郊解經所以書出。【疏】注言及至書出○正義曰：凡言出奔，皆自內而出。文七年晉先蔑奔秦，先在秦地，因即奔秦，故不言出也。歸父還自晉，至笙，遂奔齊，在魯竟外，故不言出也。此言及郊，已入魯竟，傳言及郊，解經所以書出。

南蒯之將叛也，其鄉人或知之，過之而歎，鄉人過蒯。

而歎且言曰恤恤乎湫乎攸乎恤恤憂患湫愁隘攸懸危之貌○湫子小反徐又在酒反一音秋攸徐以帚反隘於賣反懸音玄本又作縣疏注恤恤至之貌○正義曰釋詁云恤憂也故以恤恤爲憂患之意也湫是湫隘故以湫爲愁隘之意也詩云攸攸旆旌故以攸爲懸之貌也言臣有藏之心君若

深思而淺謀邇身而遠志家臣而君圖家臣而圖人君之事故言思深而謀淺身近而志遠○思息嗣反注同疏深思至君圖○正義曰深思而淺謀思慮深而謀計淺言其志大而謀小也近身而遠志身卑近而志高遠言其越分以求過也家臣而君圖爲家臣而謀君事言其非己所當爲也上二句言其心下一句指其事爲下句而發上句故注倒言之

有人矣哉言今有此人微以戒之

南蒯枚筮之不指其事汎卜吉凶○枚武回反汎芳劒反疏南蒯枚筮之○正義曰禮有衡枚所衡之木如箸也今人數物云一枚兩枚是籌之名也尚書大禹謨稱禹讓不受請帝枚卜功臣惟吉之從孔安國云枚謂歷卜之而從其吉彼謂人下一筮時使歷卜之也此則不告筮者以所筮之事空下一筮

而使之筮故杜云不指其事汎卜吉凶也或以爲杜云汎卜吉凶謂枚雷揔卜則禮云無雷同是揔衆之辭也今俗語云枚雷則其義理或然也遇坤䷁坤上坤下○坤苦門反之比䷇坤下坎上比坤六五爻變○比毗志反注同曰黃裳元吉坤六五爻辭以爲大吉也示子服惠伯曰即欲有事何如惠伯曰吾嘗學此矣忠信之事則可不然必敗外彊内温忠也坎險故彊坤順故温彊而能温所以爲忠疏以爲大吉○正義曰筮遇此爻而辭云黃裳元吉南蒯自以爲所謀之事必大吉○注坎險至爲忠○正義曰坎彖云習坎重險是坎爲險也說卦云坤順也六五爻變則上體爲坎坎有險難故爲剛彊也坤道和順故爲温柔也剛彊以禦難柔順以事主故外彊而能内温所以爲忠也和以率貞信也水和而土安正和正信之本也故曰黃裳元吉黃中之色也裳下之飾也元善之長也中不忠

不得其色言非黃。長丁丈反疏注水和至本也。正義曰坎爲水水性和柔坤爲土土性
安正率循也貞正也用和柔之性以循安正道既和且正信
之本故爲信也。故曰黃裳元吉。正義曰天下之事雖則
万端揔之諸法大歸忠信而已能忠能信無施不
可以有忠信故曰黃裳元吉解此爻辭之意下不共
不得其飾不爲裳事不善不得其極失中德疏注失
中德。正義曰極訓爲中不得其中言其失中德也此文以
上二句類之當云善不極不得爲長文不然者惠伯之語雖
反覆相疊不可字字相對隨便而言故與上不類外內倡和爲忠不相違也。倡昌亮
反和戶臥反率事以信爲共率猶行也疏注率猶行也。正義曰率訓循循而
行故率猶行也供養三德爲善三德謂正直剛克柔克也。供九用反養餘亮反疏
注三德至克也。正義曰洪範三德一曰正直二曰剛克三
曰柔克孔安國云正直者能正人之曲直剛克者剛能立事
柔克者和柔能治三者皆人之性也剛則失之於彊柔則失
之於弱故貴其能剛能柔謂剛不苛酷柔不滯溺也供養三

德爲善者剛則抑之柔則進之以合宜供給長養之德合於中道各成其德乃爲善也董遇注本爲共養解云盡其所以養成三德也○非此三者弗當非忠信善不當此卦○當如字注同或丁浪反疏黃裳至弗當○正義曰既言爻爲中辭之意又解此辭所言之義在五方則爲五色黃是中央之色也衣裳所以飾身裳是在下之飾也元者善也首也於物爲初始於人爲頭首元是諸善之長也五方之中猶人之心中心不忠則不得其黃之色也身體之下爲各位之下爲下不共則不得其裳之飾也夆事不善得不得其善長之中言爲事不中則非善之長也更覆上言忠共善三者之義外內倡和爲忠言君在內臣在外君倡臣和不相乖違是名爲忠也行事以信無有虛詐是名爲共也人之爲德有正直剛柔共養此三者之德使其德純懿乃名爲善也非此三者忠也共也善也則於此卦不當也不當此卦繇吉不可○且夫易不可以占險將何事也且可飾乎夫易猶此易謂黃裳元吉之卦問其何事欲令從下之飾○夫音扶注同令力呈反疏且夫至未也○正義曰且夫易謂此黃裳元吉之易也唯可以占忠信之事不可以占危險之事也問南蒯今將欲爲何事也且可

飾乎言此易所占雖且可為在下之飾乎亦不可為詐事也中美能黄忠則黄也上美為元善則元也下美則裳共則裳也忠善共三者皆成可如此筮之言吉也三者缺有所闕筮雖吉未可用也○注夫易至之飾○正義曰惠伯猶論此卦而言夫易非是漫言易故知夫易猶言此易謂此黄裳元吉之易卦也險謂危險言此卦不可以占危險之事心疑南蒯事險故問將何事也且可為下之飾也欲令南蒯從下之飾為共中美能黄上美為元下美則裳參成可筮參美盡備吉可如筮○參七南反又音三猶有闕也筮雖吉未也南蒯謂不參成將適費飲鄉人酒南蒯召其家遷適費○飲於鴆反鄉人或歌之曰我有圃生之杞乎言南蒯在費欲為亂如杞生於圃圃非宜生杞之所謂枸杞也○圃布古反杞音起枸音苟本又作狗○從我者子乎子男子之通稱言從己可不外今之卑稱尺證反去我者鄙乎倍其鄰者恥乎鄰猶親也倍音佩已乎已乎非吾黨之士

乎已乎已乎言自遂不改

疏鄉人至士乎○正義曰鄉人以南蒯季氏家臣而欲反害季氏故爲歌以感切之也圃者所以殖菜蔬也杞非可食之物我有圃上之杞以喻南蒯在費欲爲亂也若能從我之言不爲亂者是爲予也子者男子之美稱不失尊貴得爲子也去我而背叛者鄙賤之行也倍其鄰近者恥惡之事也若已乎已乎自遂其心不肯改者則不復是吾黨之士乎釋木云杞枸檵舍人曰向杞也○注已乎至不改○正義曰杜此解原南蒯之意蒯君云此事已乎已乎自遂其心如不肯改則此南蒯非復是吾黨之士也服虔云已乎決絕之辭則謂歌者自言已意可已乎已乎此南蒯今已非是吾黨之士

平子欲使昭子逐叔仲小欲以自解說小聞之不敢朝昭子命吏謂小待政於朝曰吾不爲怨府言不能爲季氏逐小生怨禍之聚爲明年叔弓圍費傳○爲季于僞反下同○楚子狩于州來狩冬獵也○狩本亦作守同手又反注同次于潁尾潁水之尾在下蔡使蕩侯潘子司馬督囂尹午陵尹喜

帥師圍徐以懼吳五子楚大夫徐吳與國故圍之以偪吳○潘普干反督音篤本亦作髮顯五刀反徐許驕反楚子次于乾谿在譙國城父縣南以爲之援雨雪王皮冠秦復陶秦所遺羽衣也○援于眷反雨于付反王皮冠一本作楚子皮冠復音服一音福陶徒刀反遺唯季反【疏】注秦所遺羽衣○正義曰文在冠下舄上知是衣也月之以秦明是秦所遺也冐雪服之知是毛羽之衣可以禦雨雪也翠被以翠羽飾被○被普義反注及下同豹舄以豹皮爲履○舄音昔執鞭以出執鞭以教令○鞭必綿反○或革旁作便者五孟反非也僕析父從楚大夫○析星歷反從才用反【疏】翠被○正義曰釋鳥云翠鷸樊光云青出交州李巡曰其羽可以飾物郭璞曰似燕紺色生鬱林鄭子臧好鷸冠以此鳥之羽飾冠○僕析父從○正義曰劉炫以爲僕析父從右尹子革夕見於王爲下與革語張本以規杜今知不然者若僕析父共子革二人同時見王王與之語則二人並在子革獨對傳應云子革對曰不得直云對故杜以爲右尹子革將夕故下即云對事理分明劉妄規杜過非也右尹

子革夕子革鄭丹夕莫見莫音暮見賢遍反。王見之去冠被舍鞭敬大臣，去起呂反舍音捨與之語曰昔我先王熊繹楚始封君。繹音亦【疏】注楚始封君。正義曰此與呂級王孫牟燮父禽父杜所注者皆是世家文也燮父禽父亦王孫傳於牟言王孫燮禽亦蒙之與呂級齊太公之子丁公。級音急本亦作伋王孫牟衛康叔子康伯燮父晉唐叔之子。燮素協反父音甫下同禽父周公子伯禽並事康王康王成王子四國皆有分我獨無有四國齊晉魯衛分珎寶之器。分扶問反下及注皆同【疏】注四國至之器。正義曰書序云武王既勝殷邦諸侯班宗彝作分器旅獒云明王慎德四夷咸賓無有遠邇畢獻方物惟服食器用王乃昭德之致于異姓之邦無替厥服分寶玉于伯叔之國時庸展親魯語云古者分同姓以珎玉展親也分異姓以遠方之職貢使無忘服也是言諸侯皆得天子之分器也定四年傳稱分魯公以夏后氏之璜封父之繁弱分康叔以大呂之鍾分唐叔以密須之鼓闕鞏之甲沽洗之鐘其齊之所得則無以言之今吾使人於周求鼎以爲分王其與我乎對曰與君王哉昔我先王熊繹辟在荊山在新城沶鄉縣南。辟匹亦反沶音市又音示篳路藍縷以處草莽跋涉山林以事天子唯是桃弧棘矢以共禦王事桃弧棘矢以禦不祥言楚在山林少所出有。篳音必藍力甘反縷力主反莽武黨反跋蒲末反共音恭禦魚呂反齊王舅也成王母齊大公女晉及魯衛王母弟也楚是以無分而彼皆有今周與四國服事君王將唯命是從豈其愛鼎王曰昔我皇祖伯父昆吾舊許是宅陸終氏生六子長曰昆吾少曰季連季連楚之祖故謂昆吾爲伯父昆吾嘗居許地故曰舊許是宅○長丁丈反少詩照反嘗一本作曾才能反

【疏】注陸終至是宅。正義曰楚世家云陸終生子六人坼剖而産

焉曰昆吾二曰參胡三曰彭祖四曰會人五曰曹姓六曰季連季連羋姓楚其後也昆吾是楚之遠祖之兄也舊許是宅昆吾嘗居許地許既南遷故云舊許是宅其地此時屬鄭故云鄭人貪賴其田而不我與哀十七年傳衛侯夢見人登昆吾之觀北面而譟曰登此昆吾之虛杜云今在濮陽城中蓋昆吾遷此二處未知孰為先後也今鄭人貪賴其田而不我與我若求之其與我乎對曰與君王哉周不愛鼎鄭敢愛田王曰昔諸侯遠我而畏晉今我大城陳蔡不羹賦皆千乘子與有勞焉諸侯其畏我乎對曰畏君王哉是四國者專足畏也四国陳蔡二不羹〇遠于万反羹音郎乘繩證反音頒

【疏】注四国至不羹〇正義曰劉炫以為楚語云靈王城陳蔡不羹使僕夫子晳問於范無宇曰今吾城三国賦皆千乘亦當晉矣諸侯其來乎對曰是三城者豈不使諸侯之懼焉然再言三城無四国也縱使不羹有二國當前後遷

焉非是並有二也故謂古四字積畫四當爲三以規杜過今知不然者以三之與四古雖積畫爲字難知但今諸儒所注左氏傳本並云四國無作三者國語是不傳之書何可執以爲真而攻左氏劉雖有所規未可從也又加之以楚敢不畏君王哉工尹路請曰君王命剝圭以爲鏚柲鏚斧也柲柄也破圭玉以飾斧柄○剝邦角反鏚音戚柲音祕（疏）破圭玉以飾斧柄○正義曰斧柯長三尺知氏之玉長一尺二寸圭玉非爲斧柄之物故知破之爲飾敢請命制請帝之命王入視之析父謂子革吾子楚國之望也今與王言如響國其若之何譏其順王心如響應聲○響許丈反應應對之應子革曰摩厲以須王出吾刃將斬矣以己喻鋒刃欲自摩厲以斬王之淫慝○慝他得反王出復語左史倚相趨過倚相楚史名○復扶又反倚於綺反徐其綺反相息亮反王曰是良史也子善視之

是能讀三墳五典八索九丘皆古書名○墳扶云反索所白反本又作素

【疏】注皆古書名○正義曰孔安國尚書序云伏犧神農黃帝之書謂之三墳言大道也少昊顓頊高辛唐虞之書謂之五典言常道也八卦之說謂之八索求其義也九州之志謂之九丘丘聚也言九州所有土地所生風氣所宜皆聚此書也楚左史倚相能讀三墳五典八索九丘即謂上世帝王遺書也周禮外史掌三皇五帝之書鄭玄云楚靈王所謂三墳五典是也賈逵云三墳三王之書五典五帝之典八索八王之法九丘九州亡國之戒延篤言張平子說三墳三禮禮爲大防爾雅曰墳大防也書曰誰能典朕三禮三禮天地人之禮也五典五帝之常道也八索周禮八議之刑索空空設之九丘周禮之九刑丘空也亦空設之馬融說三墳三氣陰陽始生天地人之氣也五典五行也八索八卦九丘九州之數也此諸家者各以意言無正驗杜所不信故云皆古書名

對曰臣嘗問焉昔穆王欲肆其心周穆王肆極也周行天下將皆必有車轍馬跡焉祭公謀父作祈招之詩以止王

心謀父周卿也祈父周司馬也掌甲兵之職招其名祭公方諫遊行故指司馬官而言此詩逸○周行如字又下孟反轍直列反祭側界反招常遥反又音昭父音甫〔疏〕注謀父至詩逸○正義曰尚書酒誥云若疇圻父是圻父為官名也詩小雅有祈父之篇其詩云祈父予王之爪牙胡轉予于恤毛傳云祈父司馬也職掌封圻之甲兵鄭箋云此司馬也時人以其職號之故曰祈父杜用彼說故云祈父司馬也掌甲兵之職也祈既是官故以招為其名謂揔王之将有司馬之官其名曰招也祭公方諫遊行故指司馬言而爲言也賈逵云祈求也昭明也言求明德也馬融以圻爲王圻千里王者遊戲不過圻內明也言千里之內足明德昭王是以獲沒於祗宮獲沒不見篡弑○祗音支又音祁篡初患反弑申志反〔疏〕注祗宮○正義曰馬融云圻內遊觀之宮也杜不解著以爲王離宮之名也臣問其詩而不知也若問遠焉其焉能知之王曰子能乎對曰能其詩曰祈招之愔愔式昭德音愔愔安和貌式用也昭明也○焉能於虔反愔愔一心反徐於林反思我

王度式如玉式如金金玉取其堅重形民之力而無醉飽之心言國之用民當隨其力任如金冶之器隨器而制形故言形民之力去其醉飽過盈之心○冶音也去起呂反

疏其詩至之心○正義曰穆王之時有祈父官名即是司馬官也職掌兵甲常從王行祭公諫王遊行故言以戒司馬也言祈招之愔愔美其志性安和愔愔然也女當用此職掌以明我王之德音也思使我王之德度用如玉然用如金然使之堅而且重可寶愛也若用民力當隨其所能而制其形模依此形模用民之力而無有醉飽盈溢之心也以王之遊行必勞損民力故今依法用之○注言國至之心○正義曰言國之用民當隨其力任量其力之所堪而任用之不使勞役過其所堪也如金冶之器隨器而制形者鑄冶之家將作器而制其模謂之爲形今什酒名焉用民之力依模用之故言形民之力也飽者充其腹謂之飽酒者卒其量謂之醉醉飽者是酒食足過度之名也穆王用民之力不知饜足故今言其醉飽過盈之心

王揖而入饋不食寢不寐數日深感子革之言○饋其位反數所主反不能自克以及於難克勝也○難乃旦反勝升

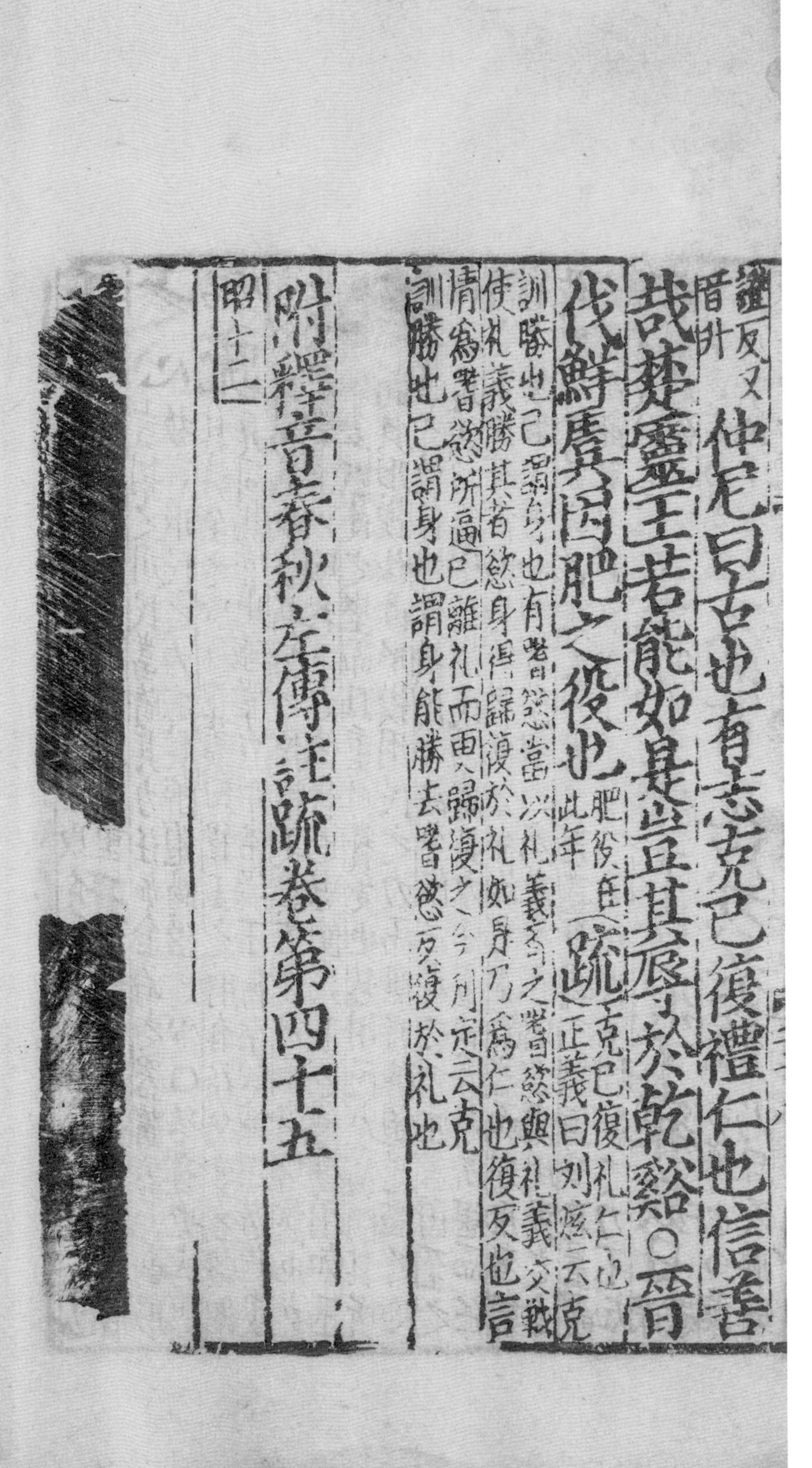

譴反又晉卅仲尼曰古也有志克己復禮仁也信善哉楚靈王若能如是豈其辱於乾谿○晉伐鮮虞因肥之役也肥役在此年〔疏〕克己復礼仁也正義曰劉炫云克訓勝也己謂身也有嗜慾當以礼義齊之嗜慾與礼義交戰使礼義勝其嗜慾身得歸復於礼如身乃爲仁也復反也言情爲嗜慾所逼已離礼而更歸復之今刊定云克訓勝也己謂身也謂身能勝去嗜慾反復於礼也

昭十二

附釋音春秋左傳註疏卷第四十五

附釋音春秋左傳註疏卷第四十六　昭十三年

杜氏註　孔穎達疏

經十有三年春叔弓帥師圍費不書南蒯以費叛不以告廟○費音秘疏注不書至告廟○正義曰定八年傳云陽虎入于讙陽關以叛注云叛不書略家臣則此亦為略家臣故不告廟也以不告廟故史不得書二注互相備○夏四月楚公子比自晉歸于楚弒其君虔于乾谿比去晉而不送書歸者依陳蔡以入言陳蔡猶列國也比歸而靈王死故書弒其君靈王無道而弒稱臣比非首謀而反書弒比雖脅立猶以罪加也靈王死在五月又不在乾谿楚人生失靈王故本其始禍以赴之○谿苦兮反疏注比去至赴之○正義曰傳稱依陳蔡人以国奇復其国而藉其力故書為歸言是陳蔡納之釋例曰韓魏宗耦国之彊陳蔡有復国之端故晉趙鞅楚公子比皆稱歸從諸侯納之例言非晉楚之所能制是其義也計靈王無道於国其弒不應稱臣又比為觀從所誰迫脅而立非是弒君

首謀而反書比弑君者比歸而王死故書比弑其君比雖被脅而立靈王亡爲比而死雖非比弑猶以弑君之罪加比哀六年注云楚比劫立陳乞流涕子家憚老皆疑於免罪故春秋明而書之以爲弑主釋例曰若鄭之歸生齊之陳乞楚公子比雖本無其心春秋之義亦同大罪是以君子慎所以立也其意以爲弑君之惡惡之大者雖則本無其心君實由之而死若含而不責則下無所忌故書其名成其罪所以示來世勸後人爲教之遠防也靈王見弑實猶無道但欲見比罪故稱臣名非言靈王爲有道猶如宣二年晉趙盾弑其君夷皐釋例曰傳言靈公不君又以明於例此弑宜稱君也弑非趙盾而經不變文者以示良史之意深責執政之臣彼亦爲章首之罪稱臣名此亦爲章比之罪稱臣名非言靈王不合弑稱君也又傳稱五月王縊于芋尹申亥氏他年申亥以王柩告則靈王死在五月其死又不在乾谿而經書四月比弑其君夏十乾谿者楚人生失靈王告時未知死否但以乾谿之地失王以爲王必死矣本其始禍故以四月弑君也劉炫云比以四月歸既歸而王死故以云云同

楚公子棄疾殺公子比比雖爲君而未列於諸侯故不稱爵殺不稱人罪棄疾

【疏】注比雖至棄疾。○正義曰釋例曰諸侯不受先君之命而篡立得與諸侯會者，則以成君書之，齊商人、蔡侯般之屬是也。若未得接於諸侯，則不稱爵，楚公子棄疾殺公子比、蔡人殺陳佗、齊人殺無知、衛人殺州吁、公子瑕之屬是也。諸侯會立雖以會諸侯爲正，此列國之制也。至於國内策名委質，即君臣之分已定，故諸殺不稱君，亦與成君同義也。傳曰「會于州，以定公位」，又云「君有罪則君列諸會矣」，此以會爲斷也。衛州吁、齊無知皆弑君自立，其死稱人以殺。比亦弑君而立，不稱人以殺，而云棄疾殺者，棄疾利比之位而殺之，其意不得爲討賊，不稱人所以罪棄疾也。《釋例》云：「比既得國，國人驚亂，棄疾從而劘之，比懼自殺，皆棄疾之由，故書公子棄疾殺公子比。」是言不稱弑其君，又説罪棄疾之意也。○秋，公會劉子、晉侯、齊侯、宋公、衛侯、鄭伯、曹伯、莒子、邾子、滕子、薛伯、杞伯、小邾子于平丘。平丘在陳留長垣縣西南。○垣音袁。八月甲戌，同盟于平丘。書同，齊服故。公不與盟。魯不堪晉求，讒慝弘多，公不與盟，非國惡，故不諱。○與音預，注同。慝，他得反。

疏注「魯不」至「不諱」。○正義曰：宣七年公會晉侯云于黑壤，傳曰「晉侯之立也，公不朝焉」，又不使大夫聘晉人止公于會盟于黄父公不與盟以賂免故黑壤之盟不書諱之也彼公不與盟諱而不書此書之者彼不相朝聘公實有罪諱国之惡故不書其盟此時公實無罪非是国惡故書而不諱襄二十一年傳曰晉公室卑政在後家韓宣子爲政不能圖諸侯魯不堪晉求讒慝弘多是以有平丘之會此年傳云邾人莒人愬于晉曰魯朝夕伐我幾亡矣注云自昭公即位邾魯同好又不朝夕伐莒無故怨愬晉人信之所謂讒慝弘多是言晉受讒言公無罪非国惡故不諱也

晉人執季孫意如以歸公至自會無傳○蔡侯廬歸于蔡○廬音盧又力居反陳侯吳歸于陳陳蔡皆受封于楚故稱爵諸侯納之曰歸

疏注陳蔡至曰歸○正義曰公羊傳曰此皆滅国也其言歸何不與諸侯專封也其意言諸侯不得專封不與楚封陳蔡使若陳蔡之君自有国而歸之然以是故稱爵言歸若言各自有爵非由楚也杜以傳言平王封陳蔡又一平王之歸而言禮也則與滅繼絶是爲得禮無貶有不與楚封之事也二者皆是舊国立君紹其先祀襲其舊爵爵是先世之爵非楚今始立之故言陳蔡皆受封于楚是已立爲侯以故稱爵以歸国非入国始爲君也禮諸侯不生

名二君名皆書名者稱爵以其受封于楚書名以其未成爲君稱名稱爵兩見之也諸侯納之曰歸成十八年傳例○

冬十月葬蔡靈公蔡復而後以君禮葬之○公如晉至河乃復晉人辭公○吳滅州來州來楚邑用大師焉曰滅疏注州來至曰滅○正義曰州來楚邑不繫楚者六都以名通者例皆入郭國用大師焉曰滅襄十三年傳例

傳十三年春叔弓圍費弗克敗焉爲費人所敗不書諱之平子怒令見費人執之以爲囚俘冶區夫曰非也區夫魯大夫○俘芳夫反冶音也區烏侯反一音丘于反疏非也○正義曰非三代服叛之道也若見費人寒者衣之飢者食之爲之令主而共其乏困費來如歸南氏亡矣民將叛之誰與居邑若憚之以威懼之以怒民疾而叛爲

之聚也若諸侯皆然費人無歸不親南氏將
焉入矣乎子從之費人叛南氏費叛南氏在明年傳善區夫之謀終
言其故○衣於既反食音嗣共音恭俾待曰一
反爲之聚也○爲于僞反焉於虔反㱾戶孝反〔疏〕民疾至聚也○正義
曰季氏既執費人〻皆憎疾季
氏而叛之爲南氏之積聚也○楚子之爲令尹也
殺大司馬薳掩而取其室在襄三十年○薳于委反掩於檢反及
即位奪薳居田居掩之族言薳氏所以怨遷許而質許圍
遷許在九年圍許大夫○質音致蔡洧有寵於王王之滅蔡也
其父死焉楚滅蔡在十一年洧仕楚其父在國故死○洧于軌反王使與於
守而行使洧守國二行至乾谿○與音預守手又反〔疏〕楚子至而行○正義曰易稱善不積不足
以成名惡不積不足以滅身小人以小善爲無益而弗爲以
小惡爲無傷而弗去也故惡積而不可揜罪大而不可解至二

於滅身也申之會越大夫戮焉申會在四年【疏】申之至戮焉○正義曰王肅
云越大夫常壽過也申之會經書淮夷而不書越者以常壽過有罪不得列會故不書越也戮者陳其罪惡以徇諸軍言
將殺之終亦不殺過至今在楚故怨而作亂王奪鬬韋龜中犨韋龜令尹子文玄孫
中犨邑名○犨尺州反又奪成然邑而使爲郊尹成然韋龜子郊尹治
郊竟大夫○竟音境蔓成然故事蔡公蔡公棄疾也故猶舊也韋龜以棄疾有當壁之
命故使成然事之○蔓音萬故薳氏之族及薳居許圍蔡洧
蔓成然皆王所不禮也因羣喪職之族啓越
大夫常壽過作亂常壽過申會所戮者○喪息浪反過古禾反【疏】故薳至成然
然○正義曰言族者以掩既被殺唯有族存故言族也韋龜成然皆被奪邑所以不數韋龜而獨數成然者以是時韋龜
已死故不言之上言奪邑者積王之惡見成然怨恨之深猶父子被奪故也圍固城克息舟

城而居之息舟楚邑城之堅固者疏圍固至居之○正義曰圍固城城之固者克息舟息舟即是舟○也以圍特有所毀故更滅而居之觀起之死也其子從在蔡事朝吳觀起死在襄二十二年朝吳故蔡大夫聲子之子○從如字朝如字疏註故蔡大夫聲子之子○正義曰故蔡大夫者此時蔡滅見爲楚縣吳今在蔡其父先爲蔡國大夫故云故蔡大夫聲子之子也曰今不封蔡蔡不封矣我請試之觀從以父死怨楚故欲試作亂以蔡公之命召子干子晳二子皆靈王弟元年子干奔晉子晳奔鄭○晳星曆反及郊而告之情告以蔡公不知謀強與之盟入襲蔡蔡公將食見之而逃不知其故驚起辟之○強其丈反疏強與之盟○正義曰二子聞非蔡公之命欲還故觀從強與之盟遂入襲蔡觀從使子干食坎用牲加書而速行使子干居蔡公之牀食蔡公之食並爲與蔡公盟之徵驗以示

已徇於蔡己觀從也○己音紀徇似俊反曰蔡公召二子將
納之與之盟而遣之矣將師而從之詐言蔡公將以師助
二子蔡人聚將執之執觀從辭曰失賊成軍而殺余
何益乃釋之賊謂子干子晳也言蔡公已成軍殺已不解罪朝吳曰二三
子若能死亡則如違之以待所濟言若能爲靈王死亡則可
違蔡公之命以待成敗如何○爲于僞反若求安定則如與之以濟所
欲言與蔡公則可得安定且違上何適而可言不可違上也上謂蔡公衆
曰與之乃奉蔡公召二子而盟于鄧潁川召陵縣西南有
鄧城二子子干子晳依陳蔡人以國国陳蔡而依之【疏】依陳蔡人以国正義曰二子更
無亡公衆唯依倚陳蔡人耳以国者許爲復其国以此報慰之楚公子比子干公子黑

肱二十二年○肱古弘反公子棄疾蔡公蔓成然蔡朝吳帥
陳蔡不羮許葉之師因四族之徒四族薳氏許圍蔡洧
蔓成然○羮音郎葉始涉反以入楚及郊陳蔡欲為名故請
為武軍欲築壘壁以示後人為復讎之名○壘力軌反壁本亦作辟音壁蔡公知之
曰欲速且役病矣請藩而已乃藩為軍藩籬也○藩方
元反注同籬也依字應作籬今作離假借也力知反疏蔡公至而已○正義曰蔡公知之知陳蔡人之情也蔡公
是之公子猶尚有情本因恥有報讎之名築壘以示後世故請藩而已蔡公使須務牟
與史猈先入因正僕人殺大子祿及公子罷
敵須務牟史猈楚大夫蔡公之黨也正僕大子之近官○牟亡侯反猈皮皆反又徐扶蟹反又扶移反或扶瞻反本
或作犤音同罷音皮徐甫綺反一音蒲買反疏正僕人○正義曰大僕也周礼下大夫二人公子

比爲王。公子黑肱爲令尹，次于魚陂。竟陵縣城西北有甘魚陂。○陂，彼宜反公子弃疾爲司馬，先除王宮，使觀從從師于乾谿，而遂告之。從乾谿之師，告使叛靈王且曰：先歸復所，後者劓。劓，截鼻。○劓，魚器反，截鼻之刑師及訾梁而潰。靈王還至訾梁而衆散。○訾，子斯反，注同。潰，戶內反王聞羣公子之死也，自投于車下，曰：人之愛其子也，亦如余乎？侍者曰：甚焉。小人老而無子，知擠于溝壑矣。擠，隊也。○擠，子細反，說文云：排也。一音子禮反。壑，許各反。隊，直類反王曰：余殺人子多矣，能無及此乎？右尹子革曰：請待于郊，以聽國人。聽國人之所與王曰：衆怒不可犯也。曰：若入於大都而乞師於諸侯王曰皆叛矣曰若亡於諸侯以聽大國之圖君也王曰大福不再祗取辱焉然丹乃歸于楚然丹子革棄王而歸楚。祗音支王沿夏將欲入鄢夏漢別名順流爲沿順漢水南至鄢。沿以全反夏戶雅反漢水也鄢於建反一音於晚反入本又作至芋尹無宇之子申亥曰吾父再奸王命謂斷王旌執人於章華宮。芋于付反徐又音羽奸音干斷丁管反王弗誅惠孰大焉君不可忍惠不可棄吾其從王乃求王遇諸棘闈以歸棘里名闈門也。棘闈音韋孔晁云棘楚邑闈巷門【疏】注棘里名闈門也。正義曰吳語云昔楚靈王不君其臣箴諫不入其民不忍飢勞之殃三軍叛王於乾谿王獨行屏營彷徨於山林之中三日乃見其涓人疇王呼之曰余不食三日矣疇趨而進王枕其股以寢於地王寐疇枕王以墣而去之王覺而無見也乃匍匐將入於棘闈棘闈不縊乃入芋尹申亥氏爲孔晁曰棘楚邑闔門也案襄二十六年傳言吳伐楚克棘四年傳言吳伐楚入棘以棘爲邑或是也夏五月癸亥王縊于芋尹申亥氏癸亥五月二十六日皆在乙卯丙辰後傳終言之經書四月誤○縊○賜反

疏注癸亥至月誤○正義曰此癸亥之日實在乙卯丙辰之後傳先言之者因申亥求王遂言王縊是傳終言之也既以五月統癸亥之日而乙卯丙辰亦是五月之日雖則言有顛到即令蒙此五月之文也劉炫云杜此注經書四月誤案上經注云靈王實以五月死楚人生失靈王本其始禍以赴兩注不同以爲杜非今知不然者以其生失靈王不知死在五月遂以四月始禍言靈王之死是其錯誤之事於文似異義實一也劉以爲二文異而規杜氏非也

申亥以其二女殉而葬之觀從謂子干曰○殉似俊反謂子干本或作謂子干曰不殺弃疾雖得國猶受禍也子干曰余不忍也子玉曰人將忍子子玉觀從吾不忍俟也乃行國每夜駭曰王

入矣相恐以靈王也。駭戶揩反恐丘勇反下同乙卯夜弃疾使周走

而呼曰王至矣周徧也乙卯十八日。呼好故反下同徧音遍國人大驚

使蔓成然走告子干子晳曰王至矣國人殺

君司馬將來矣司馬謂弃疾也言司馬見殺以恐子干君若早自

圖也可以無辱衆怒如水火焉不可為謀又

有呼而走至者曰衆至矣二子皆自殺不書弒君

位未定也。弒申志反丙辰弃疾即位名曰熊居葬子干

于訾實訾言敖不成君無號謚者楚皆謂之敖。熊音雄（疏）注不成至之敖正義曰郟敖與

此訾敖皆不成君無號謚也元年傳云葬王于郟謂之郟敖此云葬子干于訾實訾敖並以地名冠敖未知其故又世家

葬之先君有若敖霄敖皆在位多年亦稱爲敖不知敖是何義殺囚衣之王服而流

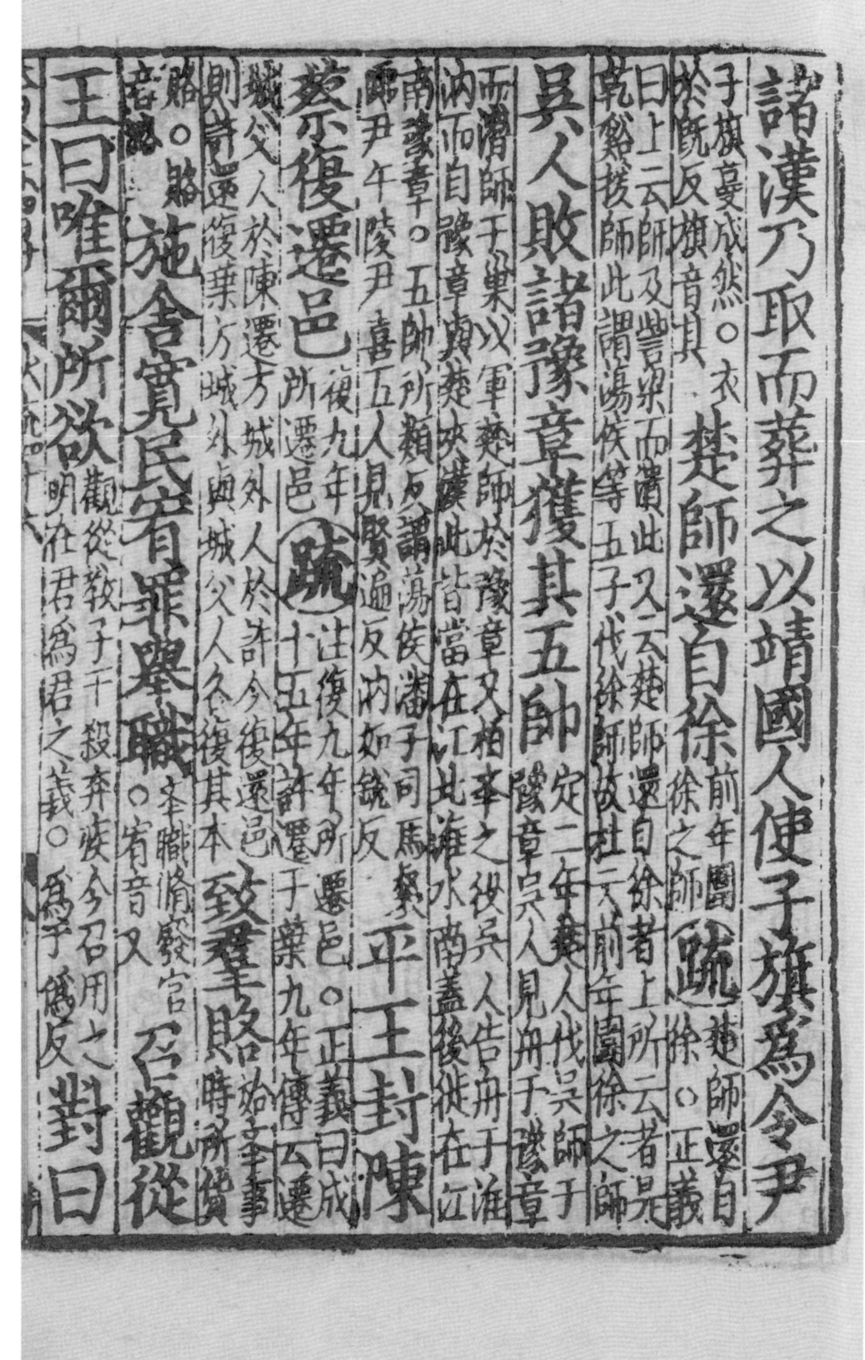

諸漢乃取而葬之以靖國人使子旗爲令尹子旗蔓成然○衣於既反旗音其楚師還自徐前年圍徐之師【疏】楚師還自徐○正義曰上云師及訾梁而潰此又云楚師還自徐者上所云者是乾谿援師此謂蕩侯等五子伐徐師故杜云前年圍徐之師吳人敗諸豫章獲其五帥定二年楚人伐吳師于豫章吳人見舟于豫章而潛師于巢以軍楚師於豫章又柏舉之役吳人告舟于淮汭而自豫章與楚夾漢此皆當在江北淮水南蓋後徙在江南豫章○五帥所類反謂蕩侯潘子司馬督囂尹午陵尹喜五人見賢遍反汭如銳反平王封陳蔡復遷邑復九年所遷邑【疏】注復九年所遷邑○正義曰成十五年許遷于葉九年傳云遷城父人於陳遷方城外人於許今復遷邑則是還復葉方城外與城父人各復其本致羣賂始舉事時所貨賂○賂音路施舍寬民宥罪舉職舉職脩廢官○宥音又召觀從王曰唯爾所欲觀從教子干殺弃疾今召用之明在君爲君之義○爲于僞反對曰

臣之先佐開卜乃使爲卜尹（佐卜人開龜兆）使枝如子躬聘于鄭且致犨櫟之田（犨櫟本鄭邑楚中取之平王新立故還以賂鄭○櫟力狄反）事畢弗致（知鄭自說服不復須賂故○說音悅復扶又反下將復使同）鄭人請曰聞諸道路將命寡君以犨櫟敢請命對曰臣未聞命既復王問犨櫟降服而對（降服如今解冠也謝違命）曰臣過失命未之致也王執其手曰子毋勤姑歸不穀有事其告子也（王善其有權有事將復使之○毋音無）【疏】臣過至致也○正義曰言臣罪過遺漏失君命遺忘之未之致與也○子毋勤○正義曰言子毋以見使爲勤勞他年芊尹申亥以王柩告乃改葬之初靈王卜曰余尚得天下（尚庶幾○柩其久反）【疏】尚得天下○正義曰謂得

爲天子也不吉投龜詬天而呼曰是區區者而不余畀區區小天下。詬本又作詢，呼豆反，徐許者反。呼，火故反。畀，必利反，徐甫至反，與也。余必自取之民患王之無厭也故從亂如歸初共王無冢適冢，大也。○厭，於鹽反。共音恭。適，丁歷反，下無適音同。有寵子五人無適立焉乃大有事于羣望羣望，星辰山川。疏注羣望星辰山川。○正義曰：楚語云：天子徧祀羣神，諸侯祀天地三辰及其土之山川。孔曰云：三辰，日月星也。祀天地，謂二王後也。非二王後，祭分野山川而已。又元年傳云：辰爲商星，參爲晉星。是諸侯得祭分野之星。知此羣望是星辰山川也。然十二次鶉尾爲楚，當祀翼軫之星及其国内山川。哀六年傳曰：江漢睢漳，楚之望也。其山蓋荆山、衡山之類。而祈曰請神擇於五人者使主社稷乃徧以璧見於羣望曰當璧而拜者神所立也誰敢違之既乃與巴姬密埋璧於大室之庭巴姬共王妾大室祖廟○徧音遍見賢遍反下注與見同巴必加反埋亡皆反大室音泰【疏】徧以璧○正義曰謂以一璧徧見諸神君神各一璧乃多明無不當其上○注巴姬共王妾○正義曰知者襄十二年傳云楚司馬子庚聘于秦為夫人寧禮也以秦女是夫人明巴姬是妾使五人齊而長入拜從長幼以次拜○齊側皆反本又作齋長丁丈反注及下同康王跨之過其上也○跨苦化反靈王肘加焉子干子皙皆遠之平王弱抱而入再拜皆厭紐紐見璧紐以為審識○肘中九反遠于萬反厭於甲反又於琰反又於輒反紐女九反識申志反又如字鬬韋龜屬成然焉知其將立故託其子○屬音燭且曰棄禮違命楚其危哉長之禮違當璧之命終致靈王之亂子干歸韓宣子問於叔向曰子干其濟乎對曰難宣子曰同惡相求如市賈

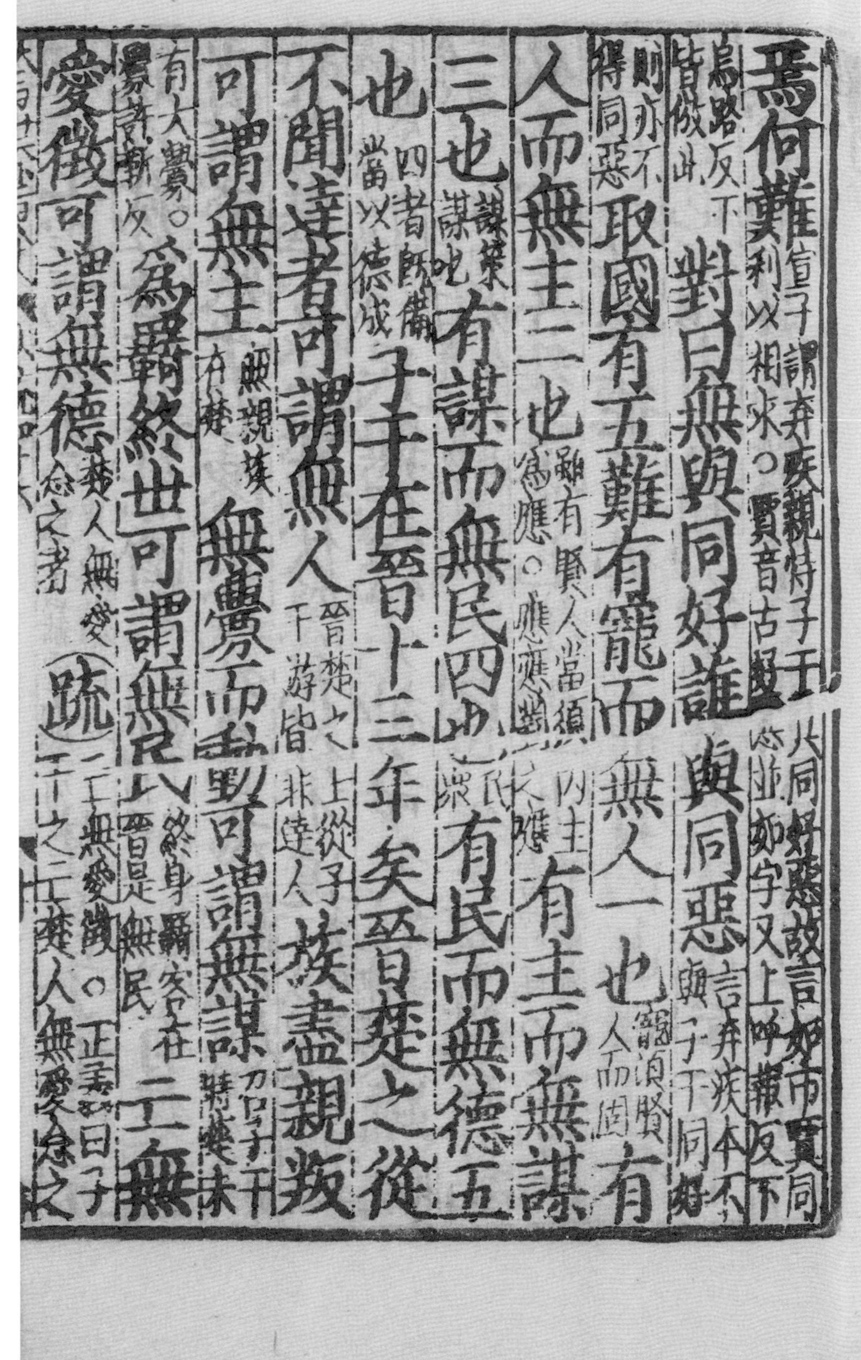

焉何難宣子謂弃疾親特子干以同好惡故言如市賈同利以相求○賈音古好惡並如字又上呼報反下烏路反下皆倣此對曰無與同好誰與同惡言弃疾本不與子干同好則亦不得同惡取國有五難有寵而無人一也寵須賢人而固人而無主二也雖有賢人當須內主爲應○應應對之應有主而無謀三也謀策謀也有謀而無民四也民眾有民而無德五也四者既備當以德成子干在晉十三年矣晉楚之從不聞達者可謂無人晉楚之士從子干游皆非達人族盡親叛可謂無主無親族在楚無釁而動可謂無謀召子干時楚未有大釁○釁許靳反爲羈終世可謂無民終身羈客在晉是無民亡無愛徵可謂無德楚人無愛念之者

疏亡無愛徵○正義曰子[illegible]干之亡楚人無愛念之

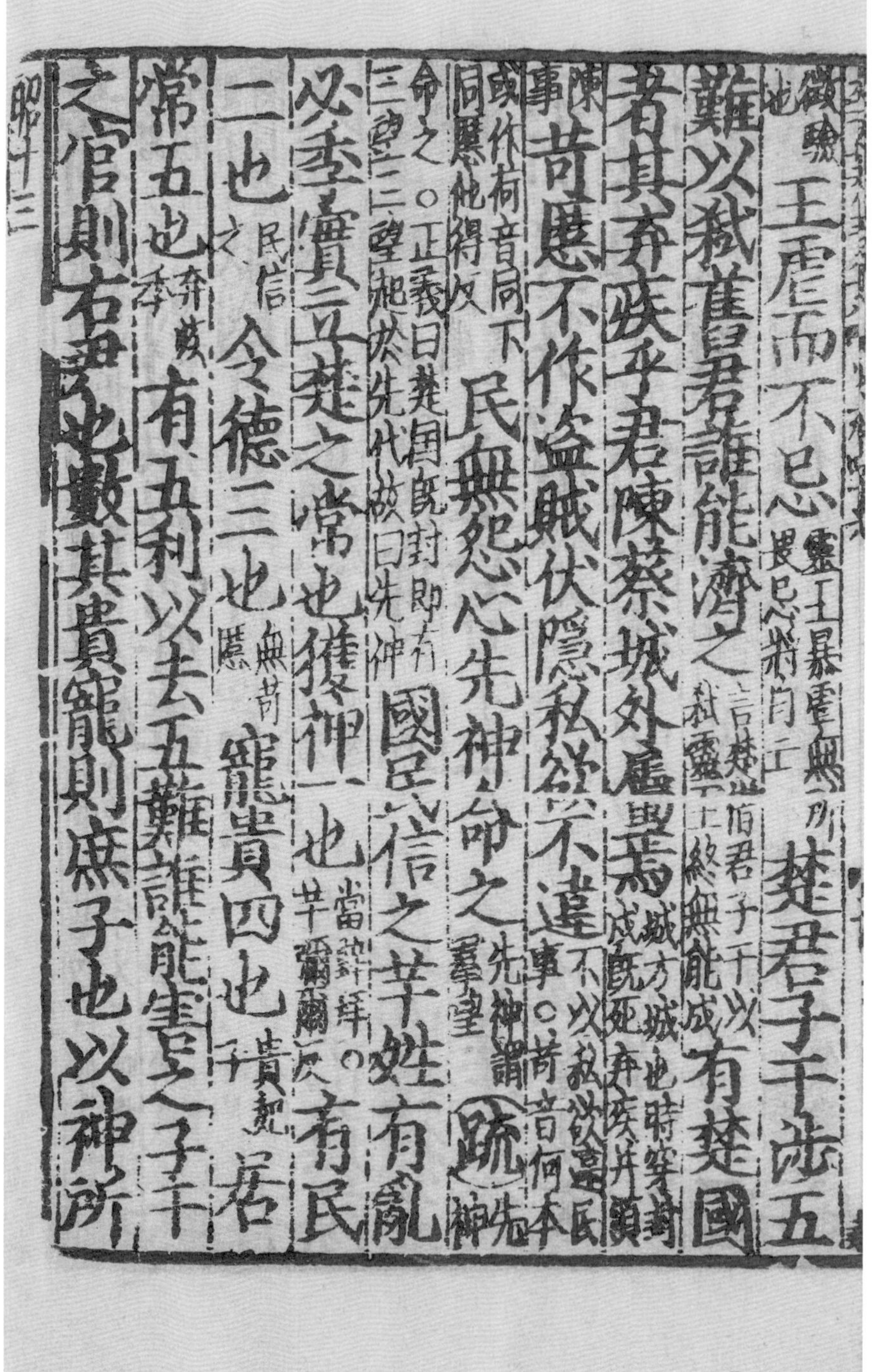

徵驗也王虐而不忌靈王暴虐無所畏忌忌其肖反楚君子干涉五難以藏舊君誰能濟之言楚無有君子干以私靈王者終無能成有楚國者其棄疾乎君陳蔡城外屬焉城方城也時穿封戌既死棄疾并領陳事苛慝不作盜賊伏隱私欲不違不以私欲違民事○苛音何本或作荷音同下同慝他得反民無怨心先神命之先神謂羣望䟽先神命之○正義曰楚國既封即有三望三望祀於先代故曰先神國民信之芊姓有亂必季實立楚之常也獲神一也當璧拜○芊彌爾反有民二也民信之令德三也無苛慝寵貴四也貴妃子居常五也弃疾季有五利以去五難誰能害之子干之官則右尹也數其貴寵則庶子也以神所

昭十三

命則又遠之其貴亡矣位不尊○去起呂反數所主反遠于萬反亡矣音無又如字其寵弃矣父既没故【疏】其貴至棄矣○正義曰亡無也其貴位則無矣其寵愛之者又棄矣然則父死棄疾寵亦棄獨言子干者以子干母賤唯恃父寵寵又棄矣則無恃託故專屬子干民無懷焉非令德國無與焉無内主將何以立宣子曰齊桓晉文不亦是乎皆庶賤對曰齊桓衛姬之子也有寵於僖衛姬齊僖公妾有鮑叔牙賓須無隰朋以爲輔佐有莒衛以爲外主齊桓出奔莒衛有舅氏之助有國高以爲内主國氏高氏齊之上卿【疏】注國氏高氏正義曰僖十二年傳管仲云有天子之二守國高在是也從善如流言其疾也下善齊肅齊嚴也肅敬也○下遐嫁反齊側皆反注同不藏賄財也○賄呼罪反不從欲儉也○從子用反施舍

不倦施舍猶言布恩德求善不厭是以有國不亦宜乎我先君文公狐季姬之子也有寵於獻好學而不貳言篤志○厭於豔反好呼報反生十七年有士五人狐偃趙衰顛頡魏武子司空季子五士從出○衰初危反頡戶結反從才用反有先大夫子餘子犯以爲腹心子餘趙衰子犯狐偃有魏犨賈佗以爲股肱魏犨魏武子也稱五人而說四士賈佗又不在本數蓋叔向所貴○佗徒何反【疏】注魏犨至所賢　正義曰上言五人直擧其數下說四士獨擧有賢也五人內不數賈佗者佗以公族從文公不在五人之數也蓋叔向言之意所將爲賢即言有齊宋秦楚以爲外主齊妻以女宋贈以馬楚王享之秦伯納之○妻七計反有欒郤狐先以爲內主謂欒枝郤縠狐突先軫也○欒魯官反郤去逆反縠戶木反亡十九年守志彌篤惠懷棄民惠公懷公

不恤民也民從而與之獻無異親民無異望獻公之子九人唯文公在天方相晉將何以代文此二君者異於子干共有寵子國有奧主謂棄疾也○相息亮反下同共音恭奧烏報反

疏國有奧主○正義曰室内西南隅謂之奧奧是内之義奧主國内之主故謂棄疾也

無施於民無援於外去晉而不送歸楚而不逆何以冀國傳言子干所以蒙弑君之名棄疾所以得國○施式豉反○晉成虒祁在八年○虒音斯諸侯朝而歸者皆有貳心賤其爲晉也爲取郠故取郠在十年○爲于僞反郠古杏反晉將以諸侯來討叔向曰諸侯不可以不示威示晉德薄故以威服之乃並徵會告于吳秋晉侯會吳子于良下邳有良城縣○邳皮悲反水道不可

吳子辭乃還（辭不會）疏 水道不可○正義曰吳地水行故謂水道不可謂水路不通吳子既辭晉侯乃還向平丘之會七月丙寅治兵于邾南甲車四千乘（三十萬人○乘繩證反下及注皆同）羊舌鮒攝司馬（鮒叔向弟也攝兼官也鮒音附）遂合諸侯于平丘子產子大叔相鄭伯以會子產以幄幕九張行（幄幕軍旅之帳○幄於角反幕音莫四合象宮室曰幄在上曰幕）疏 幄幕九張○正義曰周禮幕人掌帷幕幄帟綬之事鄭玄云王出宮則有是事在旁曰帷在上曰幕皆以布爲之四合象宮室曰幄王所居之帳也帟王在幕若幄中坐上承塵幄帟皆以繒爲之凡四物者以綬連繫焉然則幕與帷異幕大而帷小帷在幕下張之帷幕九張蓋九帷九幕也子大叔以四十既而悔之每舍損焉及會亦如之（亦九張也傳言子產之適宜大叔之從善）次于衛地叔鮒求貨於衛淫芻蕘者（鮒使

而患之而致貨。芻初俱反說文云[illegible]草也蕘如遥反飼牲曰芻草薪曰蕘【疏】芻蕘。○正義曰周禮充人掌繫祭祀之牲牷祀五帝則繫于牢芻之三月說文云蕘薪也從廾然則芻者飼牛馬之草也蕘者共然火之草也

衛人使屠伯饋叔向羹與一篋錦屠伯衛大夫。○屠音徒饋其位反篋苦協反曰諸侯事晉未敢攜貳況衛在君之宇下屋宇之下喻近也而敢有異志芻蕘者異於他日敢請之請止之叔向受羹反錦受羹示不逆其意且辟貨曰晉有羊舌鮒者瀆貨無厭瀆數也。○瀆徒木反厭於鹽反數音朔亦將及矣將及禍為此役也役事也。○為如字或于僞反【疏】為此役。○正義曰言叔鮒為此芻蕘之事也子若以君命賜之其已客從之未退而禁之禁芻蕘者晉人將尋盟齊人不可有貳心故晉侯使

叔向告劉獻公獻公王卿士劉子曰抑齊人不盟若
之何對曰盟以底信底致也。底音旨君苟有信諸侯
不貳何患焉告之以文辭董之以武師雖齊
不許君庸多矣董督也庸功也討之有辭故功多也（疏）董督至多也正義曰釋詁
云董督正也是董爲督也又云庸勞勞不功也討之有辭則前敵易克故功多也天子之老請
帥王賦元戎十乘以先啓行天子大夫稱老元戎戎車在前者啓開也
行道也（疏）天子之老。正義曰上注云獻公王卿士此注云天子大夫稱老者是大夫之揔名詩云方叔元
老毛傳云方叔卿士命而爲將是卿士稱老也曲禮云五官
之長曰伯自稱於諸侯曰天子之老彼謂三公也如彼文則
三公乃得稱天子之老卿亦得稱老者彼謂三公之事言三
公之自稱耳不言卿之自稱不得同三公也曲禮又云諸侯
使人於諸侯使者曰寡君之老諸侯之使尚得稱老明知天
子之卿得稱天子之老也。元戎至啓行。正義曰詩小雅

六月之篇也元大也大戎戎車之在軍前者也啓開行道常訓耳遲速唯君欲佐晉討齊叔向告于齊曰諸侯求盟已在此矣今君弗利寡君以爲請對曰諸侯討貳則有尋盟若皆用命何盟之尋許用命以拒晉叔向曰國家之敗有事而無業事則不經業貢賦之業有業而無禮經則不序須禮而有次序有禮而無威序則不共禮須威而後共有威而不昭共則不明威須昭告神明而後信義著不明棄共百事不終所由傾覆也信義不明則棄威不威棄禮無禮無經無經無業故百事不成○覆芳服反是故明王之制使諸侯歲聘以志業志識也歲聘以脩其職業間朝以講禮三年而一朝正班爵之義率長幼之序○間

厠之間長丁文反再朝而會以示威六年而一會以訓上下之則制財用之節再

會而盟以顯昭明十二年而一盟所以昭信義也凡八聘四朝再會王一巡守盟于嶽之下○守手又反嶽音岳志業於好聘也○好呼報反下注同好同講禮於等朝

也示威於衆會也昭明於神盟也自古以來未之

或失也存亡之道恒由是興晉禮主盟依先王先公舊禮主諸侯盟

懼有不治奉承齊犧齊盟之犧牲○治直吏反舊如字犧許宜反

而布諸君求終事也終竟也君曰余必廢之何

齊之有唯君圖之寡君聞命矣齊人懼對曰

小國言之大國制之敢不聽從既聞命矣敬

共以往遲速唯君叔向曰諸侯有間矣間隙也

【疏】叔向至命矣○正義曰叔向此言論聘朝會盟四事意
在言盟并說會聘朝爲次序耳國家之所以敗也有交
好之事而無貢賦之業交好之事不得常矣有貢賦之常而
無上下之禮事雖有常則不次序矣有上下之禮而無可畏
之威雖有次序則不共敬矣有可畏之威而不昭告神明雖
爲共敬則不明著矣信義不明棄共敬也承事不共敬棄次
序也班位不序棄常序也徵命不常棄事宜也事既棄矣則
百事不終國家所由傾覆乃爲此也聖人知其不可異故明
王之制使諸侯每歲令大夫一聘天子以志識貢賦之業間
一歲諸侯親自入朝以講習上下之禮天子於諸侯再朝而
一大會以示可畏之威再會而一爲盟誓以顯諸侯之昭明
者也志識貢賦之業在於交好故使聘也講習上下之禮在
於等差故使朝也示可畏之威在於衆聚故爲會也昭明德
之信在於告神故爲盟也自古以來遵行此法亦之有失也
國家存亡之道恒由是興爲之則存廢之則亡存亡起於此
也今晉以先王之禮主諸侯之盟懼諸侯之事有不治禮者
奉承齊盟所用之儀禮以來至此而布諸齊君求終竟盟約
之事也君言曰余必廢之何齊盟之有以諭此語陪君自
圖謀之寡君聞君之命矣言晉知齊必背盟即欲與之戰○
注業貢賦之業　正義曰下向讓述此事云歲聘以志業每

年聘者所以共其貢賦耳知此業者是貢賦之業也下又云志
業於好說聘事而謂之好則好謂交好諸侯一大子雖尊卑不
同亦是交好然則有事者謂有交好之事也不經者經謂常
也謂交好不常也或聘不以時或貢賦不充是不常也○註
威須至義著　正義曰昭亦明也昭為明告神祇明謂信義
明著言會雖亦威威猶未著必須昭告神明以要束其心而
後天子信義始得明著於天下矣○註信義至不成　正義
曰杜以信義不明威無可畏則是棄威也不畏威則禮不行
是棄禮也無禮則無經無經則無業故百事所以不成劉炫
以此傳四文皆緣上事而致下事其上則事業禮威所致則
經序共明傳既言不明棄共自然當云不共棄序不序棄經
不經棄事今杜云不明則棄威不威棄禮無禮無經無經無
業以杜違背傳文而規杜失今知劉義非者杜以不明棄共
不共棄序不序棄經不經棄事自是傳文分明注傳云自事
不終明知非純棄其棄序其威禮亦棄也杜與傳共為表裏
非是違傳劉不解杜意妄為規過謬矣○注志識至職業
正義曰志是記識故為識也歲歲使於天子所以獻其貢賦
令諸國各自記其職貢是脩其職業也○注三年至之序
正義曰閒朝者謂聘為言之也既云歲聘因從聘歲為始更閒
一年乃朝故知閒朝是三年而一朝也朝以正班爵之義率

長幼之序與下注會以訓上下之則制財用之節皆莊二十
三年傳文也○注十二至之下○正義曰顯昭明三字皆爲
明也十二年而爲一盟者大明黜陟之法諸侯之有明德者
褒顯升進之於此盟以光顯諸侯有昭明之德者詔告神明
所以昭明王之信義以示黜陟必有信也司儀十二年間凡
六聘四朝再會一盟方嶽之下也尚書周官曰六年五服一
朝又六年王乃時巡考制度于四岳諸侯各朝于方岳大明
黜陟如彼文六年五服諸侯一時朝王即此再朝而會是也
此傳之文與尚書正合杜言巡守盟于方嶽闇與彼義符同
明此是周典之舊法也而周禮之文不載此法大行人云侯
服歲壹見其貢祀物甸服二歲壹見其貢嬪物男服三歲壹
見其貢器物采服四歲壹見其貢服物衛服五歲壹見其貢
材物要服六歲壹見其貢貨物先儒說周禮者皆以彼爲六
服諸侯各以服數來朝與此傳又無由得合先賢通儒未有
解者古書亡滅不可備知然則尚書周官是成王之號令之辭
尚書之言定是正法左氏傳與彼合言必不虛周禮只是明
文不得不信蓋周公成王之時即自有此二法也又周禮每
歲壹見唯言貢物何必見者即是親朝各計道路遠長咸當
遣使貢耳先儒謂彼爲朝未有明驗大行人又云十有二歲
王巡守殷國巡守之歲周禮同於尚書六年一巡尚書何必

逆禮又大宗伯云時見曰會殷見曰同鄭玄以爲時見無常期也諸侯有不順服者王將有征討之事合諸侯而命事焉二歲王如不巡守則六服盡朝謂之殷見鄭以時見無常期者由自尊之意耳非有明文可據也殷見是此再會而盟時見當此再朝而會未必即如鄭說時見爲無常期也蓋此傳及尚書之正禮也大行人歲一見者是遣使貢物非親朝也今此上聘朝會雖以爲諸侯於天子之禮然諸侯相朝亦當然也故云志業於好講禮於等示威於衆昭明於神雖天子於諸侯之禮然王官之伯及霸王亦得與諸侯爲盟故晉爲盟主以此告齊齊侵盟也必知此朝聘文兼諸侯者以釋例引明王之制八聘四朝云文襄之制因而簡之三歲而聘五歲而朝以諸侯爲文明歲聘間朝兼諸侯相朝也知盟年朝會俱行者以傳云再朝而會云云故知盟年朝會具不廢也又云歲聘以志業云云再聘以行朝故知朝年不行聘禮但以朝聘君臣不等會盟禮用當故朝年不行聘盟年得有朝會知有盟者傳云同盟至故也○小國言之○正義曰申上不用尋盟之意也其意是小國言之可不可則大國制之也大國謂其須盟言已不敢違也不可以不示衆八月辛未治兵習戰建而不旆建立旌旗不曳其旆

傳十三

斾游也○斾步具反疏注建立至斿也一正義曰釋天云緇廣充幅長尋曰旐繼旐曰斾郭璞曰帛續旐末爲燕
尾者然則旐謂旂身斾謂旂尾斾綴於旐本是相連之物非別體也而不曳其斾當纏繼於干頭蓋如禮記所云德車結
旌也釋天又云練旒九周禮所謂九斿七斿游即是斾故云斾游也然郭氏既云斾繼於旐今之燕尾即斾是旐末然天
子十有二游并屬於一幅之上廣狹於理不可蓋游數多者參差綴於縿如今之旗是也其軍前之斾如郭璞之說
壬申復斾之諸侯畏之軍將戰則斾故曳斾以恐之○復扶又反恐丘勇反下並同
疏注軍將至恐之　正義曰本作斾者爲許而曳之以爲容飾結之爲非常曳之爲得常復斾之言曳之爲復常
也軍法戰則討斾晉人欲討斾然其將戰故曳斾以恐之諸侯見其曳斾而皆畏之
邾人莒人愬于晉曰魯朝夕伐我幾亡矣自昭公即位邾魯同好又不朝夕伐莒無
故怨愬晉人信之所謂譖愬弘多○愬音素朝夕如字注同幾音祈疏注自昭至伐莒　正義曰三年傳穆子云
曾滕二邾實不忘我好又無相伐之事是昭公即位邾魯同好也不朝夕伐莒者案元年十年再伐莒耳是不朝夕伐也

我之不共魯故之以不共晉貢以魯故也○共音恭注及下注同晉侯

不見公使叔向來辭曰諸侯將以甲戌盟寡

君知不得事君矣請君無勤託謙辭以絕魯子服惠

伯對曰君信蠻夷之訴蠻夷謂邾莒以絕兄弟之國

弃周公之後亦惟君寡君聞命矣叔向曰寡君

有甲車四千乘在雖以無道行之必可畏也

況其率道其何敵之有牛雖瘠僨於豚上其

畏不死僨仆也○瘠在亦反僨方問反仆音付一音蒲北反【疏】注僨仆也正義曰前覆曰仆言牛倒豚上豚必死也言小雖瘠若潤魯以晉爲無德輕之故以瘦牛自喻南蒯子仲之憂

其庸可弃乎弃猶忘也若奉晉之衆用諸侯之師

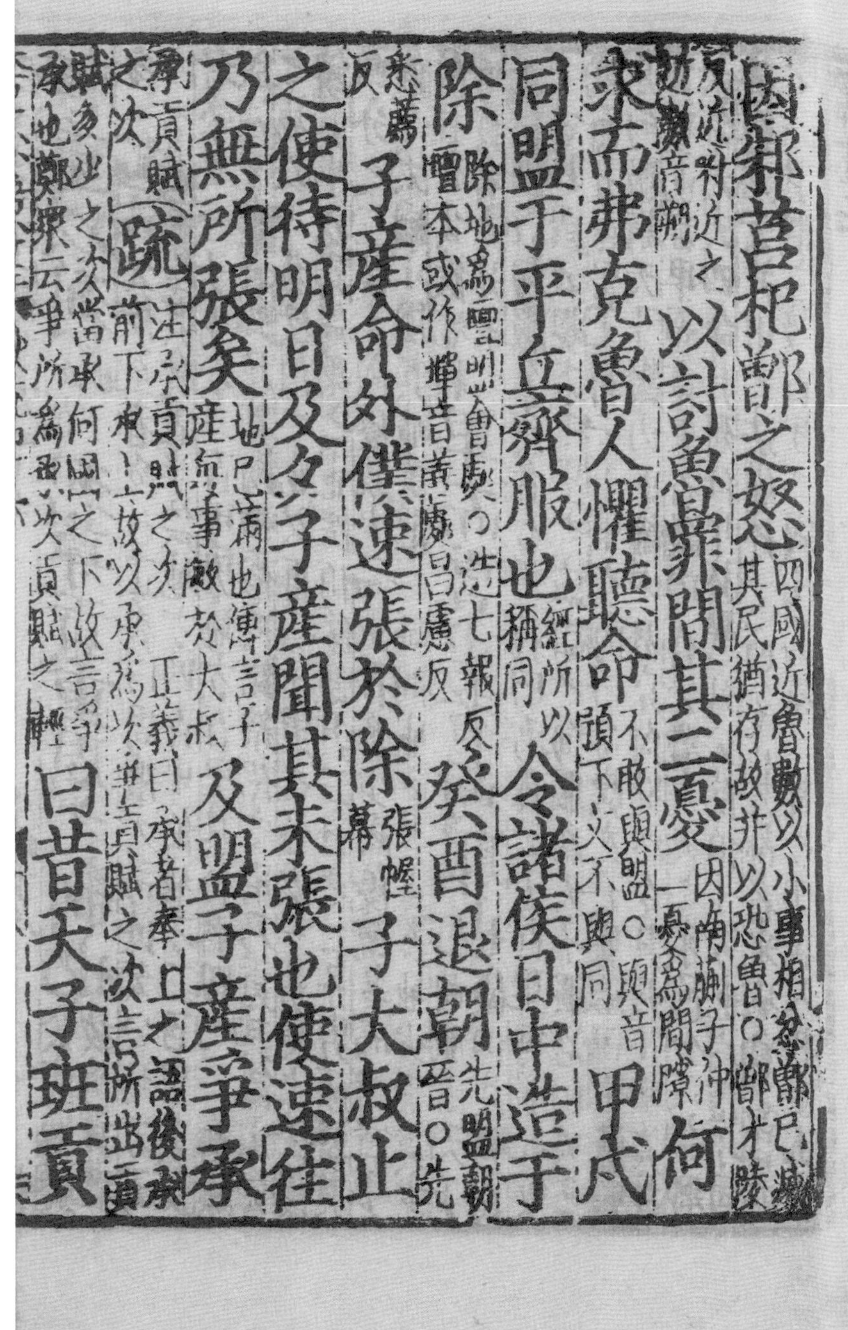

因邾莒杞鄫之怒四國近魯數以小事相忿鄫已滅其民猶存故并以恐魯○鄫才陵反近附近之近數音朔以討魯罪閒其二憂因南蒯子仲二憂為閒隙何求而弗克魯人懼聽命不敢與盟○與音預下文不與同甲戌同盟于平丘齊服也經所以稱同令諸侯日中造于除除地為壇盟會處○造七報反壇本或作墠音善蕃彭昌慮反癸酉退朝先盟朝晉○先悉薦反子產命外僕速張於除張幄幕子大叔止之使待明日及夕子產聞其未張也使速往乃無所張矣地已滿也傳言子產知事微於大叔及盟子產爭承爭承貢賦之次疏注承貢賦之次正義曰承者奉上之語後承前下承上故以承為次并言貢賦之次言所出貢賦多少之次當承何國之下故言爭承也鄭衆云爭所為貢賦之次貢賦之輕曰昔天子班貢

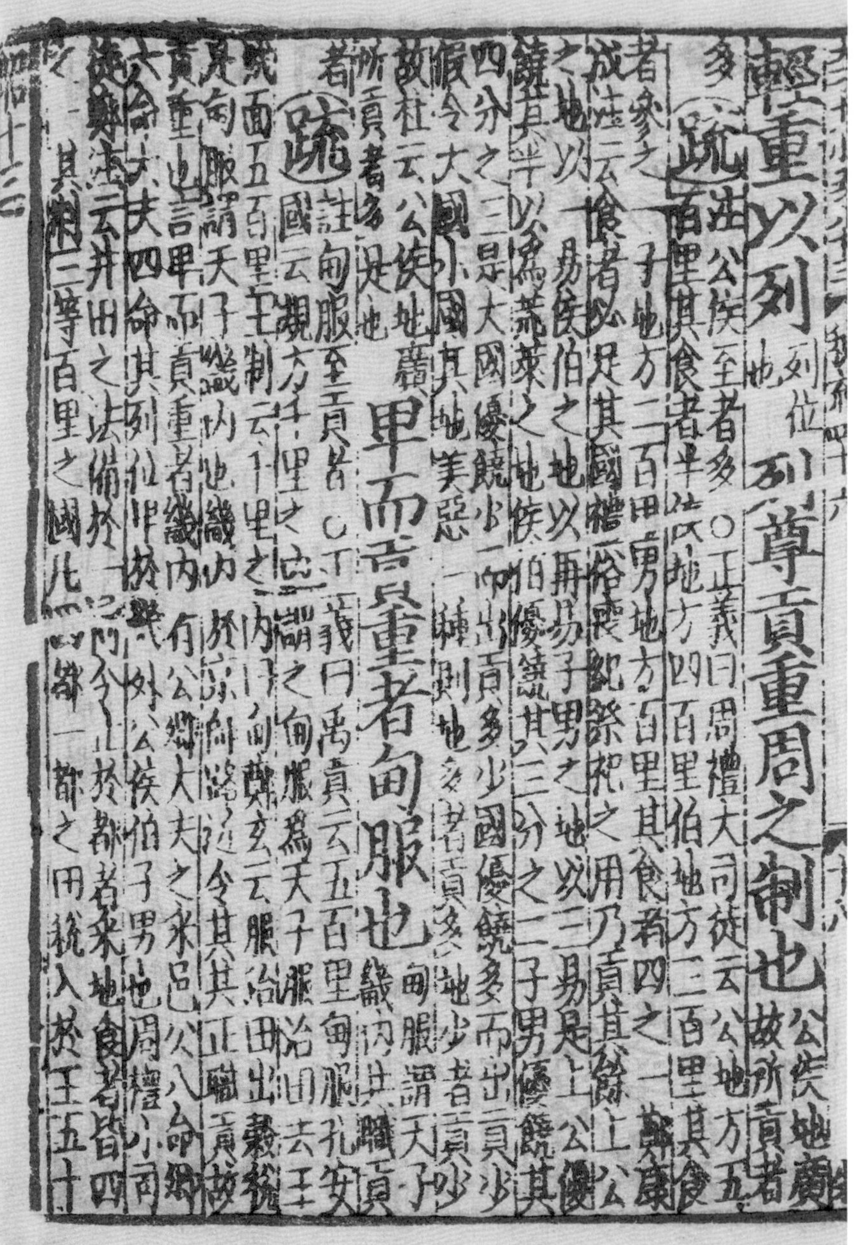

輕重以列列位也列尊貢重周之制也公侯地廣故所貢者多【疏】注公侯至者多○正義曰周禮大司徒云公地方五百里其食者半侯地方四百里伯地方三百里其食者參之一子地方二百里男地方百里其食者四之一鄭康成注云食者必足其國禮俗喪紀祭祀之用乃貢其餘上公之地以一易侯伯之地以再易子男之地以三易是上公優饒其半以為荒萊之地侯伯優饒其三分之二子男優饒其四分之三是大國優饒少而出貢多少國優饒多而出貢少假令大國小國其地美惡一種則地多者貢多地少者貢少故杜云公侯地廣所貢者多是也卑而言貢重者甸服也甸服謂天子畿內共職貢者【疏】注甸服至貢者○正義曰禹貢云五百里甸服孔安國云規方千里之內謂之甸服為天子服治田去王城面五百里王制云千里之內曰甸鄭玄云服治田出穀稅是甸服謂天子畿內也畿內於京師路近令其共其正職貢故貢重也言卑而貢重者畿內有公卿大夫之采邑公八命卿六命大夫四命其列位卑於畿外公侯伯子男也周禮小司徒職注云井田之法備於一同今止於都者采地食者皆四之一其制三等百里之國凡四都一都之田稅入於王五十

里之國凡四縣一縣之田稅入於王二十五里之國凡四甸
一甸之田稅入於王食采者卑與尊同故云卑而貢重也畿
外之國則卑者
貢輕尊者貢重鄭伯男也而使從公侯之貢言鄭國在
甸服外爵列伯子男【疏】注言鄭至之貢○正義曰鄭伯男
不應出公侯之貢也諸儒有多說鄭衆服虔云鄭伯爵
在男服也周禮男服在三邦之王城千五百里鄭去京師不容
此數賈逵云男當作南謂南面之君也子產爭國小貢重輕
言鄭伯為南面之君復何所益南面君者豈貢得輕乎鄭意
云男謂子男也周之舊俗雖為侯伯皆食子男之地鄭之此
言不知所出鄭食子男之地不知復在何時武公既遷東鄭
并十邑為國不得食子男之地若西鄭之時食子男之地則
今為大國自當貢重子產不得遠言上世國小以距今之貢
重晉之朝士焉肯從受而自日中以爭至于昏乎原此諸說
悉皆不通周語云鄭伯男也王而卑之是不尊貴也王肅注
此與彼皆云鄭伯爵而連男言之猶言曰公侯是自謙也杜
用王說言鄭國在甸服之外其爵列於伯子男言已爵卑國
小不應出公侯之貢也今使從公侯之貢懼弗給也諸侯地
有五等命有三等伯居五等之中與侯同受七命據地小大
分為二等則侯同於公伯同子男僖九年在喪之例云公侯

曰子言不及伯是不得同於侯也僖二十九年大夫會國君之例不在禮卿不會公侯會伯子男可也杲伯國下同子男也子產自言其君爵卑下引子男爲例故云鄭伯男○也懼弗給也敢以爲請諸侯請其好以爲事靖息也○好呼報反行理之命行理使人通聘問者○使所吏反無月不至貢之無藝藝法制【疏】行理至不至○正義曰言晉國使人來責貢賦之命無月不至於鄭每月皆來也○注藝法制○正義曰服虔云藝極也一曰常也二者並非正訓杜以藝爲經藝故爲法制也貢有法制定數徵求無限則不可共也小國有闕所以得罪也諸侯脩盟存小國也貢獻無極亡可待也存亡之制將在今矣自日中以爭至于昏晉人許之既盟子大叔咎之曰諸侯若討其可瀆乎瀆易也○咎其九反易以豉反【疏】貢獻無極○正義曰極謂限極無極謂無已時○諸侯至

昭十三

貢乎○正義曰言諸侯若來討鄭其可不由子輕易晉乎

子產曰晉政多門政不出一家貳偷之不暇何暇討貳不壹偷苟且疏貳偷至暇討○正義曰政出多門則其情不一情既不一則各懷苟且各自苟且免於目前無人爲國遠慮也爲此二心爲此苟且不有閒暇何暇來討鄭乎

國不競亦陵何國之爲不競爭則爲人所侵陵不成爲國○争爭鬭之争下爭競同

公不與盟信邾莒之訴欲討魯故

晉人執季孫意如

以幕蒙之幕蒙裹也○裹音果

使狄人守之司鐸射魯大夫鐸待洛反射食亦反又食夜反疏使狄人守之○正義曰有北狄之人從晉師來會故使狄人守囚猶如長岸之戰楚使隨人守舟

懷錦奉壺飲冰以蒲伏焉守者御之乃與之錦而入蒲伏竊往飲季孫冰蒲蓋可以取飲○奉芳勇反蒲本又作匍同步部反又音扶本亦作扶伏本又作匐同蒲北反又音服守手又反又如字御魚呂反飲於鴆反筩音童又音勇疏注蒲

伏至取飲○正義曰蒲伏即匍匐也說文匍手行也匐伏地也詩陳后稷之初生云誕實匍匐令司鐸射竊往飲季孫之所以小兒伏地而手行冰是箭筩之蓋相傳爲然本作此器以蓋箭筩脫而用之可以取飲此以壺盛飲用此冰以飲之

晉人以平子歸子服湫從湫子服思伯從至晉○湫子小反徐音椒又子鳥反案子服湫又作子服椒止一人耳從才用反注同

子產歸未至聞子皮卒哭且曰吾已已猶決竟無爲爲善矣唯夫子知我言子皮知己之善

疏無爲爲善矣○正義曰子產言我此日行善昨子皮知之今子皮既卒無人知我之善故云無爲爲良頗爲善矣

仲尼謂子產於是行也足以爲國基矣詩曰樂只君子邦家之基詩小雅言樂與君子爲治乃國家之基本○治直吏反

子產君子之求樂者也且曰合諸侯藝貢事禮也嫌爭競不順故以禮明之

疏詩曰至禮也○正義曰此詩小雅南山有臺之篇詩

昭十三

云樂只君子以其能爲邦家之基也今子產是君子之人求樂者也仲尼因復言同盟主會合諸侯限藝貢賦之事使貢賦有常是爲禮也盟主制定貢賦是爲得禮則子產爭之不爲有失嫌爭競無禮故以禮明之○鮮虞人聞晉師之悉起也五年傳曰遺守四千今甲車四千乘故爲悉起而不警邊且不脩備言夷狄無謀○警音景晉荀吳自著雍以上軍侵鮮虞及中人驅衝競中山望都縣西北有中人城驅衝車與狄爭逐【疏】晉荀至鮮虞　正義曰上云悉起得有上軍在者晉侯從平丘會還行至著雍聞鮮虞不警邊遂使荀吳侵之非從本國而去故云自著雍以上軍侵鮮虞也大獲而歸爲十五年晉伐鮮虞起○

楚之滅蔡也靈王遷許胡沈道房申於荊焉平王即位既封陳蔡而皆復之禮也滅蔡在十一年許胡沈小國也道房申皆故諸侯楚滅以爲邑荊荊山也傳言平王得安民之禮汝南有吳防縣即防國【疏】注得安民

之禮○正義曰此乃遷動而云安者以狐死首丘人生戀舊在彼靈王倡從元情悉眷故居平王今復從其所欲民心懽安故云得安民之禮也

隱大子之子廬歸于蔡禮也隱大子大子有也廬蔡平侯

悼大子之子吳歸于陳禮也悼大子偃師也吳陳惠公○

冬十月葬蔡靈公禮也國復成禮以葬也此陳蔡事傳皆言禮嫌非所封不得比諸侯故明之

○公如晉荀吳謂韓宣子曰諸侯相朝講舊好也執其卿而朝其君有不好焉不如辭之乃使士景伯辭公于河景伯士文伯之子彌牟也○舊好呼報反

○吳滅州來令尹子期請伐吳王弗許曰吾未撫民人未事鬼神未脩守備未定國家而用民力敗不可悔州來在吳猶在楚也子姑

昭十三

待之（傳言有國平王所以能○守手又反）○季孫猶在晉子服惠伯私於中行穆子（私與之語）曰魯事晉何以不如夷之小國魯兄弟也土地猶大所命能具若爲夷弃之使事齊楚其何瘳於晉（瘳差也○爲于僞反下爲夷將爲同瘳勑留反差初賣反）親親與大賞共罰否所以爲盟主也子其圖之諺曰臣一主二（言一臣必有二主道不合得去事他國○諺音彥）吾豈無大國（言非獨晉可事）穆子告韓宣子且曰楚滅陳蔡不能救而爲夷執親將焉用之乃歸季孫惠伯曰寡君未知其罪合諸侯而執其老（老尊卿稱○焉於虔反稱尺證反）若猶有罪死命可也（死晉命也）若曰

無罪而惠免之諸侯不聞是逃命也何免之
爲請從君惠於會（欲得盟會見禮不欲私去）宣子患之謂叔
向曰子能歸季孫乎對曰不能鮒也能（鮒叔魚）乃
使叔魚叔魚見季孫曰昔鮒也得罪於晉君
自歸於魯君（蓋襄二十一年坐叔虎與欒氏黨并得罪○坐才卧反）微武子之
賜不至於今（武子季平子祖父）雖獲歸骨於晉猶子則
肉之敢不盡情歸子而不歸鮒也聞諸吏將
爲子除館於西河（西河近河○近附近之近）其若之何且泣
（泣以信其言）平子懼先歸惠伯待禮（待見遣之禮）

附釋音春秋左傳註疏卷第四十六

附釋音春秋左傳註疏卷第四十七 昭十四年盡十六年

杜氏註　孔穎達疏

經十有四年春意如至自晉書至者喜得免○三月曹伯滕卒無傳四同盟疏注四同盟○正義曰曹伯負芻以襄十八年冬十月卒則武公立十九年盟于祝柯二十年于澶淵二十五年于重丘二十七年于宋皆與曹俱在是四同盟也○夏四月無傳○秋葬曹武公無傳○八月莒子去疾卒未同盟○去起呂反○冬莒殺其公子意恢以禍亂告不必繫於爲卿故雖公子亦書意恢與亂君爲黨故書名惡之○恢苦回反惡烏路反疏注以禍至惡之○正義曰莒是小國其卿多不備禮唯莊僖之世有莒慶見經爾來唯牟夷以竊地故書以外更無見者今意恢非卿亦書故解其意云云釋例曰禍莫大於享國有家禍莫甚於骨肉相殘故公子取國及爲亂見殺者亦皆書之不必繫於爲卿故公子糾意恢以公子見書於經是解非卿而書

之意也諸公子大夫被殺而書名皆是惡之文意恢與亂君爲黨故書名惡之

傳十四年春意如至自晉尊晉罪已也以舍族爲尊晉罪已○舍音捨

疏傳注以舍至罪已○正義曰一命大夫經書爲人以卿之貴得備名氏若有罪過宜貶黜者他國之卿則稱其人魯卿不得自稱魯人有罪則貶去其族族去則非卿此舍意如之族是爲罪已也季孫本實伐莒晉人討而執之故令歸魯荷晉恩德罪已亦以尊晉故云尊晉罪已也文二年晉人宋人陳人鄭人伐秦稱晉先且居宋公子成陳袁選鄭公子歸生伐秦卿不書爲穆公故尊秦也謂之崇德注云秦穆悔過終用孟明故貶四國大夫以尊秦也此貶意如以尊晉其事與彼同也此意如至自晉傳言尊晉罪已二十四年婼至自晉傳直云尊晉不言罪已俱是去族傳文不同者釋例曰意如至自晉傳言尊晉罪已婼至自晉傳復重發但言尊晉者意如以罪見執宜在罪已婼本使人不應見執故尊晉而已內大夫行還皆不書至異於公也今此二人執而見釋更以書至見義也若然季孫見執爲魯有罪矣而往年公不與盟注云非國惡故不諱者魯實伐莒取郠若以伐莒責魯魯則無辭而兼受邾人之訴妄稱朝夕伐我

為此不與入公盟故言非國之惡其執季孫不是無罪也子服惠伯云寡君未知其罪而執其老者拒晉之怨辭耳尊

晉罪已禮也禮修已而不責人○南蒯之將叛也盟費

人司徒老祁慮癸二人南蒯家臣○祁巨夷反字林音上尺反【疏】注二人南蒯家臣○正義曰世族譜司徒老祁為一人慮癸為一人服虔云司徒姓也老祁字也慮癸亦姓字也二子季氏家臣也杜以下句請於南蒯曰臣願受盟知是南蒯家臣僞廢使請於南蒯曰臣

願受盟而疾興若以君靈不死請待間而盟間差也○差音初賣反許之二子因民之欲叛也請朝衆

而盟欲因合衆以作亂遂劫南蒯曰羣臣不忘其君君謂季氏○劫居業反【疏】注君謂季氏○正義曰費是季氏之邑南蒯已是季氏家臣此南蒯之下羣臣還欲歸邑季氏知君謂季氏畏子以及今三年聽命矣子若弗

圖費人不忍其君將不能畏子矣不能復畏子○畏子以及今絶句復扶又反子何所不逞欲請送子送使出奔請期五日南蒯請期冀有変遂奔齊侍飲酒於景公公曰叛夫戲之對曰臣欲張公室也張強也子韓晳曰齊大夫○晳音星曆反家臣而欲張公室罪莫大焉言越職司徒老祁慮癸來歸費歸魯齊侯使鮑文子致之南蒯雖叛費人不從未專屬齊二子逐蒯而復其舊故經不書歸費齊使文子致邑欲以假好非事實也○好呼報反

疏注南蒯至非事實也○正義曰經書叔弓圍費則歸費亦應書經經不書歸故解其意也南蒯雖以費叛降齊費人不從未專屬齊叔弓圍費齊人不救是費未專屬齊也二子逐蒯而費復其舊便是本未去魯故經不書歸費是二子自以費歸非齊人來歸也齊人因其自歸而使文子致邑施恩於魯欲以假好非事實也

夏

楚子使然丹簡上國之兵於宗丘且撫其民上国在国都之西西方居上流故謂之上国宗丘楚地分貧振窮分與也振救也○分如字徐甫問反長孤幼養老疾收介特介特單身民也收聚不使流散○長丁丈反收介音界又古賀反注同單音丹救災患宥孤寡寬其賦稅○宥音又稅始銳反赦罪戾詰姦慝詰責問也○戾力計反詰起吉反慝他得反舉淹滯淹滯有才德而未敘者禮新敘舊新羈旅也祿勳合親勳功也親九族任良物官物事也

【疏】夏楚子至物官○正義曰周禮司兵掌五兵鄭衆云五兵者戈殳戟酋矛夷矛鄭玄云步卒之五兵則無夷矛而有弓矢然則兵者戰器之名戰必令人執兵因即名人爲兵也此簡上国之兵謂料簡人丁之彊弱於宗丘之也集而簡之且即慰撫其民也大體貧窮相類細言窮困於貧貧者家小貨財窮謂全無生業分財貨以與貧者撥生業以救窮者孤弱幼少無父母有賜与以長成之老疾之於藥膳有饋餼以養育之孤介特獨者收斂之不使流散有求

火災害益之患者救助之孤子寡妻寬其賦稅雖有罪戾原
情可恕者赦放之姦邪讒慝爲民害者誅治之賢才淹滯未
蒙任用者舉用之外人新來者礼待之舊人未用者進叙之
施禄於功勳使有功以得禄也和合其親戚使宗族皆相親
也任賢良以職事使野無遺賢舉事能以任官皆令才職相
當不使遺亡易務此皆撫民之事也○注上国至楚地○正
義曰下云簡東国之兵亦如之知此是簡西国之兵也西国
東国皆是楚人在国之東西者以水皆東流西方居上流故
謂之上国西爲上則東爲下下言東則此是西互相見也○
註分占也振救也○正義曰分減富者之財以占貧者則分
爲施占之名故分爲占也窮者全無生業或投之田宅賜之
器物以救濟之○注介特至流散○正義曰傳稱一介行李
逢澤有介麋焉則介亦特之義也介特謂單身特立無兄弟
妻子者無所附著或將轉移收聚之令有附依不使流散○
注寬其賦稅○正義曰服虔以宥爲寬赦其罪杜以下云赦
罪戾則此宥非寬罪故以爲寬其賦稅也王制云少而無父
謂之孤老而無子謂之獨老而無妻謂之矜老而無夫謂之
寡此四者天民之窮而無告者也皆有常餼然則孤寡常有
餼賜本無賦稅而云寬賦稅者正以不責賦稅即是寬之也
鰥寡之貧者有餼賜能自給者免賦稅文雖不言鰥獨宥之

撫寡必同○注物事字也○正義曰任而以謂選賢而任之也官謂量事而官之注也賈逵云物官量其所能授官也鄭衆云物官相其才之所宜而官之是也使屈罷簡東國之兵於召陵兵在國都之東者○罷音皮召上照反亦如之如然月好於邊疆結好四鄰○好呼報反注同疆居良反息民五年而後用師禮也○秋八月莒著丘公卒郊公不慼郊公著丘公子○著直居反徐直據反【疏】息民五年正義曰謂從此簡兵之後息民不征既滿五年而後用師征伐是爲禮也即十九年城州來以挑吳是也案十七年與吳戰于長岸未滿五年而云息民五年者平王之意息民五年長岸之戰吳來伐楚被伐不可不戰籍戰非王本心也國人弗順欲立著丘公之弟庚與庚與莒共公○與音餘本亦作輿下同共音恭蒲餘侯惡公子意恢而善於庚與蒲餘侯莒大夫茲夫也意恢莒羣公子○惡烏路反下同郊公惡公子鐸而善於意恢

鐸亦奔公子○鐸待洛反公子鐸因蒲餘侯而與之謀曰爾殺意恢我出君而納庚與許之爲下冬殺意恢傳○楚令尹子旗有德於王不知度有佐立之德與養氏比而求無厭養氏子旗之黨養由基之後○比毗志反厭於鹽反本又作饜食下注同王患之九月甲午楚子殺鬬成然而滅養氏之族使鬬辛居鄖以無忘舊勳辛子旗之子鄖公辛○鄖音云○冬十二月蒲餘侯茲夫殺莒公子意恢郊公奔齊公子鐸逆庚輿於齊齊隰黨公子鉏送之有路田莒路齊以田鉏仕居反○晉邢侯與雍子爭鄐田邢侯楚申公巫臣之子也雍子亦故楚人○鄐許六反又勑六反䟽注邢侯至楚人正義曰巫人雍

子皆故楚人也襄二十六年傳稱巫臣奔晉晉人與之邢雍子奔晉晉人與之鄐則鄐是雍子之田也邢侯巫臣之子而得鄐與之爭鄐者孔晁注晉語云邢與鄐比爭疆界久而無成士景伯如楚士景伯晉理官叔魚攝理攝代景伯（疏）叔魚攝理○正義曰晉語云士景伯如楚叔魚為贊理孔晁云景伯晉理官叔魚佐之景伯聘楚叔魚專斷韓宣子命斷舊獄罪在雍子雍子納其女於叔魚叔魚蔽罪邢侯蔽斷也○命斷丁亂反注同蔽必世反注同徐甫世反王補第反（疏）注蔽斷也○正義曰周禮大司寇云凡庶民之獄訟以邦成蔽之鄭衆云蔽之斷其獄訟也尚書康誥云服念五六日至于旬時不蔽要囚孔安國云服膺思念五六日至於十日至于三月乃大斷之皆以蔽為斷是相傳為訓邢侯怒殺叔魚與雍子於朝宣子問其罪於叔向叔向曰三人同罪施生戮死可也施行罪也雍子自知其罪而賂以

買直鬻也鬻獄邢侯專殺其罪一也已惡而掠美爲昏掠取也昏亂也。鬻羊六反賣也掠音亮貪以敗官爲墨墨不絜之稱。敗必邁反又如字稱尺證反殺人不忌爲賊忌畏也夏書曰昏墨賊殺逸書三者皆死刑皐陶之刑也請從之乃施邢侯而尸雍子與叔魚於市仲尼曰叔向古之遺直也言叔向之自有古人遺風。陶音遥乃施如字服云施罪於邢侯也孔晁注國語云殺也尸氏反

疏乃施至於市。正義曰晉語說此事云叔向既斷官子邢侯聞之而逃遂施邢侯氏孔晁云廢其族也則國語謂爲弛訓之爲廢家語說此事亦爲弛王肅注云弛宜爲施施行也服虔云施罪於邢侯施猶劾也邢侯亡故劾之杜無注當從施也成十七年晉殺三郤皆尸於朝此尸於市者以其賤故也

治國制刑不隱於親謂國之大門已所答當也至於一他事則宜有隱。當丁浪反二數叔魚

之惡不爲末減末薄也減輕也以正言之。數色主反又色具反下同爲于僞反末武葛反【疏】三數至末減○正義曰三度數叔魚之惡不爲薄輕言皆重辱極言之也三者即下云數其賄也稱其詐也言其貪也是也服虔讀減爲咸下屬爲句不爲末者不爲末殺隱蔽之也咸曰義也言人皆曰叔向是義安也曰義也夫可謂直矣於義未安直則有之○夫舊音扶一讀芳于反下同平丘之會數其賄也謂言賄貨無厭以寬衛國晉不爲暴歸魯季孫稱其詐也謂言朔也能以寬魯國晉不爲虐邢侯之獄言其貪也以正刑書晉不爲頗三言而除三惡加三利三惡暴虐頗也三惡除則三利加○頗普何反【疏】注三惡暴虐頗○正義曰尚書武王數紂之罪泰誓云敢行暴虐牧誓云俾暴虐于百姓武成云暴殄天物害虐烝民然則暴是亂下之稱虐是殘害之名暴虐同而小異殺親益榮榮名益己猶義也夫三罪唯咎宣子附不可以不正其餘則以直傷義故重疑之○重直用反（疏）注三罪至疑之○正義曰杜嫌此夫言猶義也夫言不是義也故言以直傷義謂叔向非是義也劉炫云直則是義而規杜氏今知不然者義者於事合宜所爲得理直者曾無阿曲未能圓遍故書云直而溫若直而無溫則非德非義是義之與直二者不同故上傳云義也夫此傳云猶義也夫於義之下加一云夫夫是疑怪之辭故杜以爲非義裁可謂之直矣故仲尼云叔向古之遺直不云遺義是直與義別劉以直義爲一而規杜氏非也

經十有五年春王正月吳子夷末卒無傳未同盟○

二月癸酉有事于武宮籥入叔弓卒去樂卒事略書有事爲叔弓卒起也武宮魯武公廟成六年復立之○籥羊略反去起呂反爲于僞反復扶又反（疏）有事至卒事○正義曰有事謂有祭事于武公之宮廟也祭必有樂樂有文舞武舞文執羽籥武執干戚其入廟也必先文而後武當籥於入叔弓暴卒故於是去樂不用而終卒祭事也叔弓之卒當籥入之時故云籥入也及其去之則諸樂

皆去故云去樂鐘鼓管磬悉皆去之非獨去籥舞也祭禮鼎俎既陳籩豆既設然後舞樂始入緣先祖之心以大臣之卒以聞樂不樂又孝子之心不忍徹已設之饌故去樂卒事○注略書至立之○正義曰閔二年吉禘于莊公僖八年禘于大廟彼皆書禘此傳言禘于武公則亦是禘不書爲禘而言有事者此經所書不論禘祭是非略書有祭事者本爲叔弓卒起也止爲叔弓之卒須道當祭之時所書不爲禘也釋例曰三年之禘自國之常常事不書故唯書此數事祭雖得常亦記仲遂叔弓之非常也是言叔弓之卒非常故書之也釋例亦云凡三年喪畢然後禘於是遂以三年爲節當以計除喪即吉之月卜日而後行事無後常月也是以經書禘及大事傳唯見莊公之速他無非時之譏也即如例言三年一禘若計襄公之薨則禘當在二年五年八年十一年十四年此年非禘年也若計齊歸之薨則禘當在十三年十六年此年亦非禘年也而云祭雖得常者釋例曰禘于大廟禮之常也各于其宮時之爲也雖非三年大祭而書禘用禘禮也昭二十五年傳曰將禘於襄公亦其義也是言于武宮者時之所爲實非禘年用禘禮此實非常但經之所書唯譏莊公之速其餘不復譏耳既不以爲譏即是得常故云祭雖得常叔弓爲非常也武宮者魯武公廟毀已久矣成六年復立之遂即

不毀明堂注云魯公之廟文世室也武公之廟武世室也鄭玄云此二廟象周有文武之廟也世室者不毀之名是魯以武公爲不毀之廟故禘于其宮不于大廟亦非常也○夏蔡朝吳出奔鄭朝吳不遠讒人所以見逐而書名○遠于萬反○六月丁巳朔日有食之無傳○秋晉荀吳帥師伐鮮虞○冬公如晉

傳十五年春將禘于武公戒百官齊戒○禘大計反齊側皆反【疏】戒百官○正義曰周禮大宰祀五帝前期十日帥執事而卜日遂戒鄭玄云前期前所諏之日也十日容散齊七日致齊三日也執事宗伯大卜之屬既卜又戒百官以始齊其戒百官亦謂戒之令齊故杜云齊戒言是齊之戒也祭統云及時將祭君子乃齊齊之爲言齊也齊不齊以致齊也是故君子之齊也專致其精明之德也故散齊七日以定之致齊三日以齊之定之之謂齊齊者精明之至也是將祭以齊祭前豫戒之也梓慎曰禘之日其有咎乎吾見赤黑之祲非祭祥也

喪氛也祲妖氛也蓋見於宗廟故以爲非祭祥也氛惡氣也○咎其九反祲子鴆反氛芳云反徐符云反蓋見賢遍反

【疏】注祲妖至氣也○正義曰周禮有眡祲之官鄭玄云祲陰陽氣相侵漸成祥者其職掌十煇之法一曰祲二曰象鄭衆云煇謂日光氣也然則祲是陰陽之氣相侵之名日光之氣有名爲祲祲之所見非獨見於日光故直云祲妖氣也梓慎唯言見祲不言祲之所在爲祭而言故疑云蓋見於宗廟故以爲非祭祥也月令云氛霧冥冥則氛亦氣也以言喪氛故以氛爲惡氣也見赤黑之祲以爲喪氛則赤黑是喪象梓慎有以知之服虔云水黑火赤水火相遇云云

其在涖事乎涖臨也○涖音利

【疏】其在涖事乎○正義曰身見喪氛又言喪之所在其在涖事之人乎意疑涖事者當其咎也

二月癸酉禘叔弓涖事籥入而卒去樂卒事禮也大臣卒故爲之去樂○去起呂反注及下同爲于僞反○楚費無極害朝吳之在蔡也朝吳蔡大夫有功於楚平王故無極恐其有寵疾害之○費扶味反欲去之乃謂之曰王唯信子故

㖂子於蔡子亦長矣而在下位辱必求之吾助子請請請求上位○長丁丈反【疏】在下位辱○正義曰言在下位可恥辱也服虔以辱從下讀訓之爲欲欲必求之吾助子請妄也又謂其上之人蔡人在上位者曰王唯信吳故㖂諸蔡二三子莫之如也而在其上不亦難乎弗圖必及於難夏蔡人逐朝吳朝吳出奔鄭王怒曰余唯信吳故寘諸蔡且微吳吾不及此女何故去之無極對曰臣豈不欲吳非不欲吾子○於難乃旦反寘之豉反女音汝【疏】注二三子莫之如也○正義曰言二三子無如吳之見信然豈前知其爲人之異也言其多權譎【疏】然而至異也○正義曰然此朝吳於事必豫前知其爲人之有異於餘人也吳在蔡蔡必速飛去吳

所以翦其翼也以鳥喻也言吳在蔡必彊使蔡陳彊而背楚○背音佩○六月

乙丑王太子壽卒周景王子○秋八月戊寅王穆

后崩大子壽之母也傳爲晉荀躒如周葬穆后起○晉荀吳帥師伐鮮

虞圍鼓鼓白狄之別鉅鹿下曲陽縣有鼓聚○聚才喻反鼓人或請以城叛

穆子弗許左右曰師徒不勤而可以獲城何

故不爲穆子曰吾聞諸叔向曰好惡不愆民

知所適事無不濟愆過也適歸也○好呼報反惡烏路反或並依字讀下及注皆同愆

起虔反〔疏〕好惡至所適○正義曰所好必善所惡必惡在上者所好所惡不有愆過則下民知所適歸言皆知

歸於善也或以吾城叛吾所甚惡也人以城來吾獨

何好焉賞所甚惡若所好何○無以復加所好復扶又反若

其弗賞是失信也何以庇民力能則進否則退量力而行吾不可以欲城而邇姦所喪滋多使鼓人殺叛人而繕守備圍鼓三月鼓人或請降使其民見曰猶有食色姑脩而城軍吏曰獲城而弗取勤民而頓兵何以事君穆子曰吾以事君也獲一邑而教民怠將焉用邑邑以賈怠不如完舊完謂保守○庇必利反又音秘喪息浪反繕市戰反守手又反降戶江反見賢遍反焉於虔反賈音古下同【疏】獲一邑而教民怠○正義曰若不受其降民皆一心守其本國不敢有心懈以叛其主今若受其降人便是許其叛主則是教我國人令其外叛是縱獲一邑而教民怠惰不守亓元事君右是所何小失愛賈怠無卒卒終也棄舊不祥鼓人能

事其君，我亦能事吾君。率義不爽，爽，差也。〔疏〕人鼓至吾君○正義曰：言今不聽降叛，使鼓人能事其君也，教民不怠，是我亦能事吾君也。好惡不愆，城可獲而民知義所，知義所在也。荀吳必其能獲，故因以示義。〔疏〕注知義至示義○正義曰：知義所在，在於事君不怠，稽不苟求生也。十七年荀吳詐祭于雒以滅六渾，二十二年負甲偽糴以入昔陽，而此時獨得降而不納者，此時荀吳自度己力必其能獲，故因以示義。有死命而無二心，不亦可乎？鼓人告食竭力盡，而後取之，克鼓而反，不戮一人，以鼓子鳶鞮歸。鳶鞮，鼓君名。○鳶，本又作鳶，悅全反。鞮，丁兮反。○冬，公如晉，平丘之會故也。平丘會，公不與盟，季孫見執，今既得免，故往謝。○與音預。十二月，晉荀躒如周，葬穆后，籍談為介。既葬，除喪，以文伯宴，樽以魯壺。文伯，荀躒也。魯壺魯所獻壺樽。○樂力狄反本又作樂同介音界樽本或作尊又作罇並同【疏】注魯壺魯所獻壺樽。○正義曰周禮司尊彝云秋嘗冬烝其饋獻用兩壺樽鄭玄云壺者以壺爲尊燕禮云司宫尊于東楹之西兩方壺左玄酒是禮法有以壺爲樽

王曰伯氏諸侯皆有以鎮撫王室晉獨無有何也感魯壺而言也鎮撫王室謂貢獻之物文伯揖籍談文伯荀躒揖籍談使對對曰諸侯之封也皆受明器於王室謂明德之分器。○分扶問反年代同以鎮撫其社稷故能薦彝器於王薦獻也彝常也謂可常寶之器若魯壺之屬。○彝以之反晉居深山戎狄之與鄰而遠於王室王靈不及拜戎不暇言王寵靈不見及故數爲戎所加陵。○遠于萬反又如字數音朔【疏】拜戎不暇。○正義曰數爲戎所侵陵拜謝戎師不有閒暇其何以獻器王曰叔氏而忘諸乎叔籍談字叔父唐叔

成王之母弟也其反無分乎密須之鼓與其大路文所以大蒐也密須姞姓國也在安定陰密縣文王伐之得其鼓路以蒐○蒐所求反姞其吉反闕其乙反闕鞏之甲武所以克商也闕鞏國所出鎧○鞏九勇反鎧開代反唐叔受之以處參虛匡有戎狄參虛實沈之次晉之分野○參所金反注同【疏】注參虛至分野○正義曰實沈之次晉之分野上繫參之虛域故云參虛其後襄之二路周襄王所賜晉文公大路戎路鍼鉞秬鬯鍼斧也鉞金鉞秬黑黍鬯香酒○鍼音戚鉞音越秬音巨鬯音暢【疏】注鍼斧至香酒○正義曰廣雅云鍼鉞斧也俱是斧也蓋鉞大而斧小大公六韜云大柯斧重八斤一名天鉞是鉞大於斧也尚書牧誓云武王左杖黃鉞孔安國云以黃金飾斧是鉞以金飾也秬黑黍釋草文也周禮有鬯人之官鄭玄云鬯釀秬爲酒芬香條暢於上下也是鬯爲香酒也賜之鍼鉞者使之專殺戮也賜之秬鬯者使之祭先祖也王制云諸侯賜弓矢然後征賜鈇鉞然後殺賜圭瓚然後爲鬯詩傳宣王賜召

穆公云秬鬯一卣告于文人是也彤弓虎賁文公受之以有南陽之田事在僖二十八年○彤徒冬反賁音奔撫征東夏非分而何夫有勳而不廢加重賞○夏戶雅反疏撫征東夏○正義曰服者撫之叛者征之晉於諸夏國差近西故令主東夏有績而載書功於策奉之以土田有南陽撫之以彝器弓鉞之屬旌之以車服襄之二路明之以文章旌旗子孫不忘所謂福也福祚之不登叔父焉在言福祚不在叔父當在誰邪○福祚之不登叔父絶句焉於虔反下將焉用之同疏福祚至焉在○正義曰言福祚之不在叔父此福祚更焉所在乎言其不在他也登陟即是在之義也且昔而高祖孫伯黶司晉之典籍以爲大政故曰籍氏孫伯黶晉正卿籍談九世祖○黶以斬反疏注孫伯至世祖○正義曰孫伯黶爲晉之正卿世掌典籍有功故曰

籍氏是籍談九世祖也其九世之次世本云黶生司空靖靖生南里叔子子生叔正官伯伯生司徒公公生曲沃正少襄襄生司功大伯伯生侯季子子生籍游游生談談生秦是也九世之祖稱高祖者言是高遠之祖也鄭子以少皡為高祖意與此同及辛有之二子董之晉於是乎有董史辛有周人也其二子適晉為大史籍黶與之共董督晉典因為董氏董狐其後疏注辛有至其後○正義曰僖二十二年傳曰平王之東遷也辛有適伊川則辛有平王時人也此王因籍說董言晉國唯有籍董二族世掌典籍女司典之後也何故忘之籍談不能對賓出王曰籍父其無後乎數典而忘其祖忘祖業○女音汝數色主反疏籍父其無後乎○正義曰定十四年晉人敗范中行氏之師於潞獲籍秦秦即談之子是無後籍談歸以告叔向叔向曰王其不終乎吾聞之所樂必卒焉今王樂憂若卒以憂不可謂終

王一歲而有三年之喪二焉天子絕期唯服三年故后雖期通謂之三年喪○樂音洛下文注皆同期居其反下同【疏】王其至未終○正義曰言王其不得以壽終乎言將天命而橫死也吾聞之必之所樂必卒於此焉今王在憂而樂是爲樂憂也亦既樂憂必以憂卒若性命之卒以憂而死不可謂之終也言以憂死是不終其天年也○注天子至年喪○正義曰喪服斬衰三年章内有父爲長子傳曰何以三年也正體於上又乃將所傳重也齊衰杖期章内有夫爲妻傳曰爲妻何以期也妻至親也服問曰君所主夫人妻大子適婦鄭玄云言妻見大夫以下亦爲此三人爲喪主記言君者主謂諸侯而天子亦與妻爲喪主也然則妻服齊衰期耳而傳以后崩太子卒爲三年之喪二者喪服杖期章内有父在爲母傳曰何以期也至尊在不敢申其私親也父必三年然後娶達子之志也父以其子有三年之戚爲之三年不娶則夫之於妻有三年之義故可通謂之三年之喪於是乎以喪賓宴又求彝器樂憂甚矣且非禮也彝器之來嘉功之由非由喪也三年之喪雖貴

遂服禮也天子諸侯除喪當在卒哭今王既葬而除故譏其不遂王雖弗遂宴樂以早亦非禮也言今雖不遂能服猶當靜嘿而便宴樂又失禮也○嘿亡北反本或作默同

【疏】於是至喪也○正義曰弔喪送葬之賓不合與之宴樂王於是乎以喪賓共宴樂又求常寶之器在憂而為此樂其為樂亟甚矣且求器又非禮也諸侯有常器之來獻王者乃為嘉功之由諸侯自有善功乃作常器以獻其功獻非由喪也言王不可責喪賓獻器也○三年至非禮○正義曰遂由申也竟也其意言三年之喪雖貴為天子由當申遂其服使終日月乃是禮也除喪大速是非禮也王雖不能遂竟其服猶當靜嘿而已不宜宴樂而宴樂以早亦非禮也○注天子至不遂○正義曰禮葬日為虞既虞之後乃為卒哭之祭喪服傳稱成服之後晝夜哭無時既虞之後朝夕各一哭而已卒哭者謂卒此無時之哭故鄭玄士喪禮注云卒哭虞後祭名始者朝夕之間哀至即哭至此祭止唯朝夕哭而已傳稱既葬除喪識王不遂其服知天子諸侯除喪當在卒哭今王既葬而除故譏其不遂也杜云卒止也止哭與鄭不同若如此言除喪當在卒哭而上下杜注多云既葬除喪者以葬日即虞虞即卒哭卒哭去葬相去不遠共

在一月葬是大禮事書於經故成君以否皆舉葬言之○注言今至禮也○正義曰王不能遂服乃與喪賓宴又失禮也以其喪服將終早除猶可宴事必不可也襄十六年葬晉悼公平公即位會于溴梁與諸侯宴于溫又九年八月葬我小君穆姜其年十二月晉侯以公宴于河上傳皆無譏則卒哭之後得宴樂

禮王之大經也一動而失二禮無大經矣失二禮謂既不遂服又設宴樂

疏禮王之大經○注正義曰經者綱紀之言也傳稱經國家經德義詩序云經夫婦中庸云凡為天下國家有九經言礼是王之大經紀也服虔曰經常也常所當行也

言以考典考成也典以志經忘經而多言舉典將焉用之為二十二年王室亂傳

疏言以至用之○正義曰入之出言所以成典法也典法所以記禮經也王一動而失二礼忘已大經矣而多為言語舉先王分器之典將焉用之

經十有六年春齊侯伐徐○楚子誘戎蠻子殺之○誘音酉

疏楚子至殺之○正義曰四夷之名在西曰戎春秋之時錯居中國杜言河南新城縣

東南有蠻城則是內地之戎在楚北也戎是種號蠻是國名子爵也十一年楚子虔誘蔡侯般殺之彼書楚子之名此不書楚子名者彼注云蔡大夫深怨故以楚子名告此非蠻人所告蓋楚人不以其君名告故不得書其名也公羊傳曰楚子何以不名夷狄相誘君子不疾也曷爲不疾若不疾乃疾之也言其不足疾更是深責之也賈逵云楚子不名以立其子二說異於杜也蔡侯般書名蠻子不名者釋例曰諸見執者已在罪賊之地書名與否非例所加或名不名從所赴之文○夏公至自晉○秋八月己亥晉侯夷卒未同盟○九月大雩○雩音于○季孫意如如晉○冬十月葬晉昭公三月而葬速

傳十六年春王正月公在晉晉人止公不書諱之也猶以取鄆故也公爲晉人所執止故諱不書（疏）公在至之也○正禮曰礼君不在國則守國之臣每月告朝云公在某處釋君不得親自朝聘之意若於歲首不在則或史書之於策襄二十九年春王正月公在

楚傳曰釋不朝正於廟是也此年正月公在晉計亦應告廟書策但爲晉人執止公不以被執告廟故史不書諱之○

齊侯伐徐楚子聞蠻氏之亂也與蠻子之無質也質信也○質之實反或音致使然丹誘戎蠻子嘉殺之遂取蠻氏既而復立其子焉禮也詐之非也立其子礼也河南新城縣東南有蠻城○復扶又反

【疏】齊侯伐徐○正義曰虛舉經文者經在楚誘戎蠻上傳依經文故先舉之下有徐人行成之事非虛舉但行成在誘蠻後故先依次舉經於上爲下徐人行成起本也不下此經文就徐人者出自史意○楚子至礼也○正義曰蠻子雖與楚舊交元無誠信故云與蠻子之無信也誘而殺之誠爲不可楚能復立其子大勝遂滅其國嫌其殺父立子猶爲非礼故礼之也大舜之刑也鯀殛而禹興周公之誅也放蔡叔而立蔡仲是立子爲得禮

二月丙申齊師至于蒲隧蒲隧徐地下邳取慮縣東有蒲如陂○隧音遂邳普悲反取慮上音秋下力居反如淳取音陬訾之陬慮音邾婁之婁如陂彼皮反徐人行成

徐子及鄭人莒人會齊侯盟于蒲隧賂以甲父之鼎甲父古國名高平昌邑縣東南有甲父亭徐人得甲父鼎以賂齊○鄭音談父音甫叔孫昭子曰諸侯之無伯害哉爲小國害齊君之無道也興師而伐遠方會之有成而還莫之亢也無亢禦○亢苦浪反無伯也夫詩曰宗周既滅靡所止戾正大夫離居莫知我肄詩小雅戾定也肄勞也言周舊爲天下宗今乃衰滅亂無息定執政大夫離居異心無有念民勞者也○也夫音扶肄以制反徐又以自反下同其是之謂乎傳言晉之衰

疏詩曰至謂乎○正義曰詩小雅雨無正之篇也周家舊說天下所宗今既衰滅矣其亂無所止定也執政大夫離散其居處人各異心無有知我民之勞苦者其是此事之謂乎言今晉衰微不能止亂晉之諸卿異心不憂民之勞苦如詩人之所云

○二月晉韓起聘于鄭鄭伯

享之子産戒曰苟有位於朝無有不共恪孔張後至立於客間孔張子孔之孫○恪苦各反執政禦之執政掌位列者禦止也○禦魚呂反注及下同適客後又禦之適縣間縣樂肆○縣音玄注同

疏孔張至縣間○正義曰諸侯享賓之禮云唯有公食大夫禮存耳其禮云大夫納賓賓入門左鄭玄云左西方賓位也又云及廟門公揖入賓入三揖至于階三讓公升一等賓升大夫立于東夾南面北上士立于門東北面西上鄭玄云自卿大夫至此不先即立從君而入者明助君饗食賓自無事也饗食事俱在廟鄭玄饗食並言則享位亦當然也孔張後至蓋賓入廟門乃始來至當從大夫適東夾之南西面位也張乃立於客間賓入未升階立于西方孔張入客行間也執政禦之適客後張乃移立于客之西也又禦之適縣間適鐘磬樂肆之間也大射禮者亦諸侯之禮也樂人宿縣于阼階東笙磬西面其南笙鐘其南鑮皆南陳西階之西頌磬東面其南鐘其南鑮皆南陳張初立客間已在西方被禦適客後又益西也又被禦適縣間益又復漸西入於頌磬鐘鑮之間也客從而笑之

事畢，富子諫富子，鄭大夫。諫子産也。曰：夫大國之人不可不慎也，幾爲之笑而不陵我言數見笑則必陵侮我。幾，居豈反。譏，音機，近也。數音朔。侮，亡甫反。疏幾爲至陵我。正義曰：幾，譏之爲笑而不於我加陵，言數被笑必陵侮我也。服虔云：幾，近也。孔張失位，近爲所笑。近者未至之辭，客已笑訖，何言近也。我皆有禮，夫猶鄙我鄙賤也。夫音扶。國而無禮，何以求榮？孔張失位，吾子之恥也。子産怒曰：發命之不衷衷，當也。衷，丁仲反，又音忠，當，丁浪反，或如字。出令之不信，刑之頗類緣事類以成偏頗。頗，普多反。類如字，一音力對反，徐又力佷反。疏注緣事至偏頗。正義曰：事有相類，真爲難明，緣此事類以致偏頗，雖非故心，亦爲罪也。服虔讀類爲纇，解云：頗，偏也；纇，不平也。獄之放紛放，縱也。紛，亂也。紛音芳云反。縱音子用反。會朝之不敬謂國無禮敬之心。疏會朝之不敬。正義曰：此孔張失位，則是於朝不敬而子產不以為恥者此其出外會朝大國非謂在本國故注云謂無禮敬大國之心使命之不聽下不從上命（疏）使命之不聽。正義曰謂若伯有使子晳如楚不肯行是也取陵於大國罷民而無功罪及而弗知僑之恥也孔張君之昆孫子孔之後也昆兄也子孔鄭襄公兄孔張之祖父。罷音皮執政之嗣也子孔嘗執鄭國之政（疏）注子孔嘗執鄭國之政。正義曰襄十年盜殺鄭公子騑公子發公孫輒傳曰子孔當國至十九年鄭殺子孔為嗣大夫承命以使周於諸侯國人所尊諸侯所知立於朝而祀於家卿得自立廟於家。使音所吏反下以使同（疏）注卿得自立廟於家。正義曰士以上皆得立廟則孔張雖是大夫亦得立廟而云卿得立廟者以子孔是卿故以卿言之服虔云祀其所自出之君於家以為大祖案禮記郊特牲曰諸侯不敢祖天子大夫不敢祖諸侯而公廟之設於私家非禮也安得祀所出之君為大祖乎有祿於國受祿邑有賦於軍軍出卿賦百乘○乘繩證反喪祭有職有所主受脤歸脤受脤謂君祭以肉賜大夫歸脤謂大夫祭歸肉於公皆社之戎祭也○脤市軫反疏注受脤謂君祭以肉賜大夫至祭也○正義曰周禮掌蜃云祭祀共蜃器之蜃鄭玄云蜃大蛤飾祭器之屬也蜃之器以蜃飾因名焉鄭衆云蜃可以白器令色白是蜃爲器名祭肉盛之脤器以獻遺人因名祭肉爲脤孔張是大夫也而云受脤歸故知受脤爲君祭以肉賜大夫歸脤謂大夫祭以肉歸於公也故周禮祭僕凡祭祀致福者展而受之是在下之祭有歸脤之義又傳有成子受脤于社前代諸儒皆以脤爲祭社之肉故云皆社之戎祭也劉炫故違傳證以破先儒以爲脤亦祭廟之肉以規杜氏文無所出其義非也然大夫不得私自出軍自祭私社而得歸脤於公者謂大夫奉君命以戎事攝祭於社故杜直言祭歸肉於公亦不謂家祭也其祭在廟已有著位在位數世世守其業而忘其所僑焉得恥之其祭在廟謂助君祭○數色主反焉於虔反下焉用同疏注其祭至君祭○正義曰謂鄭伯其祭在

先君之廟孔張有助祭著位在廟中以有事爲業言其所掌有常也賑賡以爲其祭在廟謂孔張先祖配廟食寀周禮司勳云凡有功者銘書於王之大常祭於大烝司勳詔之則配廟食者皆是有功之臣子孔作亂而死公孫泄因妖鬼而立不得有配食在廟辟邪之人而皆及執政是先王無刑罰也言爲過謬者自應用刑罰○辟匹亦反邪似嗟反子寧以他規我規正也宣子有環其一在鄭商玉環也工共朴自共爲双○朴普角反

注玉環至爲双○正義曰下云韓子奉命以使而求玉焉知環是玉環也釋器云肉倍好謂之瑗肉好若一謂之環李巡云好孔也肉倍好邊肉大其孔小也好倍肉其孔大邊肉小也肉好若一其孔及邊肉大小適等曰環是環亦璧之類也言其一在鄭商則其一在韓子知其同工共朴相與爲双故韓子欲得而双之宣子謁諸鄭伯謁請也子產弗與曰非官府之守器也寡君不知子大叔子羽謂子產曰韓子亦無幾求言所

來少。守手又反。幾居豈反。晉國亦未可以貳。晉國、韓子不可偷也。偷薄也。偷他侯反。若屬有讒人交鬭其間，鬼神而助之，以興其凶怒，悔之何及？吾子何愛於一環，其以取憎於大國也？盍求而與之？子產曰：吾非偷晉而有二心，將終事之，是以弗與，忠信故也。僑聞君子非無賄之難，立而無令名之患。僑聞為國非不能事大字小之難，無禮以定其位之患。夫大國之人令於小國，而皆獲其求，將何以給之？一共一否，為罪滋大。滋益也。屬音燭。盍戶臘反。難乃旦反，下同，又如字。共音恭，下而共無藝同。

【疏】僑聞至之患。正義曰：僑聞君子非

無賄之難家貧無賄不爲難立於職位而無善名是爲身之大患言韓子當患無令名不宜患家無賄也偷閑爲国家者非不能事大字小之難事大国愛小国不爲難也無禮以定其位是国之大患言鄭當患位不定不宜患事晉之難也以下句自大国之人至則失位矣此覆無禮定位也自若韓子至獨非罪乎此覆無令名也此辭一爲韓子一爲鄭国故再言僑聞服虔断字小之難以下爲義解云字養也言事大国易養小国難然則鄭人豈憂養小国乎尚未能離經辨句復何煩注述大典且字爲愛不爲養也

大國之求無禮以斥之何饜之有吾有爲鄙邑則失位矣不復成國。饜於監反復扶又反下弗敢復并

注同疏吾且至位矣。正義曰若晉之大夫求無不得則鄭国乃爲晉之邊鄙之邑不復成国謂失国君之位矣

若韓子奉命以使而求玉焉貪淫甚矣獨非罪乎出一玉以起二罪吾又失位韓子成貪將焉用之且吾以玉賈罪不亦鋭乎。鋭細小也賈音古

下無強賈句鋭悅歲反疏出一玉以起二罪。○正義曰：一共一否吕鄭國之罪也，貪淫爲韓子之罪也。○注鋭細小。○正義曰：說文鋒芒不得爲折。韓子買諸賈人，既成賈矣。商人曰："必告君大夫。"韓子請諸子產曰："日起請夫環，執政弗義，弗敢復也。復，重求也。○成賈，音嫁，本或作價。請夫，音扶。重，直用反。今買諸商人，商人曰必以聞，敢以爲請。"子產對曰："昔我先君桓公與商人皆出自周，鄭本在周畿內，桓公東遷，并與商人俱。疏買諸至商人。○正義曰：賈人即商人也。行曰商，坐曰賈，對文雖別，散則不殊，故商賈並言之。○注鄭本至人俱。○正義曰：世本云：鄭桓公封域林，即漢之京兆鄭縣是也。本在周之西都畿內也。鄭語稱史伯爲桓公謀，使桓公寄帑與賄於虢、鄶之國，桓公從之。其子武公遂滅虢、鄶而國之。當桓公東遷帑賄之時，并與商人俱來也。庸次比耦，庸，用也。用次更相從耦耕。○比，毗志反。更，音庚。以艾殺此地斬之蓬蒿藜藋而共處之世有盟誓以相信也曰爾無我叛我無強賈無強市其物○艾魚蓋反蓬蒲東反蒿呼高反藜力兮反藋徒弔反強其丈反下強奪同又其良反注放此毋或匄奪爾有利市寶賄我勿與知恃此質誓故能相保以至于今今吾子以好來辱而謂敝邑強奪商人是教敝邑背盟誓也毋乃不可乎吾子得玉而失諸侯必不為也若大國令而共無藝藝法也○毋音無下同匄古害反又姑末反乞也賄呼罪反或作貨與音預好呼報反下入注並同背音佩

【疏】毋或匄奪○正義曰六年傳稱楚公子棄疾之過鄭也不強匄則匄是乞也乞則可也雖不得強耳此言毋或匄奪亦謂不得強匄乞奪取也乞之與乞一字也取則入聲與則去聲也此匄亦有取與此傳言匄謂取也詩書稱祖謂匄民謂與民○

強奪商人。○正義曰上云買諸賈人則是和買而子産謂之強奪者韓子以威偪之其賈必賤故商人欲得告君大夫子産知其非和買故云然也鄭鄙邑也亦弗爲也不欲爲鄙邑之事僑若獻玉不知所成敢私布之布陳也韓子辭玉曰起不敏敢求玉以徼二罪敢辭之傳言子産知禮宣子能改過○徼古堯反疏徼二罪○正義曰謂晉失諸侯鄭以爲邊邑○夏四月鄭六卿餞宣子於郊餞送行飲酒○餞賤淺反字林子扇反疏注餞送行飲酒○正義曰詩云飲餞于禰毛傳云祖而舍軷飲酒於其側曰餞宣子曰二三君子請皆賦起亦以知鄭志詩言志也子齹賦野有蔓草子齹子皮之子嬰齊也野有蔓草詩鄭風取其邂逅相遇適我願兮○齹才何反字林才可反又士知反說文作𪘏云齒差跌也在河千多二反蔓音萬邂戶賣反逅戶豆反疏野有蔓草○正義曰野有蔓草思遇時也君之澤不下流民窮於兵革男女失時思不期而會

焉其詩云野有蔓草零露漙兮有美一人清揚婉兮邂逅相
遇適我願兮注云青揚眉目之間婉然美好邂逅不期而會
適其時願宣子曰孺子善哉吾有望矣君子相頤已所望也。孺如住
反子產賦鄭之羔裘言鄭別於唐羔裘也取其彼已之子舍命不渝邦之彥兮以美
韓子。別彼列反已音記舍音赦又音捨渝羊朱反疏注言鄭至韓子。正義曰羔裘刺朝也言古之君子以風
其朝焉釋訓云之子者是子也斥韓子也鄭玄云已語辭也
舍猶處也渝變也處命不變謂守死善道見危授命之類也
釋訓云美士爲彥言一邦之美士以美韓子也宣子曰起不堪也不堪国之同直子
大叔賦褰裳褰裳詩云子惠思我褰裳涉溱子不我思豈無他人言宣子思已將有褰裳之志如
不我思亦豈無他人。褰起虔反溱側巾反疏褰裳至他人。正義曰褰裳思見正也狂童恣行国人思大国
之正已也其詩云子惠思我褰裳涉溱注云子者斥大国之正卿子若愛而思我我国有兇亂之事而可征而正之我
則揭衣涉溱水往告難也又云子不思我豈無他人注云言他人者先鄉齊晉宋衛後之荊楚宣子曰起

在此敢勤子至於他人乎言已今崇好在此不復令子適他人。復扶又反令力呈反下同子大叔拜謝宣子之有鄭宣子曰善哉子之言是是褰裳（疏）注是褰裳。正義曰是猶此也子之言此褰裳之詩也不有是告他人之事其能終相善乎不有是事其能終乎韓起不欲令鄭求他人子大叔拜以荅之所以晉鄭終善子游賦風雨子游駟帶之子駟偃也風雨詩取其既見君子云胡不夷（疏）注風雨。正義曰風雨思君子也亂世則思君子不改其度焉其詩云風雨淒淒雞鳴喈喈注云風且雨淒淒然雞猶守時而鳴喈喈然喻君子雖居亂世不變改其節度又云既見君子云胡不夷注云胡何也夷說也思而見之云何而心不說子旗賦有女同車子旗公孫段之子豐施也有女同車取其洵美且都愛樂宣子之志。樂音洛又五孝反（疏）注洵美且都。正義曰洵信也都閑也言信美好且閑習於威儀是愛樂宣子之志子柳賦蘀兮子柳印段之子印癸也蘀兮詩取其倡予和女言宣子倡已將和從之。蘀他洛反印一刃反倡昌亮反本或作唱同和戶卧反下注同女音汝（疏）蘀兮。正義曰蘀兮刺忽也君弱臣强不倡而和也其詩云蘀兮蘀兮風其吹女注云蘀槁也槁謂木葉也木葉槁待風乃落喻君有政教臣乃行之言此者刺今不然又云叔兮伯兮倡予和女注云叔伯言羣臣長幼也羣臣無其君而行自以强弱相服女倡矣我則將和之言此者刺其自專也 宣子喜曰鄭其庶乎庶幾於興盛二三君子以君命貺起賦不出鄭志六詩皆鄭風故曰不出鄭志。貺音況皆昵燕好也昵親也賦不出其国以示親好。昵女乙反二三君子數世之主也可以無懼矣宣子皆獻馬焉而賦我將我將詩頌取其日靖四方我其夙夜畏天之威言志在靖亂畏懼天威。數色主反（疏）我將。正義曰我將祀文王於明堂也云儀式刑文王之典日靖四方我其夙夜畏天之威于時保之注云早夜敬天於是得安文王之道 子産拜使五卿皆拜曰吾子靖亂敢不拜德宣子私覿於子産以玉與馬曰子命起舍夫玉是賜我玉而免吾死也敢藉手以拜以玉藉手拜謝子産。覿其靳反舍音捨夫音扶藉在夜反注同。公至自晉晉人聽公得歸子服昭伯語季平子昭伯惠伯之子子服回也隨公從晉還。語魚據反曰晉之公室其將遂卑矣君幼弱六卿彊而奢傲將因是以習習實爲常能無卑乎平子曰爾幼惡識國昭伯尚少平子不信其言。傲五報反惡烏路反少詩照反

疏將因至卑乎。正義曰言將因是君幼弱以習奢傲之事既習奢傲實以爲常常行輕君之禮能無卑乎。

秋八月晉昭公卒爲下平子如晉葬起。九月大雩旱也鄭大旱使屠擊祝款豎柎有事於桑山三子鄭大夫有事祭也。屠音徒柎音附又方于反斬

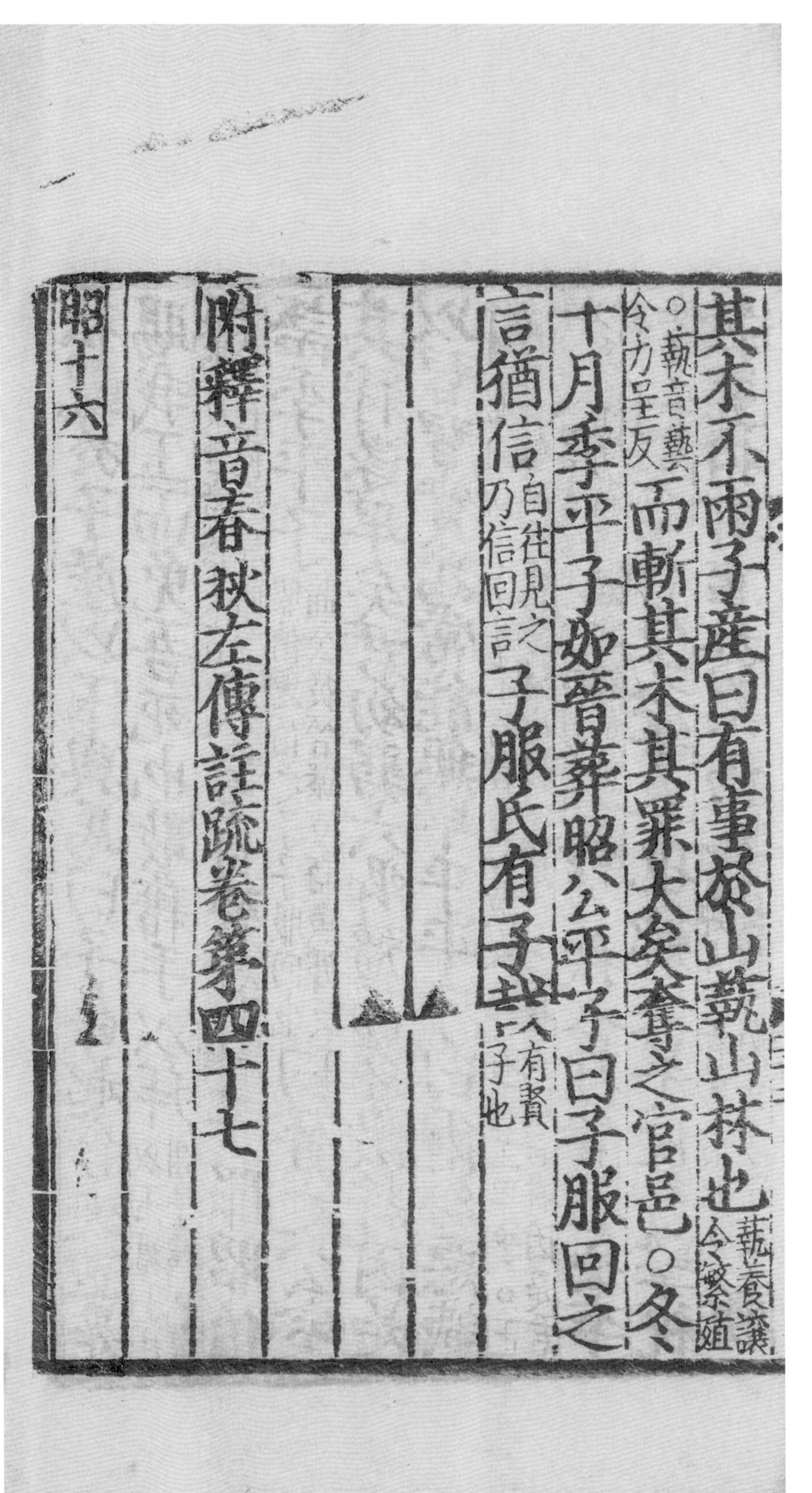

其木不雨子產曰有事於山蓺山林也蓺養護令繁殖○蓺音藝令力呈反而斬其木其罪大矣奪之官邑○冬十月季平子如晉葬昭公平子曰子服回之言猶信自往見之乃信回言子服氏有子哉以有賢子也

附釋音春秋左傳註疏卷第四十七

昭十六

附釋音春秋左傳註疏卷第四十八　昭十七年盡十九年

杜氏註　孔穎達疏

經十有七年春小邾子來朝○夏六月甲戌朔日有食之○秋郯子來朝○八月晉荀吳帥師滅陸渾之戎○渾戶門反○冬有星孛于大辰大辰房心尾也妖變非常故書○孛音佩一音勃

疏注大辰至故書○正義曰釋天云大辰房心尾也大火謂之大辰李巡云大辰蒼龍宿之體最爲明故曰房心尾也大火蒼龍宿心以候四時故曰辰孫炎曰龍星明者以爲時候故曰大辰大火也心在中最明故時候主焉公羊傳曰孛者何彗星也彗爲篲也言其狀似掃篲光芒孛孛然妖變之星非常所有故書之傳稱孛于大辰西經直書于大辰者雖在其星之西仍在大辰分次之間故直云于大辰

○楚人及吳戰于長岸吳楚兩敗莫肯告負故但書戰而不書敗也長岸楚地○岸五旦反

【疏】註吳楚至楚地○正義曰傳稱大敗吳師又云大敗楚師是兩皆大敗也縱使兩皆敗告無肯自云負敗者故但書戰而不書敗也傳稱令尹陽匄則是楚之貴臣而云楚人者楚人恥其敗以賤者告也

傳十七年春小邾穆公來朝公與之燕季平子賦采叔采叔詩小雅取其君子來朝何錫與之以穆公喻君子【疏】采叔○正義曰采叔刺幽王侮慢諸侯也云采叔采叔筐之筥之君子來朝何錫予之雖無予之路車乘馬注云賜諸侯以車馬言雖無予之尚以爲薄穆公賦菁菁者莪菁菁者莪亦詩小雅取其既見君子樂且有儀以答采叔○菁子丁反莪五河反樂音洛【疏】菁菁者莪○正義曰菁菁者莪云既見君子樂且有儀既見君子者官爵之而得見也見則心既喜樂又以禮儀見接昭子曰不有以國其能久乎嘉其能答賦言其賢故能久有國【疏】不有至久乎○正義曰言不有學問之人以治其國能長久乎○夏六月甲戌朔日有食之祝史請所用幣禮正陽之月日

食當用幣於社故請之　疏注禮正至請之○正義曰陰陽之氣運行於天一消一息周而復始十一月建子爲陽始五月建午爲陰始以易爻卦言之從建子之後每月一陽息一陰消至四月建巳六陰消盡六陽並盛是爲純乾之卦正陽之月也從建午之後每月一陰息一陽消至十月建亥六陽消盡六陰並盛是爲純坤之卦正陰之月也此年六月日食是夏之四月正陽之月也禮正陽之月日食諸侯當用幣於社故魯之祝史依禮法請所用之幣昭子曰日有食之天子不舉不舉盛饌○饌仕眷反伐鼓於社責羣陰諸侯用幣於社請上公伐鼓於朝退自責禮也平子禦之禦禁也○禦之魚呂反注同曰止也唯正月朔慝未作日有食之於是乎有伐鼓用幣禮也其餘則否太史曰在此月也正月謂建巳正陽之月也於周爲六月於夏爲四月慝陰氣也四月純陽用事陰氣未動而侵陽災重故有伐鼓用幣之禮也平子以爲六月非正月故太史荅言

在此月也○正音政慝他得反夏戶雅反下文當夏注當夏並同（疏）昭子至禮也○正義曰昭子雖不言正月而云日食之禮明此月即是正月也文十五年傳與此昭子之言正同是正法有此禮也殺牲盛饌曰舉故天子不舉謂去盛饌也郊特牲云社所以神地之道也祭土而主陰氣也則社是羣陰所聚論語云鳴鼓而攻之伐鼓者是攻責之事故爲責羣陰亦以責上公也二十九年傳曰封爲上公祀爲貴神社稷五祀是尊是奉是社爲上公之神尊於諸侯故諸侯用幣於社請上公亦所以請羣陰請令勿侵陽也然伐鼓於社云責羣陰用幣於社云請上公社文是一二注不同者以天子之尊無所不責故云責羣陰也諸侯南面之君於諸侯之內唯請上公故云請上公也○平子至則否○正義曰平子聞有此禮而不知正月是周之六月故止其請幣仍說正禮慝惡也人情愛陽而惡陰故謂陰爲慝五月陰始生故四月陰未作也平子亦不識慝爲陰義故語雖得禮而心不肯從平子蓋以正月爲歲首之月故云其餘則否○大史曰在此月也○正義曰大史以平子不識正月故爲辨之所言陰未作所以行伐鼓用幣之禮正當在此月也因爲說日食[illegible]引夏書證之

日過分而未至過春分而未夏至三辰有災三辰

日月星也日月相侵又犯是宿故三辰皆爲災○宿音秀**於是乎百官降物**降物素服

疏注降物素服○正義曰降物謂減其物采也昏義曰日食則天子素服知百官降物亦素服也古之素服禮無明文蓋象朝服而用素爲之如今之單衣也近世儀注日食則擊鼓於大社天子單衣介幘辟正殿坐東西堂百官白服坐本司大常率官屬繞大廟過時乃罷

君不舉辟移時辟正寢過日食時**樂奏鼓**伐鼓

疏樂奏鼓○正義曰樂奏鼓與下瞽奏鼓一也樂謂作樂之人即瞽矇也奏訓進也孔安國尚書傳云瞽樂官樂官進鼓則伐之故社云伐鼓也其日食王或有至社親伐鼓之時故周禮大僕云凡軍旅田役贊王鼓救日月食亦如之鄭玄云王通鼓佐擊其餘面則日食王有親鼓之時也

祝用幣用幣於社**史用辭**用辭以自責**故夏書曰辰不集于房**逸書也集安也房舍也日月不安其舍則食**瞽奏鼓**瞽樂師○瞽音古**嗇夫馳庶人走**車馬曰馳步曰走爲救日食備也○嗇音色

疏故夏至人走○正義曰此尚書胤征文也彼云乃季秋月朔辰弗集于房

彼季秋日食亦以此禮救之傳言唯正月朔日食乃有伐鼓用幣餘月則否引夏書而與夏書違者蓋先代尚質凡有日食皆用鼓幣周禮極文周家禮法見事有差降唯正陽之月特用鼓幣餘月則否○注逸書至則食○正義曰杜以爲止謂之集故訓集爲安也孔安國云房所舍之次集合也不合則日食可知與杜少異○注車馬至備也○正義曰杜以馳是馬疾行故云車馬曰馳步曰走孔安國云嗇夫主幣之官馳取幣禮天神嗇夫於周禮無文鄭注覲禮云嗇夫蓋司空之屬也則官屬司空庶人在官若胥徒之屬使之取幣而禮天神也衆人走共救日食之百役也嗇夫取幣未必馳車蓋馳走相對變其文耳言禮天神者謂天子禮傳無天子禮天神之事文不具

此月朔之謂也當夏四月是謂孟夏言此六月當夏家之四月平子弗從昭子退曰夫子將有異志不君君矣安君之後故曰有異志

疏不君君矣○正義曰日食陰侵陽臣侵君之象救日食所以助君抑臣也平子不肯救日食乃是不君事其君也劉炫云乃是不復以君爲君矣

○秋郯子來朝公與之宴昭子

問焉曰少皞氏鳥名官何故也少皞金天氏黄帝之子己姓之祖也

問何故以鳥名官○少詩照反皞胡老反己音紀又音杞

疏注少皞至名官○正義曰帝系云黄帝生玄囂也史記云黄帝正妃生二子其後皆有天下其一曰玄囂是爲青陽降居江水言降居汀水謂不爲帝也此傳言其以鳥名官則已是爲帝明矣故世本及春秋緯皆言青陽即是少皞黄帝之子代黄帝而有天下號曰金天氏少皞氏身號金天氏代號也晉語稱青陽與黄帝同德故爲姬姓黄帝之子十四人爲十二姓其十二有姬有己青陽既爲姬姓則己姓非青陽之後而世本己姓出自少皞非青陽也事遠書亡不可委悉耳

郯子曰吾祖也我知之昔者黄帝氏以雲紀故爲雲師而雲名黄帝軒轅氏姬姓之祖也黄帝受命有雲瑞故以雲紀事百官師長皆以雲爲名號縉雲氏蓋其一官也○長丁丈反縉音進

疏注黄帝至官也○正義曰史記云黄帝者少典之子名曰軒轅爲天子代神農氏是爲黄帝晉語云黄帝以姬水成爲姬姓是姬姓之祖也以少皞之立有鳳鳥之瑞而以鳥紀事黄帝以雲紀事明其初受天命有雲瑞也雲之爲瑞

未能審也史記天官書曰若煙非煙若雲非雲郁郁紛紛蕭索輪囷是謂卿雲卿雲或作慶雲或作景雲孝經援神契曰德至山陵則景雲出服虔云黃帝受命有景雲之瑞故以雲紀事黃帝雲瑞或當是景雲也百官師長皆以雲爲名號即是以雲紀綱諸事也雲爲官名更無所出惟文十八年傳云縉雲氏有不才子賈逵云縉雲黃帝時官故云縉雲氏蓋其一官也

炎帝氏以火紀故爲火師而火名注炎帝神農氏姜姓之祖也亦有火瑞以火紀事名百官

疏注炎帝至百官○正義曰帝系出本皆爲炎帝即神農氏炎帝身號神農代號也譙周考古史以爲炎帝與神農各爲一人非杜義晉語云炎帝以姜水成爲姜姓是爲姜姓之祖也火之爲瑞亦未審也

共工氏以水紀故爲水師而水名注共工以諸侯霸有九州者在神農前大皞後亦受水瑞以水名官○共音恭大音泰下大皞同

疏注共工至名官○正義曰共工氏霸有九州祭法文也此傳從黃帝向上逆陳之知共工在神農前大皞後也水之爲瑞亦未審也

大皞氏以龍紀故爲龍師而龍名注大皞伏犧氏風姓之祖也有龍瑞故以龍命官

疏

注大皞至命官○正義曰月令孟春云其帝大皞易下繫云包犧氏之王天下也則大皞身號伏羲代號也傳二十一年傳云任宿須句風姓也實司大皞知大皞是風姓之祖也龍之爲瑞亦未審也此黄帝以上四代用雲火水龍紀事其官之名必用雲火水龍爲之但書典散亡更無文紀其名不可復知故杜不復委說唯有縉雲見傳疑是黄帝官耳服虔云黄帝以雲名官蓋春官爲青雲氏夏官爲縉雲氏秋官爲白雲氏冬官爲黑雲氏中官爲黄雲氏炎帝以火名官春官爲大火夏官爲鶉火秋官爲西火冬官爲北火中官爲中火共工以水名官春官爲東水夏官爲南水秋官爲西水冬官爲北水中官爲中水大皞以龍名官春官爲青龍氏夏官爲赤龍氏秋官爲白龍氏冬官爲黑龍氏中官爲黄龍氏此皆事無所見苟出胸臆少皞鳥紀不以五方名官焉知彼四代者皆以四時五方名官乎以縉爲赤色則云夏官爲縉雲爲號餘方不更爲之目而直指青黄爲名也以天文有大火鶉火即云春爲大火夏爲鶉火其餘何故直以西北名火也此皆虛而不經故不可采用

我高祖少皞摯之立也鳳鳥適至故紀於鳥爲鳥師而鳥名鳳鳥氏歷正也鳳鳥

知天時故以名歷正之官○摯音至【疏】注鳳鳥至之官○正義曰釋鳥云鶠鳳其雌皇則此鳥雄曰鳳雌曰皇說文云鳳神鳥也山海經云丹穴之山有鳥焉其狀如鶴五采而文名曰鳳皇見則天下大安寧運斗樞云天樞德見則鳳皇翔中候握河紀云堯即政七十年鳳皇止庭伯禹拜曰昔帝軒提象鳳巢阿閣白虎通云黃帝時鳳皇蔽日而至止於東園終身不去諸書皆言君有聖德鳳皇乃來是鳳皇知天時也歷正主治歷數正天時之官故名其官為鳳鳥氏也當時名官直為鳥名而已其所職掌與後代名官所司事同所言歷正以下及司徒司寇工農之屬皆以後代之官所掌之事託言之言爾時鳥名如今之此官也

玄鳥氏司分者也玄鳥燕也以春分來秋分去○燕於見反【疏】注玄鳥至分去○正義曰說文云燕玄鳥也釋鳥云燕燕鳦郭璞曰詩云燕燕于飛一名玄鳥齊人呼鳦詩云天命玄鳥月令云玄鳥至之日是一名玄鳥也或單呼為燕或重名燕燕異方語也此鳥以春分來秋分去故以名官使之主二分

伯趙氏司至者也伯趙伯勞也以夏至鳴冬至止【疏】注伯趙至至止○正義曰釋鳥云鶪伯勞也樊光曰春秋云伯趙氏司至伯趙鶪也以夏至來冬至去郭璞曰似鶷鶡而

夫此鳥以夏至來冬至止去故以名官使之主二至也鵙

仲夏之月鵙始鳴蔡邕云鵙伯勞也一曰伯趙應時而鳴爲

陰候也詩云七月鳴鵙者鄭玄云鵙也晚寒鳥物之

候從其氣焉王肅云七當爲五古文五字似七故誤青鳥

氏司啓者也青鳥鶬鴳也以立春鳴立夏止○鶬音倉鴳亦作鷃於諫反疏注青鳥至

夏止○正義曰青爲鶬鴳爾雅無文先儒相傳耳立春立夏

謂之啓此鳥以立春鳴立夏止故以名官使之主立春立夏

丹鳥氏司閉者也丹鳥鷩雉也以立秋來立冬去入大水爲蜃上四鳥皆歷正之屬官

○鷩必滅反蜃市軫反疏注丹鳥至屬官○正義曰釋鳥雉之類有鷩雉樊光曰丹雉也少皞氏以鳥名官丹

鳥氏司閉以立秋來立冬去入水爲蜃周禮王享先公服鷩

冕郭璞曰似山雞而小冠背毛黃腹下赤項綠色鮮明是鷩

丹鳥爲鷩雉也立秋來立冬去謂之閉此鳥以秋來冬去故以名

官使之主立秋立冬也分至啓閉立四官使主之鳳皇氏爲

之長故云四鳥皆歷正之屬官也祝鳩氏司徒也祝鳩鷦鳩也鷦鳩孝故爲司徒主教

民○鷦音焦本又作焦本或作鷦子遥反又子堯反疏注祝鳩至教民○正義曰釋鳥云隹其鳺鴀舍人云隹

名夫不今楚鳩也樊光曰春秋云祝鳩氏司徒祝鳩即隹其
夫不孝故爲司徒郭璞曰今鵓鳩也詩云翩翩者隹毛傳云
鵻夫不也一宿之鳥鄭玄云一宿者一意於其所宿之木又
云夫不鳥之慤謹者人皆愛之則此是謹慤孝順之鳥故名
司徒之官教人使之孝也

鶻鳩氏司馬也

鶻鳩王鴡也鷙而有別故爲司馬主法制○鶻本又作鵻七絲反鷙音至本亦作摯下同別彼列反

【疏】注鶻鳩至法制○正義曰釋鳥云鶻鳩王鴡李巡云王鴡
一名鶻鳩郭璞云鶻鳩今江東呼之爲鶻好在江渚山邊食
魚毛詩傳曰鳥鷙而有別則鶻鳩是鷙擊之鳥又能[illegible][illegible]
別也司馬主兵又主法制擊伐又當法制分明故以此鳥名官使主司馬之職

鳲鳩氏司空也

鳲鳩鴶鵴也鳲鳩平均故爲司空平水土○鴶本亦作秸簡八反又音吉鵴本亦作鞠居六反

【疏】注鳲鳩至水土
正義曰釋鳥云鳲鳩鴶鵴樊光曰春秋云鳲鳩氏司空心平
均故爲司空郭璞曰今之布穀也孫炎曰方言云鳲鳩自關
而東謂之戴勝陳[illegible]名詩義疏云今梁宋之閒謂布穀爲鴶鵴
[illegible]則布穀是鳲鳩則[illegible]而揚雄云鳲鳩是戴勝也今戴勝自
[illegible]穴中不巢生[illegible]言非也詩云鳲鳩在桑其子七兮毛傳云
鳲鳩之養其子朝從上下莫從下上平均如一是鳲鳩平均

故為司空尚書舜典云伯禹作司空帝曰禹汝平水土惟時懋哉是司空主平水土也爽鳩氏司寇也爽鳩鷹也鷙故為司寇主盜賊○爽所丈反疏注爽鳩至盜賊○正義曰釋鳥云鷹鶆鳩樊光曰來鳩當為爽鳩也春秋曰爽鳩氏司寇鷹鷙故為司寇郭璞曰鶆當為爽字之誤耳左傳作爽鳩是也鷹是鷙擊之鳥司寇主擊盜賊故為司寇鶻鳩氏司事也鶻鳩鶻鵃也春來冬去故為司事○鵃陟交反又陟留反又音骨疏注鶻鳩至司事○正義曰釋鳥云鶌鳩鶻鵃舍人曰鶌鳩一名鶻鵃今之班鳩也樊光曰春秋云鶻鳩氏司事春來冬去孫炎曰鶻鳩一名鳴鳩月令云鳴鳩拂其羽郭璞云今江東亦呼為鶻鵃似山鵲而小短尾青黑色多聲即是此也舊說及廣雅皆云班鳩非也所論班鳩鳴鳩雖有異同其言春來冬去舊有此說國家營事謂治器物一年之間無時暫止故以此鳥名司事之官也司事謂營造之事於六官皆屬司空此司空司事各為一官者古今代異留如舜典司空與共工各為一官也五鳩鳩民者也鳩聚也治民上聚故以鳩為名疏注鳩聚至為名○正義曰鳩聚釋詁文也治民尚其集聚惡其流散故以鳩為官名欲其聚斂民也五雉為

五工正五雉雉有五種西方曰鷷雉東方曰鶅雉南方曰翟雉北方曰鵗雉伊洛之南曰翬雉○種章勇反下同鷷音存又音遵本或作蹲鶅側其反翟音狄又音濁鵗本又作希姤字一音丁里反翬許韋反（疏）注五雉至翬雉○正義曰釋鳥雉之屬十有四其說四方之雉西方曰鷷東方曰鶅南方曰翟北方曰鵗舍人曰釋四方之雉名也杜言四方之雉唯南方不同也釋鳥又云鸐山雉樊光曰其羽可持而舞詩云右手秉翟郭璞云長尾者爾雅之文翟與鸐別而賈逵亦云南方曰翟雉則先儒相傳為說杜從之也釋鳥又云伊洛而南素質五采皆備成章曰翬李巡曰素質五采備具文章鮮明曰翬孫炎曰翬雉白質五采為文也傳言五雉必取五方伊洛土之中區明其取翬雉與四方之雉為五也賈逵云西方曰鷷雉攻木之工也東方曰鶅雉摶埴之工也南方曰翬雉攻金之工也北方曰鵗雉攻皮之工也伊洛而南曰翬雉設五色之工也樊光注爾雅四方之雉配工亦與賈同唯翬雉不配工耳案賈樊所言之工出於考工記耳而考工記更有刮摩之工凡有六工非唯五也且記是後出之書少皡時工未必如記所說又以工配雉無所馮據不可采用故杜不言利器用正度量夷民者也夷平也○量音亮（疏）

利器至民者○正義曰雉聲近夷雉訓夷夷爲平故以雉名工正之官使其利便民之器用正丈尺之度斗斛之量所以平均下民也○鶅側其反服虔云雉者夷也夷平也使度量器用平也

九扈爲九農正扈有九種也春扈鳻鶞夏扈竊玄秋扈竊藍冬扈竊黃棘扈竊丹行扈唶唶宵扈嘖嘖桑扈竊脂老扈鷃鷃以九扈爲九農之號各隨其宜以教民事○扈音戶鳻扶云反又如字鶞勑倫反唶側百反又子夜反又助額反嘖音責又音賾

【疏】注扈有至民事○正義曰釋鳥曰春扈鳻鶞至宵扈嘖嘖凡九扈其文相次與此注正同李巡揔釋之云諸扈別春夏秋冬四時之名唶唶嘖嘖鳥聲貌也郭璞曰諸鳸皆因其毛色音聲以爲名竊藍青色釋鳥又云鷄鵙老鳸鴳桑鳸竊脂注爾雅者舍人李巡孫炎郭璞皆斷老上屬鳸下屬解云鴳一名鷃老鴳一名鳸鴳雀也唯樊光斷鷄鵙爲句以老下屬注云春秋云九扈爲九農正九扈者春扈夏扈秋扈冬扈棘扈行扈宵扈桑扈老扈是以老爲下屬唯鴳不重耳李巡云竊脂一名桑扈郭璞曰俗謂之青雀觜曲食肉好盜脂膏因名云鄭玄詩箋云竊脂肉食陸璣毛詩義疏云竊脂青雀也好竊人脯肉及筩中膏故以名竊脂也諸儒說竊脂皆謂盜人脂膏也即如此言竊玄竊藍竊黃者豈復盜竊玄黃乎爾雅釋獸云虎

竊毛謂之號鶉雖如此然竊毛而黃竊毛皆謂淺毛竊即古之淺字但此鳥其色不純竊玄淺黑也竊藍淺青也竊黃淺黃也竊丹淺赤也四色皆具則竊脂為淺白也其唶唶嘖嘖則聲音為之名矣其春扈鳻鶞樊光云鳻鶞言分循也春扈趣分循五土之宜乃以人事名鳥其義未必然也爾雅老扈鷃鷃字不重賈服皆云鷃鷃亦聲音為名也賈逵云春扈分循相五土之宜趣民耕種者也夏扈竊玄趣民耘苗者也秋扈竊藍趣民收斂者也冬扈竊黃趣民蓋藏者也棘扈竊丹為果驅鳥者也行扈唶唶晝為民驅鳥者也宵扈嘖嘖夜為農驅獸者也桑扈竊脂為蠶驅雀者也老扈鷃鷃趣民收麥令不得晏也者也舍人樊光注爾雅其言亦與賈同其意皆謂以扈為官還令依此諸扈而動作也然則趣民耕耘及收斂蓋藏其事可得召民使聚而教號令之其為果驅鳥為蠶驅雀豈得多置官方使之親果樹入蠶室為民驅之哉又晝驅鳥夜驅獸不可竟日通宵常在田野溥天之下何以可周且其言不經難可據信也杜云以九扈為九農之號名隨其宜以教民事以爲說不可采用又不能知其職掌故未言之

扈民無淫者也扈止也止民使不淫夜

自顓頊以來不能紀遠乃紀於近為民師

帝命以民事則不能故也顓頊氏代少皡者德不能致遠瑞而以民事命官。顓音專項許玉反〔疏〕自顓至故也。正義曰傳言少皡摯之立也鳳鳥適至則鳳鳥以初立時至也因其初立而有此瑞鳥遂即以鳥紀事雲火水龍亦以初立而有此瑞用之以紀無事自顓頊以來初立之時既無遠瑞不能紀以遠而乃紀於近天瑞遠民事近爲民之師長而命其官以民事則爲不能致遠瑞故仲尼聞之見於郯子而學之於是仲尼年二十八〔疏〕注年二十八。正義曰注文何云襄三十一年注云仲尼年十歲計至此年二十七今云二十八誤既而告人曰吾聞之天子失官學在四夷猶信失官官不脩其職也傳言聖人無常師〔疏〕失官學在四夷。正義曰王肅云郯中国也故吳伐郯季文子歎曰中国不振旅蠻夷入伐語云無日矣孔子猶學在四夷疾時學廢也郯少皡之後以其世則遠以其国則小矣魯周公之後以其世則近以其国則大矣然其禮不如郯故孔子發此言也失官爲所居之官不脩其職也仲尼學樂於萇弘問禮於郯子是聖人無常師。晉侯使屠蒯如周請有事於雒與三塗【屠蒯晉侯之膳宰也以忠諫見進雒雒水也三塗山名在陸渾南○蒯苦怪反雒音洛】萇弘謂劉子曰客容猛非祭也其伐戎乎陸渾氏甚睦於楚必是故也君其備之乃警戎備【警戒以備戎也欲因晉以合勢○警音景】九月丁卯晉荀吳帥師涉自棘津【河津名】使祭史先用牲于雒陸渾人弗知師從之庚午遂滅陸渾數之以其貳於楚也陸渾子奔楚其衆奔甘鹿【甘鹿周地】周大獲【先警戒備故獲】宣子夢文公攜荀吳而授之陸渾故使穆子帥師獻俘于文宮【欲以應夢○俘芳夫反應應對之應】○冬有星孛于大辰西及漢【百反之】

八月辰星見在天漢西今孛星出辰西光芒東及天漢○夏戶雅反下文同見賢遍反【疏】注夏之至天漢○正義曰星孛文在冬下經傳皆無其月但冬以十月為初故以夏之八月解之也月令仲秋之月日在角昏牽牛中大辰是房心尾也其星處於東方之時在角星之北故以八月之昏角星與日俱沒大辰見於西方也天漢在箕斗之閒於是時天漢西南東北邪列於天大辰之星見在天漢之西也今孛星又出於大辰之西而尾東指光芒歷辰星而東及天漢也

申須曰彗所以除舊布新也申須魯大夫○彗似銳反又音息遂反

【疏】彗所至新也○正義曰彗埽箒也其形似彗故名焉箒所以埽去塵彗星象之故所以除舊布新也言此星見必有除舊之事

天事恒象天道恒以象類告示人今除於火火出必布焉諸侯其有火災乎今火向伏故知當須火出乃布散為災○向許亮反

又作鬻梓慎曰往年吾見之是其徵也徵始有形象而微也

火出而見前年火出時○見賢遍反下及注並同今茲火出而章

必火入而伏隨火行也【疏】今茲至而伏○正義曰梓慎云往年吾見之是其徵也當時火出之時而彗星已見是隨火而行也今年火星之出而彗星章明是彗漸益長未即消滅必當火入之時與火俱伏也服虔注本火出而章必火火入而伏重火別句孫毓云賈氏舊文無重火字其居火也久矣歷二年其與不然乎言必然也○與如字又音預火出於夏為三月於商為四月於周為五月謂昏見夏數得天得天正【疏】注得天正○正義曰斗柄所指一歲十二月分為四時夏以建寅為正則斗柄東指為春南指為夏是為得天四時之正也若殷周之正則不得正若火作其四國當之在宋衛陳鄭乎宋大辰之虛也大辰大火宋分野○虛起居反下同分扶問反【疏】宋大辰之虛○正義曰虛者舊居之處也陳為大皞之虛鄭為祝融之虛衛為顓頊之虛皆先王先公嘗居此地謂之虛可矣大辰星名非人居也而亦謂之虛者以天之十二次地之十二域大辰為大火之次是宋之區域故

謂宋為大辰之虛猶謂晉地為參虛陳大皞之虛也大皞居陳木火所自出鄭祝融之虛也祝融高辛氏火正居鄭皆火房也房舍也星孛天漢漢水祥也天漢水也衛顓頊之虛也故為帝丘衛今濮陽縣昔帝顓頊居之其城內有顓頊冢○濮音卜其星為大水衛星營室營室水也水火之牡也牡雄也○牡茂后反疏水火之牡○正義曰獸曰牝牡牡是雄也陰陽之書有五行嫁娶之法火畏水故以丁為壬妃是水為火之雄其以丙子若壬午作乎水火所以合也丙午火壬子水水火合而相薄水少而火多故水不勝火○薄本又作搏音傳疏注丙午至勝火○正義曰丙是火日午是火位壬是水日子是水位故丙午為火壬子為水水火合而相薄則是夫妻合而相親親則將行其意或水從火或火從水但彗在大辰為多及漢為少水少而火多故水不勝火火行其意水必助之故此丙子壬午之日當有火災若火入而伏必以壬午尚未

知今孛星當復隨火星俱（疏）若火至壬午。正義曰劉炫
伏不故言若。復扶又反　云丙子壬午雖俱是水火合
日但二字之内先言彊若火入而伏則連秋至春歷夫陰水
用事雖同其欲水當先火敢疑火入而伏則必以壬午也劉
炫雖為此釋杜既無注
其壬午之事理則未詳不過其見之月火見周之五月鄭
裨竈言於子產曰宋衛陳鄭將同日火若我
用瓘斝玉瓚鄭必不火瓘珪也斝玉爵也瓚勺也欲以禳火。裨竈支反瓘古亂
反斝古雅反瓚才旦反勺上若（疏）注瓘珪至禳火。正義
反禳本亦作攘如羊反下同。曰瓘是玉名此傳所云
皆是成就之器故知瓘是珪也斝是爵名玉字在斝瓚之間
知斝亦以玉為之故云斝玉爵也周禮典瑞云祼圭有瓚鄭
司農云於圭頭為器可以挹鬯祼祭謂之瓚国語謂之鬯瓚
鄭玄云漢礼瓚槃大五升口徑八寸下有槃口徑一尺考工
記玉人云祼圭尺有二寸有瓚以祀朝鄭玄云瓚如槃其柄
用圭有流前注鄭玄詩箋云圭瓚之狀以圭為柄黃金為勺
青金為外朱中央是瓚為勺共祭祀子產弗與以為天
之器也裨竈欲用此三物以禳火災流行

衆儀所息故也爲明年宋衛陳鄭災傳○吳伐楚陽匄爲令尹卜戰不吉陽匄穆王曾孫令尹子瑕○匄古害反疏卜戰不吉○正義曰陽匄心不決死戰必致將將死是不吉也司馬子魚志在必死不以將死爲凶故卜之得吉敗吳之後吳人敗之終是不吉○注穆王曾孫○正義曰按世本穆王生王子揚揚生尹尹生令尹匄司馬子魚曰我得上流何故不吉子魚公子魴也順江而下易用勝敵○魴音房易以豉反且楚故司馬令龜我請改卜令曰魴也以其屬死之楚師繼之尚大克之吉得吉兆戰于長岸子魚先死楚師繼之大敗吳師獲其乘舟餘皇餘皇舟名○乘如字又繩證反下同使隨人與後至者守之環而塹之及泉環周也○環如字又音患塹七豔反盈其隧炭陳以待命隧出入道○隧音遂下同炭叶

反疏注隧出入道○正義曰守舟者雖環而塹之塹猶不合有出入之路故爲路置火以防吳人也吳
公子光光諸樊子闔廬○闔戶臘反廬力居反請於其衆曰喪先王
之乘舟豈唯光之罪衆亦有焉請藉取之以
救死藉衆之力以取舟○喪息浪反衆許之使長鬣者三人長鬣
多鬚髭與吳人異形狀詐爲楚人○鬣力輒反髭子斯反鬚音須潛伏於舟側曰我
呼皇則對師夜從之師吳師也○呼好路反又如字下同三呼皆迭
對迭更也○迭待結反又音逸更音庚楚人從而殺之楚師亂吳
人大敗之取餘皇以歸傳言吳光有謀
經十有八年春王三月曹伯須卒未同盟而赴以名○
夏五月壬午宋衛陳鄭災來告故書天火曰災疏注來告至曰災

正義曰傳稱皆來告火知是來告故書也春秋書他國之災皆是來告而書公羊傳曰宋衛陳鄭災何以書記異也何異爾異其同日而俱災外異不書此何以書爲天下記異也穀梁亦云其志以同日也杜因此傳有來告之文故顯而異之天火曰災宣十六年傳例也○六月鄅人入鄅鄅國今琅邪開陽縣○鄅音禹許慎郭璞皆音矩國名琅音郎本或作郎○秋葬曹平公○冬許遷于白羽自葉遷也畏鄭而樂遷故以自遷爲文○葉始涉反【疏】注自葉至爲文○正義曰成十五年許遷于葉自是以後許常以葉爲都九年許遷于夷是自葉遷于夷也十三年傳曰楚之滅蔡也靈王遷許胡沈道房申於荊焉平王即位旣封陳蔡而皆復之禮也注云荊荊山也滅蔡在十一年許又從夷遷於荊山平王復之復其本國許又歸於葉也故知此年遷于白羽是其自葉遷也且傳云葉在楚方城外之蔽明其欲遷之時許在葉也案傳王子勝言於楚子使之遷許則是楚人遷許非許自遷楚雖發意遷許許亦畏鄭樂遷故以自遷爲文若許不樂遷楚强遷之當云楚人遷許如宋人遷宿齊人遷陽之類不得云許遷于白羽以其自遷爲文知許人自樂遷也

傳十八年春王二月乙卯周毛得殺毛伯過毛伯過周大夫得過之族○過古禾反而代之代居其位【疏】注代居其位○正義曰毛氏世有采地爲畿内之國於時天子微弱故自殺自代不能禁之萇弘曰毛得必亡是昆吾稔之日也侈故之以昆吾夏伯也稔熟也侈惡積熟以乙卯日與桀同誅○萇直良反稔而審反侈昌氏反又尸氏反夏戶雅反而毛得以濟侈於王都不亡何待爲二十六年毛伯奔楚傳【疏】是昆至何待○正義曰是乙卯者昆吾之君惡熟之日也由其侈故以此日死也而毛得以此日成其侈惡於王都不亡何待○注昆吾至同誅○正義曰鄭語云黎爲高辛氏火正命之曰祝融其後八姓昆吾爲夏伯楚世家云顓頊生稱稱生卷章卷章生黎黎爲高辛氏火正共工氏作亂帝使黎誅之而不盡帝誅黎使其弟吳回居火正爲祝融回生陸終終生子六人圻剖而産焉其長曰昆吾虞反曰昆吾爲己姓封昆吾世本云昆吾者衛是也然則昆吾國名言昆吾夏伯者以表昆吾國君其上世嘗爲夏伯其惡熟誅者非此爲伯之身

當是後世之孫耳詩云韋顧既伐昆吾夏桀共桀
同文又傳云乙卯云知以乙卯日與桀同時誅○三月
曹平公卒為下會葬見原伯起本○夏五月火始昏見火心星○見賢
遍反丙子風梓慎曰是謂融風火之始也東北曰融風融
風木也木火母【疏】注東北至之始○正義曰東北曰融風
故曰火之始易緯作調風俱是東北風一風有二名
東北木之始故融風為木也木是火
之母火得風而盛故融為火之始七日其火作乎從丙
子至壬午七日壬午水火合之日故知當火作戊寅風甚壬午大甚【疏】戊寅
至大甚○正義曰甚者益盛之言也丙子初風連日不息至
戊寅而風益盛至壬午而風又大盛初言融風是東北風也
蓋自丙子至壬午風不迴而稍益盛傳宋衛陳鄭皆火
雖主言魯國之風被四國亦當然也
梓慎登大庭氏之庫以望之大庭氏古國名在魯城內魯於其處作庫
高顯故登以望氣參近占以審前年之言○大甚本或作
火甚處昌慮反下祭處同故登以望氣本或作以望氛氣【疏】
𧫴陳　校　黃永進刊

注火庭至之言○正義曰大庭氏古天子之國名也先儒舊
説皆云炎帝號神農氏一曰大庭氏服虔云在黄帝前鄭玄
詩譜云大庭在軒轅之前亦以大庭爲炎帝也對文則藏馬
曰廄藏車曰庫曲禮云在府言府在庫言庫鄭玄云府謂寶
藏貨賄之處庫為車馬兵甲之處又大學云未有府庫財非
其財者則庫亦藏財貨非獨車馬甲兵也古之大庭營都於
魯其虚在魯城内魯於其處作庫而其地高顯故梓愼登之
以望氣梓愼往年言其將火今更望氣參驗近占以審已前
年之言信也梓愼所望望天氣耳非能望見火也而何休難
云宋衛陳鄭去魯皆數千里爲登高以見其火豈實事哉劉
炫云案左傳不言望火何以言見其火玄卿以為孔子登泰
山見吴門之白馬離婁覩千里之毫末梓愼既非常人何知
不見數百里之煙火孔子在陳知桓僖災者豈復望見之乎
若見火知災則人皆知之矣何所貴乎梓愼左氏傳而編記
之哉且四國去魯纔數百里而何休云數千里雖意欲其遠
亦虚妄之極梓愼所望自當有以知之不知見何氣知其災
也服虔云四國次有火氣也梓愼不言夜望安知
望次陳獨無次何所望哉今以爲服解義或然也 曰宋衛
陳鄭也數日皆來告火 言經所以書○數所主反 裨竈

曰不用吾言鄭又將火前年裨竈欲用瓘斝禳火子產不聽今復請用之○禳如羊反復扶又反下同鄭人請用之信竈言子產不可子大叔曰寶以保民也若有火國幾亡可以救亡子何愛焉子產曰天道遠人道邇非所及也何以知之竈焉知天道是亦多言矣豈不或信多言者或時有中○幾音祈又音機下同竈焉於虔反中丁仲反遂不與亦不復火傳言天道難明雖神竈猶不足以盡知之鄭之未災也里析告子產曰將有大祥里析鄭大夫祥變異之氣○析星曆反大祥或作火祥非也

【疏】將有大祥○正義曰祥者善惡之徵中庸云國家將興必有禎祥祥則吉祥也國家將亡必有妖孽孽則凶祥也則祥是善事而里析以民動國亡為大祥者彼對文言耳書序云亳有祥桑穀共生于朝五行傳云時有青眚青祥白眚白祥之類皆以惡徵為

祥是祥有善有惡故杜云祥變異之氣民震動國幾亡吾身泯焉弗

良及也言將先災死○泯面忍反先悉薦反疏弗良及也○正義曰良是語辭史傳多云良所未悟

良有以也是古今共有此語也而服虔云弗良及者不能及也良能也能非良之訓妄言耳國遷其可

乎子產曰雖可吾不足以定遷矣子產天災不可逃非遷所

免故託以知不足○知音智及火里析死矣未葬子產使輿

三十人遷其柩以其常與已言故輿音餘柩其又反○火作子產辭

晉公子公孫于東門晉人新來未入故辭不使前也疏注晉人至前也○正

義曰下云出新客禁舊客勿出於官此辭于東門明是晉人新來未入故辭之不使前也此新來蓋聘使也晉人往因麗

姬之難詛無畜羣公子故文襄之世公子皆出在他國自成公更立公族國內始有公子故使之來聘也自晉適鄭當入

西門而辭之東門者鄭城西臨洧水其西無門蓋從東門入為便故辭于東門使司寇出新客

新來聘者禁舊客勿出於宮為其知國情不欲令去○為于偽反令力呈反使子寬子上巡羣屏攝至于大宮二子鄭大夫屏攝祭祀之位宮鄭祖廟巡行宗廟不得使火及之○行下孟反下文行火下注覆行同【疏】注二子至之位○正義曰子寬游吉之子世族譜子寬與游速渾罕為一人駟帶字子上六年死矣此別有子上非駟帶也世族譜雜人內有子上無子寬明子寬與渾罕為一人也楚語說事神之禮云使名姓之後能知犧牲之物彝器之量屏攝之位壇場之所而心率舊典者為之宗知屏攝是祭祀之位也鄭衆云攝攝束茅以為屏蔽其事或當然使公孫登徙大龜登開卜大夫使祝史徙主祏於周廟告于先君祏廟主石函周廟厲王廟也有大災故合羣主於祖廟易救護○祏音石函音咸易以豉反【疏】注祏廟至救護正義曰每廟木主皆以石函盛之當祭則出之事畢則納於函藏於廟之北壁之內所以辟火災也文二年傳云鄭祖厲王故知鄭之周廟是厲王廟也既有火災皆須防守故合羣主就於祖王廟易救護也衛次仲云右主八寸左主七寸廣

厚三寸穿中央廷四方也范甯云天子圭長尺二寸諸侯圭長一尺也白虎通云納之西壁使府人庫
人各儆其事儆備火也○儆音景【疏】使府人庫人各儆其事○正義曰曲禮云在府言府
在庫言庫皆是藏財賄之處故使其人各自儆守以防火也周官有十府内府外府天府王府泉府而無掌庫之官蓋府
庫通言庫亦謂之府也諸侯國異政殊故府庫並言也商成公儆司宮商成公鄭大夫
司宮巷伯寺人之官出舊宮人寘諸火所不及舊宮人先公官女○寘之
豉反司馬司寇列居火道備非常也行火所焮焮炙也○
焮許靳反城下之人伍列登城爲部伍登城備姦也【疏】行火至登城○正義
曰此承司馬司寇之下亦是二官使之行火所炙欲令人救之也言城下之人爲部伍行列以登城亦是司馬司寇之人
備姦賊也明日使野司寇各保其徵野司寇縣士也火之明日四方乃聞
災故戒保所徵發之人【疏】注野司至之人○正義曰傳言野司寇則司寇之官在野周禮司寇屬官有縣士掌

野知野司寇是縣士也鄭玄縣士注云地距王城二百里以外至三百里曰野三百里以外至四百里曰縣四百里以外至五百里曰都都縣野之地其邑非王子弟公卿大夫之采地則皆公邑也謂之縣縣士掌其獄焉言掌野者郊外曰野大揔言之也獄居近野之縣獄在二百里上縣之獄在三百里上都之縣獄在四百里上如鄭此言采邑之民有獄則采地之官長各自斷之若公邑之民有獄則縣士斷之縣士司寇屬官所掌在野故此傳謂之野司寇也縣士職曰各掌其縣之民數而聽其獄訟若邦有大役聚衆庶則各掌其縣之禁令則諸侯縣士亦當然也縣士分在四方不聞火火之明日四方乃聞有災故戒使各保其所應受徵後之人皆令具備以待上命慮有所須當徵之

郊人助祝史除於國北爲祭處於國北者就太陰禳火

疏郊人至國北○正義曰周禮鄉在郊內遂在郊外諸侯亦當然郊人當謂郊內鄉之人也祝史掌祭祀之官也使此鄉人助祝史除地在城之北作壇場爲祭處也就國北者南爲陽北爲陰就大陰禳火也

禳火于玄冥回祿玄冥水神回祿火神○冥亡丁反

疏注玄冥至火神○正義曰月令冬云其神玄冥知玄冥水神也周語云夏之亡也回祿信於黔隧先

儒注左傳及國語者皆云回禄火神或當有所見也二十九年傳脩及熙爲玄冥則玄冥祭脩熙不知回禄祭何人楚之先吴回爲祝融或云回禄即吴回也祭水神欲令水抑火祭火神欲令火自止禳其餘災慮更火也

祈于四鄘 鄘城也城積土陰氣所聚故祈祭之以禳火之餘災○鄘音容 書焚室而寬其征與之材 征賦税也○税始鋭反 三日哭國不市 亦憂戚不會市 使行人告於諸侯宋衛皆如是陳不救火許不弔災君子是以知陳許之先亡也 不義所以亡

【疏】陳許之先亡也○正義曰哀十七年楚滅陳也定六年鄭游速帥師滅許其後復立許悼公之孫成是爲元公其子結元年獲麟之歲也當戰國首爲楚所滅

○六月鄅人藉稻 鄅妘姓國也其君自出藉稻蓋履行之○妘音云

【疏】注鄅妘至行之○正義曰鄅爲妘姓世本文也周之六月夏之四月種稻之時其君自出觀行之藉猶藉蹈藉踐履之義故爲履行之服虔云藉耕種於藉田也

邾人襲鄅鄅人將

閉門郥人羊羅攝其首焉斬得閉門者頭【疏】注攝其首焉○正義曰攝訓為持也斬得閉門者首而持其頭遂入之盡俘以歸郥子曰余無歸矣從帑於邾邾莊公反郥夫人而舍其女為明年宋氏郥起○帑芳夫反郥音虞【疏】而舍其女○正義曰言止舍其女而留之○秋葬曹平公往者見周原伯魯焉原伯魯周大夫與之語不說學歸以語閔子馬閔子馬曰周其亂乎夫必多有是說而後及其大人國亂俗壞言者甯多漸以及大人大人在位者○說學音悅以語魚據反大人患失而惑又曰可以無學無學不害患有學而失道者以惑其意不害而不學則苟而可以焉焉苟且遂下學又皆便苟且於是乎下陵上替能無亂乎夫學

殖也不學將落原氏其亡乎殖生長也言學之進德如農之殖苗日新日益○替他計反殖時力反長丁丈反【疏】周其至亡乎○正義曰周言其將亂乎夫其國內之人必多有是不說學問之說也國內多有此言而後流傳及其在位之大人大人謂公卿士大夫也大人患其國內有多學而失其道者而譏之故發此言蓋此言有道理也人於是又為言曰其實可以無學無學不為害也以為無害而遂不學則苟且而可也一國之人皆懷苟且不識上下之序不知尊卑之義於是在下者陵侮其上在上者替廢其位上下失分能無亂乎夫學如殖草木也人日長日進猶草木之生枝葉也不學則才知日退將如草木之隊落枝葉也原氏其亡滅乎○七月鄭子產為火故大為社為治也○為火故于偽反下對為鬼同祓禳於四方振除火災禮也振棄也○祓芳弗反除徐音廢【疏】七月至禮也○正義曰祭社有常而云大為社者此非常祭之月而為火特祭蓋君臣盡其禮物備具大於常祭故稱大也周禮女巫掌祓除釁浴祓禳皆除凶之祭徧於四方之神如者言或祓無文苟可祭者悉皆祭之所以振訊除去火災禮也

禳多祭非禮故禮之乃簡兵大蒐將爲蒐除治兵於廟城內地迫故除廣之

子大叔之廟在道南其寢在道北其庭小庭蒐場也○場直長反【疏】子大至道北○正義曰鄭子簡公之卒將爲葬除亦欲毀游氏之廟則游吉宅近大路故數將徹毀也其廟當在宅內以其居處狹隘故廟在道南寢在道北也寢即游吉所居宅也過期三日處小不得一時畢○處昌慮反【疏】過期三日○正義曰此量其庭之大小而豫計之以庭小之故當過期三日欲除道使闕望至及期得了亦不知本期當幾日也使除徒陳於道南廟北曰

子產過女而命速除乃毀於而鄉而女也毀女所鄉○女音汝注同鄉許亮反本又作嚮注同子產朝朝君過而怒之怒不毀除者

南毀子產及衝使從者止之曰毀於北方言子產仁不忍毀人廟○衝昌容反從才用反火之作也子產授兵登陴子

大叔曰晉無乃討乎辭晉公子公孫而授兵似若叛晉○陴婢支反子產曰吾聞之小國忘守則危況有災乎國之不可小有備故也既晉之邊吏讓鄭曰鄭國有災晉君大夫不敢寧居卜筮走望不愛牲玉鄭之有災寡君之憂也今執事撊然授兵登陴撊然勁忿貌○守手又反一音如字撊遐板反勁吉政反（疏）卜筮至牲玉○正義曰言為鄭卜筮何故有災宜禱向神求祐而望祭之祭山川故為望也莊二十五年傳云天災有幣無牲若祭不愛牲玉者天之見異非求人飲食禱請則有幣無牲若祭求弭災者則當有牲雲漢之詩美宣王為旱禱神云靡愛斯牲圭璧既卒亦是用牲玉也○注撊然勁忿貌○正義曰服虔云撊然猛貌也方言云撊猛也晉魏之間曰撊杜言勁忿貌亦是猛也但述晉人責鄭之意故以勁忿解之將以誰罪邊人恐懼不敢不告子

產對曰：若吾子之言，敝邑之災，君之憂也。敝邑失政，天降之災，又懼讒慝之間謀之，以啓貪人，薦爲敝邑不利，薦，重也。○恐，丘勇反。慝，他得反。間，間厠之間。薦，在徧反。重，直用反，下文同。【疏】將以誰罪○正義曰：將以誰爲罪，而欲恐以兵，疑其畏晉襲之，欲禦晉擊之。以重君之憂。幸而不亡，猶可說也；說，解也。不幸而亡，君雖憂之，亦無及也。鄭有他竟，望走在晉。言鄭雖與他國爲竟，每瞻望晉，歸赴之。○竟音境。【疏】望走在晉○正義曰：其所瞻望奔走而歸之者，唯在晉耳。旣事晉矣，其敢有二心？傳言子產有備。【疏】注傳言子產有備○正義曰：國有火災，懼被人襲，登陴固守，是有備也。○楚左尹王子勝言於楚子曰：許於鄭，仇敵也，而居楚地，以不禮於鄭。十五年，平王復遷邑，許自夷遷居葉。

恃楚而不事鄭（疏）而居楚地。正義曰當恃許都於葉釋例土地名葉在楚界許本偪於鄭請遷近楚楚以葉與之故為居楚地。十五至居葉。正義曰案十三年云楚之滅蔡也靈王遷許胡沈道房申於荊則許從夷還向荊也平王復之當從荊却向夷自夷向葉注不言自荊還葉者蓋以許遷於夷見經故據以為言其實自荊還也

晉鄭方睦鄭若伐許而晉助之楚喪地矣君盍遷許許不專於楚自以舊國不專心事楚。喪息浪反盍戶臘反（疏）注自以至事楚。正義曰劉炫云當恃許之於楚更無異望非敢恃舊國不事楚當以畏鄭之故外設備禦不得專心事楚耳今杜必以為舊國不專心事楚者以此傳許謂鄭人云余舊國許畏於鄭尚以舊國不肯事鄭明以舊國亦不專心事楚劉以為畏鄭不專心事楚爲背傳文而規杜氏非也鄭方有令政許曰余舊國也許先鄭封。先悉薦反鄭曰余俘邑也隱十一年鄭滅許而復有之故曰我俘邑。復扶又反葉在楚國方城外之蔽也為方城外之蔽障。障章亮反

土不可易易，輕也。○易，以豉反。國不可小，謂鄭。許不可俘，讎不可啓，君其圖之。」楚子說。○說音悅。冬，楚子使王子勝遷許於析，實白羽。於傳時白羽改爲析。○析，星歷反。

經十有九年春，宋公伐邾。爲鄅。○爲，于僞反。○夏五月戊辰，許世子止弑其君買。加弑者，責止不舍藥物。○弑音試。舍音捨。

疏注「加弑」至「藥物」。○正義曰：案傳，許君飲止之藥而卒耳，實非止弑也。言書曰「弑其君」，則仲尼新意書弑也。實非弑而加弑者，責止事父不舍其藥物。言藥當信醫，不須已自爲也。釋例曰：「醫非三世，不服其藥，古之慎戒也。人子之孝，當盡心嘗禱而已，藥物之齊，非所習也。許止身爲國嗣，國非無醫，而輕果進藥，故罪同於弑。雖原其本心，而春秋不赦其罪，蓋爲教之遠防也。」

○己卯，地震。無傳。○秋，齊高發帥師伐莒。○冬，葬許悼公。無傳。

傳十九年春楚工尹赤遷陰于下陰陰縣今屬南鄉縣令尹子瑕城郟叔孫昭子曰楚不在諸侯矣其僅自完也以持其世而已遷陰城郟皆欲以自完守○郟古洽反僅音覲持如字本或作恃恃怙之字非也○楚子之在蔡也蓋為大夫時往聘蔡

疏注蓋爲至聘蔡○正義曰賈逵云楚子在蔡爲蔡公時也杜以楚子十一年爲蔡公十三年而即位若在蔡生子唯一二歲耳未堪立師傅也至今七年未得云建可室矣故疑爲大夫時聘蔡也

郹陽封人之女奔之生大子建郹陽蔡邑○郹古闃反○及即位使伍奢爲之師伍奢伍舉之子伍員之父○員音云費無極爲少師無寵焉欲譖諸王曰建可室矣室妻也○少詩照反王爲之聘於秦無極與逆勸王取之正月楚夫人嬴氏至自

秦。王自取之故稱夫人至為下拜夫人起○王為于僞反注同與音預嬴音盈○郹夫人宋向戌之女也故向寧請師寧向戌子也請於宋公伐郹○向傷亮反戌音恤二月宋公伐郹圍蟲三月取之蟲郹邑不書圍取不以告○蟲直中反

疏注蟲郹至以告○正義曰隱四年莒人伐杞取牟婁僖二十三年齊侯伐宋圍緡伐国而圍邑取邑皆書於經知此不書圍取不以告也

乃盡歸郹俘○夏許悼公瘧五月戊辰飲大子止之藥卒止獨進藥不由醫○瘧魚略反病也

疏注止獨至由醫○正義曰言飲大子止之藥專以止為藥主是止獨進藥不由醫也

大子奔晉書曰弒其君君子曰盡心力以事君舍藥物可也藥物有毒當由醫非凡人所知譏止不舍藥物所以加弒君之名○舍音捨下注舍子同

疏君子至可也○正義曰此君子論止之罪也言為人臣子盡心盡力以事君父如禮記文王世子之為即自足矣如此則舍去藥物

已不干知於礼可也此許世子不嘗藥物致令君死是違人子之道故春秋書其弒君解經書弒君之意也〇邾人郳人徐人會宋公乙亥同盟于蟲終宋公伐邾事〇郳五兮反楚子為舟師以伐濮濮南夷也〇濮音卜〈疏〉楚子至伐濮〇正義曰費無極因此生意令王收南方使大子居城父舉此為發端費無極言於楚子曰晉之伯也邇於諸夏而楚辟陋故弗能與爭若大城城父而寘大子焉城父今襄城城父縣〇伯音霸又如字夏戶雅反辟四亦反父音甫寘之豉反以通北方王收南方是得天下也王說從之故太子建居于城父令尹子瑕聘于秦拜夫人也為明年楚大子張本故以為夫人遣謝秦〇說音悅〇秋齊高發帥師伐莒莒不事齊故莒子奔紀鄣紀鄣莒邑也東海贛榆縣東北

有紀城。鄣音章贛古弄反如淳音耿弁揄音俞使孫書伐之孫書陳無宇之子子占也初

莒有婦人莒子殺其夫已為嫠婦寡婦為嫠。嫠力之反本又作釐及老託於紀鄣紡焉以度而去之因紡纑連所紡以度城而藏之以待外攻者欲報讎。紡芳往反度待洛反注同去起呂反裴松之注魏志云古人謂藏為去案今關中猶有此音纑力吳反麻縷也

【疏】及老至去之。正義曰紡謂紡麻作纑也此婦人以麻纑度城高下令長與城等而去藏之去即藏也字書云作弆羌莒反謂掌物也今關西仍呼為弆東人輕言為去音莒劉炫云紡謂紡麻作纑為布作纑之法有小繩紀其升縷纑既為布縷無所用婦人不肯棄之積而留之以此小繩度城而去之。注因紡至報讎正義曰連所紡者謂連所紡之纑以為繩故下云投繩城外或解以連紀纑之繩然紀纑之繩其物細小而短何可以度城婦人意欲報讎故藏纑以為繩故杜云連所紡所紡即纑也及師至則投諸外投繩城外隨之而出

【疏】注投繩至而出。正義曰傳言投諸外者當是繫繩城上而投其所繫於外婦人則隨之而出劉炫

云崔投繩城外婦人不出今知不然者婦人既託於縋登則是愛惜身命若投繩不去身則交死若唯繫繩城上則身不離城何得言獻諸子占明知將此婦人而獻之子占師則因縋在城而夜縋登焉劉以爲唯投城外而規杜氏非也或

獻諸子占子占使師夜縋而登縋繩登城。縋直僞反登

者六十人縋絕師鼓譟城上之人亦譟莒共

公懼啓西門而出七月丙子齊師入紀傳言怨不在大。譟素報反城上之人亦譟一本作上之人亦譟共音恭〔疏〕入紀。正義曰此紀即上紀鄣也釋例土地名於莒地有紀鄣紀二名東海贛榆縣東北有紀城

○是歲也鄭駟偃卒子游

娶於晉大夫生絲弱子游駟偃也弱幼少。少詩照反其父兄立

子瑕子瑕子游叔父駟乞〔疏〕注子瑕子游叔父。正義曰案世本子游子瑕皆公孫夏之子杜云叔父未詳

子產憎其爲人也憎子瑕且以爲不順舍子立叔不順

禮也

弗許亦弗止（許之爲違禮止之爲違衆故中立）駟氏聳（聳懼也○聳息勇反）

疏 注聳懼也○正義曰釋詁云竦懼也竦與聳音義同 他日絲以告其舅。冬，

晉人使以幣如鄭問駟乞之立故駟氏懼駟

乞欲逃子產弗遣請龜以卜亦弗予大夫謀

對子產不待而對客曰鄭國不天（不獲天福）寡君

之二三臣札瘥夭昏（大死曰札小疫曰瘥短折曰夭未名曰昏○札側八反一音截字林作殌壯列反云夭死也瘥才何反字林作瘥夭於表反昏如字疫音役）

疏 注大死至曰昏 正義曰此皆賈逵言也周禮大司樂云大札令弛縣鄭玄云札疫癘也是札大疫死也爾雅云瘥病也以此說死事而與札相對故解云小疫也成二年傳說鄭靈公早死云夭子蠻是夭爲少死也尚書六極一曰凶短折孔安国云短未六十折未三十是短折爲早死之名故爲夭也子生三月父名之未名之曰昏謂未三月而死也未名不得爲臣摠說諸死連言之耳 今

又喪我先大夫偃其子幼弱其一二父兄懼隊宗主私族於謀而立長親於私族於謀宜立親之長者○喪息浪反隊直類反長丁丈反注同【疏】懼隊宗主○正義曰大夫継世爲一宗之主恐隊失之也服虔云祏主藏於宗廟故曰宗主少牢饋食大夫禮也大夫無主何所隊乎寡君與其二三老曰抑天實剥亂是吾何知焉言天自欲亂駟氏非国所知○剥邦角反【疏】二三老○正義曰二三老者鄭之卿大夫也服虔云二三老駟偃家臣上言私族於謀而立長親豈得家臣不知也諺曰無過亂門民有亂兵猶憚過之而况敢知天之所亂今大夫將問其故抑寡君實不敢知其誰實知之平丘之會在十三年○諺音彦過古禾反下同一音古卧反憚待旦反君尋舊盟曰無或失職若寡君之二三

臣其即世者晉大夫而專制其位是晉之縣鄙也何國之爲辭客幣而報其使晉人舍之遣人報晉使○使所吏反注同○楚人城州來沈尹戌曰楚人必敗十三年吳縣州來今就城而取之戌莊王曾孫葉公諸梁父也○戌音恤葉始涉反昔吳滅州來在十三年子旗請伐之王曰吾未撫吾民今亦如之而城州來以挑吳能無敗乎侍者曰王施舍不倦息民五年可謂撫之矣戌曰吾聞撫民者節用於內而樹德於外民樂其性而無寇讎今宮室無量民人日駭勞罷死轉轉遷徙也○旗音其挑徒了反樂音洛罷音皮本或作疲【疏】息民五年○正義曰平王以十三年五月始即位其年兵

亂未息今歲又役民城州來其間唯有五年則民樂其性正義曰性生也兵革並起則民不樂生国家和平則樂生忘寢與食非撫之也傳言平王所以不能霸○鄭大水龍鬭于時門之外洧淵時門鄭城門也洧水出熒陽密縣東南至潁川長平入潁○洧于軌反國人請爲禜焉子産弗許曰我鬭龍不我覿也覿見也○禜爲命反覿大歷反見賢遍反（疏）禜焉○正義曰禜祭名元年傳曰山川之神則水旱癘疫之不時於是乎禜之龍鬭我獨何覿焉禳之則彼其室也淵龍之室吾無求於龍龍亦無求於我乃止也傳言子産之知○知音智（疏）禳之至止也○正義曰言禳之則彼淵是其室也其室既近禳之不難但吾無求於龍龍亦無求於我乃止也言其不復祭○令尹子瑕言蹶由於楚子蹶由吳王弟五年靈王執以歸○蹶九衛反曰彼何罪諺所謂室於怒

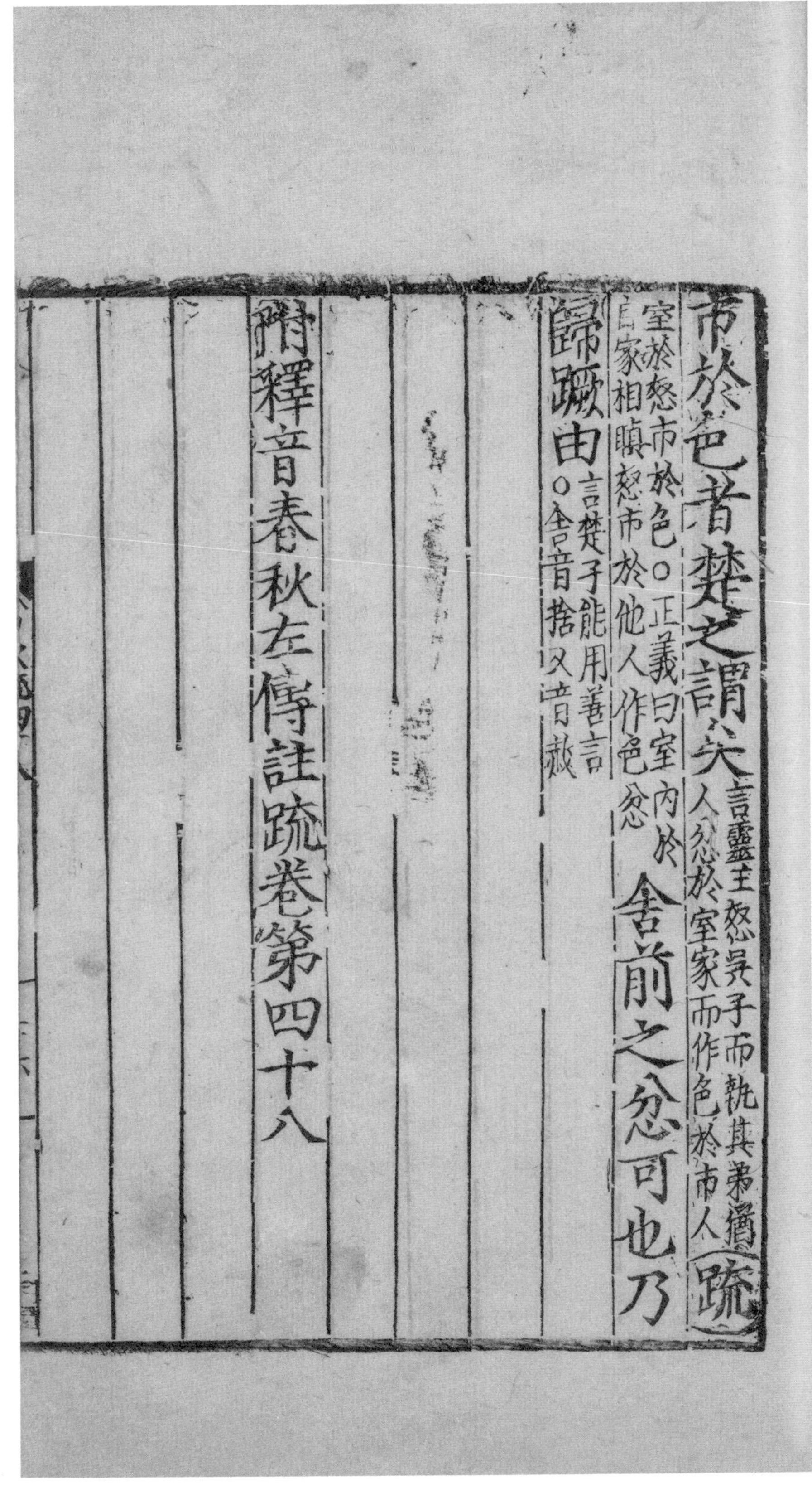

市於色者楚之謂矣言靈王怒吳子而執其弟猶人忿於室家而作色於市人【疏】室於怒市於色○正義曰：室內於自家相瞋怒，市於他人作色忿。舍前之忿可也。乃歸蹶由。言楚子能用善言。○舍音捨，又音赦。

附釋音春秋左傳註疏卷第四十八

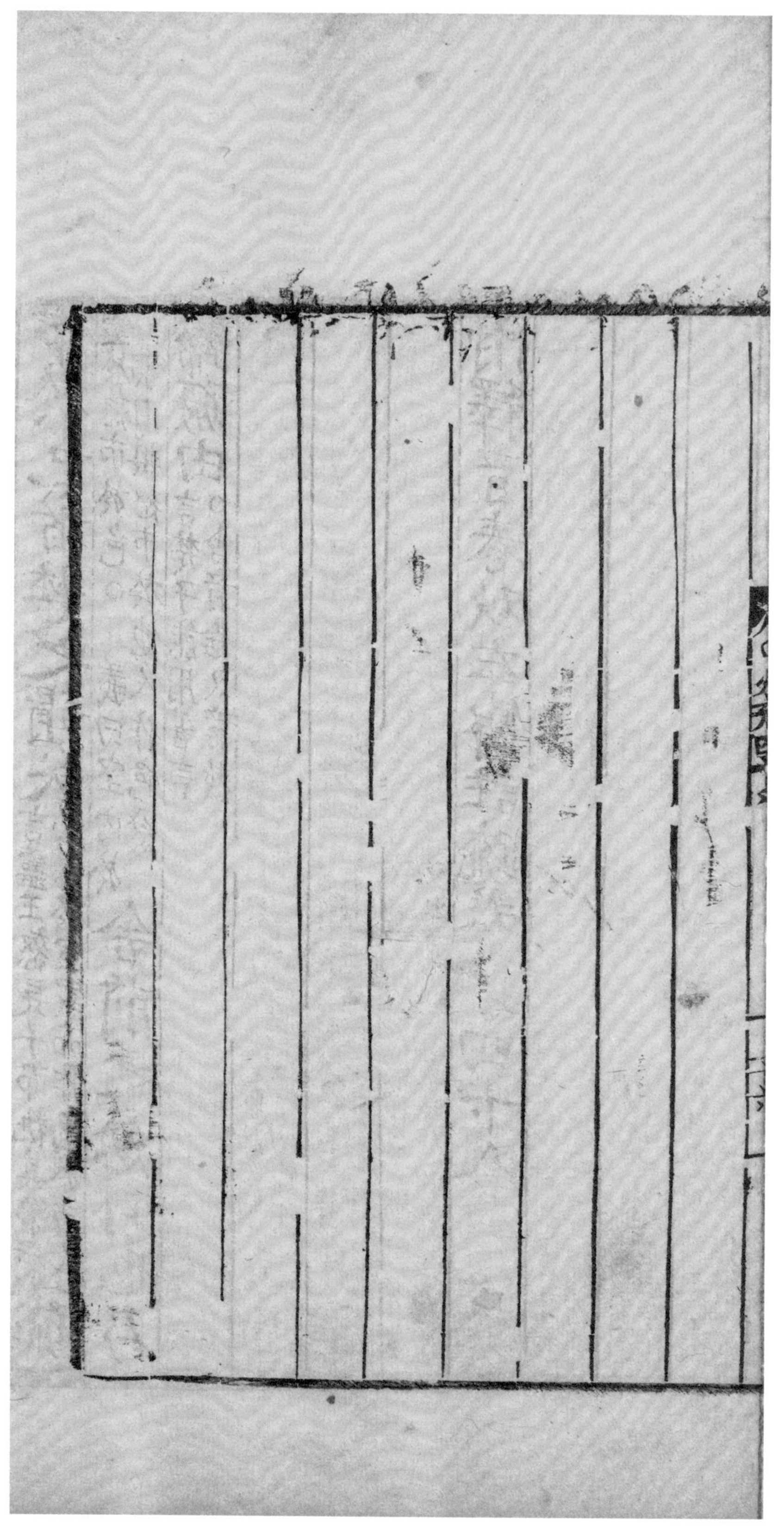

1005
東方文化學院京都研究所

杜氏註　孔穎達疏

經二十年春王正月○夏曹公孫會自鄭出奔宋無傳𡧍有玉帛之使來告故書鄸曹邑○鄸莫公反一音亡增反字林音夢案夢字字林亡忠反使所吏反

【疏】注𡧍有至曹邑○正義曰宣十年傳例曰凡諸侯之大夫違告於諸侯曰某氏之守臣某失守宗廟敢告所有玉帛之使者則告不然則否注云玉帛之使謂聘恩好不接故不告如杜之意此爲奔者之身嘗有玉帛之使於彼國已經相接則告若奔者未嘗徃聘恩好不接則不告唯告奔者嘗聘之国餘不告也曹會曾來聘魯故云嘗有玉帛之使來告故書也此與二十二年宋華亥向寧華定自宋南里出奔楚其文正同彼華亥等入南里以叛又從南里出奔則此亦應然賈逵云前此以鄸叛也叛使從鄸而出叛不告故不書是言既以鄸叛又從鄸而出也南里繫宋此鄸不繫曹者鄸是大都得以名通南里是宋都之里非別邑故繫於宋此鄸及定十一年蕭皆是別邑故不繫國也曹是小国其臣

書名者少此會書名盖備於礼成爲卿也釋例曰小国之卿
或命而礼儀不備或未加命數故不書之邾畀我之等其奔
亡亦多所書唯數人而已知其合制者少也杜言數人謂此
公孫會與邾快邾畀我也是杜意以會備禮成卿故書名也
劉炫云春秋未嘗書曹人來聘非徒會不見經炫謂玉帛之
使謂国家所有交好皆告之非奔者之身嘗聘也今賈又云
所以華亥向寧射姑苹不見有
玉帛來聘者以其時未爲卿也○秋盗殺衛侯之兄

縶齊豹作而不義故書曰盗所
謂求名而不得○縶張立反【疏】注齊豹至不得○正
義曰襄十年鄭尉止
司臣等殺子駟子国書曰盗殺鄭公子騑公子發尉止之徒
皆士書之爲盗釋例曰士殺大夫則書曰盗則此書盗賊之
使同於士也三十一年傳説春秋懲賊之義云或求名而不
得或欲蓋而名章懲不義也齊豹爲衛司寇守嗣大夫作而
不義其書爲盗又曰春秋書齊豹曰盗懲不義也宣十七年
傳例曰凡稱弟皆母弟公羊傳曰母兄稱兄此縶與衛侯同
母故
稱兄○冬十月宋華亥向寧華定出奔陳與君
争而
出皆書名惡之○華戶化
反争争鬭之争惡烏路反○十有一月辛卯蔡侯盧

多矣一過納建妻何信於讒王執伍奢[illegible]奢切言使城父司馬奮揚殺大子未至而使遣之知大子冤故遣令去。○奮方問反冤於元反令力呈反三月大子建奔宋王召奮揚奮揚使城父人執己以至疏城父人。○正義曰服虔云城父人城父大夫也王曰言出於余口入於爾耳誰告建也對曰臣告之君王命臣曰事建如事余臣不佞佞才也不能苟貳奉初以還奉初命以周旋不忍後命故遣之既而悔之亦無及已王曰而敢來何也對曰使而失命召而不來是再奸也奸犯也犯佞命○亦更反又如字○奸音干逃無所入王曰歸從政如他日善其言令使還。○[illegible]

音還下遷豹同無極曰奢之子材若在吳必憂楚國盍以免其父召之彼仁必來不然將爲患王使召之曰來吾免而父棠君尚謂其弟員棠君奢之長子尚也爲棠邑大夫員尚弟子胥〇盍戶臘反棠君尚君或作尹員音云長丁丈反曰爾適吳我將歸死吾知不逮自以知不及員〇知音智注及下知也同　音如字逮音代一音大計反我能死爾能報聞免父之命不可以莫之奔也親戚爲戮不可以莫之報也奔死免父孝也度功而行仁也仁者貴成功〇度待洛反擇任而往知也負任擔〇任音壬注同知死不辟勇也尚爲勇父不可棄俱去爲責父名不可廢俱死爲廢名爾其勉之相從爲愈

卒無傳未同盟而赴以名○盧力烏反本又作廬力於反

傳二十年春王二月己丑日南至是歲朔旦冬至之歲也當言正月己丑朔日南至時史失閏閏更在二月後故經因史而書正月傳更具於二月記南至日以正歷也

【疏】注是歲至歷也○正義曰歷法十九年為一章章首之歲必周之正月朔旦冬至僖五年正月辛亥朔日南至是章首之歲年也計僖五年至往年合一百三十三年是為七章今年復為章首故云是歲朔旦冬至之歲也朔旦冬至謂正月之朔當言正月己丑朔日南至今傳乃云二月己丑日南至是錯名正月為二月也歷之正法往年十二月後宜置閏月即此年正月當是往年閏月此年二月乃是正月故朔日己丑日南至也時史失閏往年錯不置閏閏更在二月之後傳於八月之下乃云閏月戊辰殺宣姜是閏在二月後也不言在八月後而云在二月後者以正月之前當置閏二月之後即不可故據二月言之時史謂閏月爲正月故經因史而書正月從其誤而書之傳以經之正月實非正月更具於二月記南至之日以正歷之失也日南至者謂冬至也冬至者周之正月之中氣歷法閏月無中氣中氣必在前月之内時史誤

以閏月為正月而置冬至於二月之朔既不曉歷數故閏月之與冬至悉皆錯也杜下注云時魯侯不行登臺之禮使梓愼望氣是杜意以為時魯之君臣知此巳丑是冬至之日但不知其不合在二月耳服虔云梓愼知失閏二月冬至故獨以二月望氣則服意以為當時魯人置冬至於正月之內獨梓愼知二月巳丑是眞冬至耳其義或當然也

梓愼望氛氛氣也時魯侯不行登臺之禮使梓愼望氛○氛芳云反曰今茲宋有亂國幾亡三年而後弭蔡有大喪為宋華向出奔蔡侯卒傳○幾音祈又音機弭彌爾反叔孫昭子曰然則戴桓也戴族華氏桓族向氏汏侈無禮已甚亂所在也傳言妖由人興○汏音泰○費無極言於楚子曰建與伍奢將以方城之外叛自以為猶宋鄭也齊晉又交輔之將以害楚其事集矣王信之問伍奢伍奢對曰君一過

愈差也○疏爾其至為愈○正義曰勉謂努力爾其勉之差初賣切令勉力報讐比於相從俱死為愈也病差謂之愈言其勝共死也服虔云相從愈於共死則服意相從使貟從其言也語法兩人交互乃得稱相獨使更從己語不得為相從也 伍尚歸奢聞貟不來曰楚君大夫其旰食乎將有吳憂不得早食○旰古旦反 楚人皆殺之貟如吳言伐楚之利於州于州于吳子僚○僚力彫反 公子光曰是宗為戮而欲反其讐不可從也光吳公子闔廬也反復也 貟曰彼將有他志光欲弑僚不利貟用事故破其議而貟亦知之 余姑為之求士而鄙以待之計未得用故進勇士以求入於光退居邊鄙○姑為干偽反 乃見鱄設諸焉鱄諸勇士○見賢遍反鱄音專 疏乃見鱄設諸焉○正義曰見謂為之紹介使之見光下文齊豹見宗魯於公孟亦然猶論語云門人見之也 而耕於鄙為二十七年吳弑僚傳○

弑申志反○宋元公無信多私而惡華向華定華亥與向寧謀曰亡愈於死先諸恐元公殺已欲先作亂○惡音烏路反華亥偽有疾以誘羣公子公子問之則執之夏六月丙申殺公子寅公子御戎公子朱公子固公孫援公孫丁拘向勝向行於其廩八子皆公黨○御魚呂反又如字援于眷反拘九于反廩力甚反公如華氏請焉弗許遂劫之劫公

疏公如華氏請焉○正義曰公未知諸人已死故猶往請之

癸卯取大子欒與母弟辰公子地以爲質欒景公也辰及地皆元公弟○欒力官反質音致下同辰及地皆元公弟案公子辰是景公之母弟地是辰兄皆當爲元公之子今注皆作元公弟誤耳

疏注欒景至公弟○正義曰定十年經書宋公之弟辰當景公之世辰及地不得爲元公弟也世族譜辰地皆云

元公子也，諸本皆云元公弟，當時轉寫誤耳。公亦取華亥之子無慼、向

寧之子羅、華定之子啓，與華氏盟，以爲質。爲此

冬華、向出奔傳。○慼，千歷反。衛公孟縶狎齊豹，公孟縶，靈公兄也。齊豹，齊惡之子，

爲衛司寇。狎，輕也。○狎，户甲反。奪之司寇與鄄，鄄，豹邑。○鄄音絹。有役則

反之，無則取之。縶足不良，故有役則以官邑還豹使行。公孟惡北宮

喜、褚師圃，欲去之。喜，貞子。○惡，烏路反。褚，中呂反。圃，布五反。去，起呂反。公子

朝通于襄夫人宣姜，宣姜，靈公嫡母。○朝，如字。嫡，丁歷反，本又作適。懼而

欲以作亂。故齊豹、北宮喜、褚師圃、公子朝作

亂。初，齊豹見宗魯於公孟，薦達也。○見，賢遍反。爲驂乘焉。

爲公孟驂乘。○驂，七南反。乘，繩證反，注同。下驂乘、車乘、一乘、駟乘、就公乘皆同。將作亂，而謂之

曰公孟之不善子所知也勿與乘吾將殺之對曰吾由子事公孟子假吾名焉故不吾遠也言子借我以善名故公孟親近我。與音預遠如字又于萬反借子夜反近附近之近雖其不善吾亦知之抑以利故不能去是吾過也今聞難而逃是僭子也使子言不信也。難乃旦反僭子念反子行事乎吾將死之以周事子周猶終竟也【疏】注周猶終竟也正義曰杜意終不泄子言是終事子即謂殺公孟之言而歸死於公孟其可也丙辰衛侯在平壽平壽衛下邑公孟有事於蓋獲之門外有事祭也蓋獲衛郭門齊子氏帷於門外而伏甲焉齊豹之家使祝鼃寘戈於車薪以當門寘其前也。鼃烏媧反寘之豉反

傳二十

一遍反使一乘從公孟以出亦如前車寘戈於薪尋其後。○從，如字，又才用反使華齊御公孟，宗魯驂乘。及閎中。閎曲門中。○華，戶化反，下同。閎音宏〔疏〕使華齊御公孟。○正義曰：諸本皆華上有使字。註華齊是公孟之臣，自為公孟之御，非齊氏所當使，以不得有使字。學者以上文有使祝鼃、使一乘，下有使華寅乘貳車、使華寅執蓋，以此而加使字。今定本有使，非也。齊氏用戈擊公孟，宗魯以背蔽之，斷肱，以中公孟之肩，皆殺之。公聞亂，乘，驅自閱門入，慶比御公，公南楚驂乘，使華寅乘貳車。公副車。○斷，丁管反。肱，古弘反。中，丁仲反，下中南楚同。乘驅如字，又繩證反。閱音悅。比，如字，又毗志反〔疏〕乘驅自閱門。○正義曰：乘驅者，乘車而疾驅也。閱門者，衛城門，蓋偏側之門，其路遠齊氏。及公宮，鴻駵魋駟乘于公，鴻駵魋復就公，乘一車，四人。○駵音留。魋，徒回反。復，扶又反公載寶以出。褚師子申遇公于馬路之衢遂從從公出。衢其俱反，從才用反注及下注同過齊氏使華寅肉袒執蓋以當其闕肉袒示不敢與齊氏爭執蓋蔽公而去闕空也以蓋當侍從空闕之處。袒徒旱反爭爭鬬之爭處昌慮反齊氏射公中南楚之背公遂出寅閉郭門不欲令追者出。射食亦反令力呈反踰而從公踰郭出。從才用反又如字下從公同公如死鳥死鳥衛地析朱鉏宵從竇出徒行從公朱鉏成子黑背孫。析星歷反鉏仕居反竇音豆齊侯使公孫青聘于衛青頃公之孫。頃音傾既出聞衛亂使請所聘公曰猶在竟內則衛君也乃將事焉將事行聘事。竟音境遂從諸死鳥請將事辭曰亡人不佞失守社稷越在草莽吾子無所辱君命。賓曰：寡君命下臣於朝曰：阿下執事。阿，比也。命己使比衛。○臣下，莽莫蕩反。臣不敢貳。不違命也。主人曰：君若惠顧先君之好，照臨敝邑，鎮撫其社稷，則有宗祧在。言受聘當在宗廟也。○好，呼報反。祧，他彫反。乃止。止不行聘事。衛侯固請見之。欲與青相見。不獲命，以其良馬見，以爲相見之禮。○馬見，賢遍反，下注客禮見同。爲未致使故也。未致使，不敢以客禮見。○爲，于僞反。使，所吏反，注同。

【疏】注"未致"至"禮見"。○正義曰：客禮見者，若已致君命，則享有庭實，復有私覿、私面之禮。今爲未致使，故但以良馬見也。

衛侯以爲乘馬。喜其敬己，故貴其物。○乘，繩證反，又如字。賓將掫，掫，行夜。○掫，側九反，又祖侯反。行，下孟反。

【疏】注"掫行夜"。○正義曰：下云終夕與於燎，故知掫是行夜也。說文云：掫，夜戒有所擊也。從手取聲。

主人辭曰：亡人之憂，不可以及吾

子草莽之中不足以辱從者敢辭賓曰寡君之下臣君之牧圉也若不獲扞外役是不有寡君也牧圉相親有。○從才用反圉魚呂反扞戶旦反臣懼不免於戾請以除死親執鐸終夕與於燎設火燎以備守。○鐸待洛反與音預下不與聞謀與於青之賞同燎力召反又力弔反一本作終夕與於燎齊氏之宰渠子召北宮子北宮喜也北宮氏之宰不與聞謀殺渠子遂伐齊氏滅之丁巳晦公入與北宮喜盟于彭水之上喜本與齊氏同謀故公先與喜盟

【疏】丁巳晦。○正義曰丙辰丁巳乃是頻日其事既多不應二日之中并為此事今杜不云日誤者以誤在可知故杜不言且宣二年壬申朝于武宮注云壬申十月五日既有日而無月冬又在壬申下明傳文無較例又注哀十一年傳云此事經在十二月條上今倒在下更具列其月以為別者正

明本不以爲義例，故不皆齊同。如杜此言，或傳因簡牘之辭，不復具顯其日月。劉炫以爲且誤而規杜氏，非也。秋，七月戊午朔，遂盟國人。八月辛亥，公子朝、褚師圃、子玉霄、子高魴出奔晉。皆齊氏黨。閏月戊辰，殺宣姜。與公子朝通謀故。衛侯賜北宮喜謚曰貞子，賊齊氏齊敗。

【疏】貞子○正義曰：謚法：外內用情曰貞。

賜析朱鉏謚曰成子，齊從公故。而以齊氏之墓予之。皆未死而賜謚及墓田，傳終而言之。衛侯告寧于齊，且言子石。子石，公孫青，言其有礼。

【疏】注子石公孫青○正義曰：案世本，頃公生子夏蠆，蠆生子石青是也。

齊侯將飲酒，徧賜大夫曰：「二三子之教也。」喜青敬衛侯。○徧音遍。苑何忌辭，曰：「與於青之賞，必及於其罰。何忌，齊大夫。言青若有罪，亦當并受其罰。○苑，於元反。在康誥曰：

父子兄弟罪不相及尚書康誥疏在康至相及○正義曰此非康誥之全文引其意而言之其本文云子弗祗服厥父事太傷厥考心于父不能字厥子乃疾厥子于弟弗念天顯乃弗克恭厥兄兄亦不念鞠子哀大不友于弟惟弔茲不于我政人得罪孔安國云至此不孝不慈弗友不恭不於我執政之人得罪乎道教不至所致又曰文王作罰刑茲無赦言刑此不孝不慈之人無赦也刑不慈者不可刑其父又刑其子刑不孝者不可刑其子又刑其父是爲父子兄弟罪不相及況在羣臣臣敢貪君賜以干先王言受賜則犯康誥之義琴張聞宗魯死琴張孔子弟子字子開名牢○牢力刀反疏注琴張至名牢○正義曰家語云孔子弟子琴張與宗魯友七十子篇云琴牢衛人字子開一字張則以字配姓爲琴張即牢曰子云是也賈逵鄭衆皆以爲子張即顓孫師服虔云寧七十子傳云子張少孔子四十餘歲孔子是時四十宜未有子張鄭賈之說不知所出將往弔之仲尼曰齊豹之盜而孟縶之賊女何弔焉言齊豹所以爲盜孟縶所以見賊皆由宗

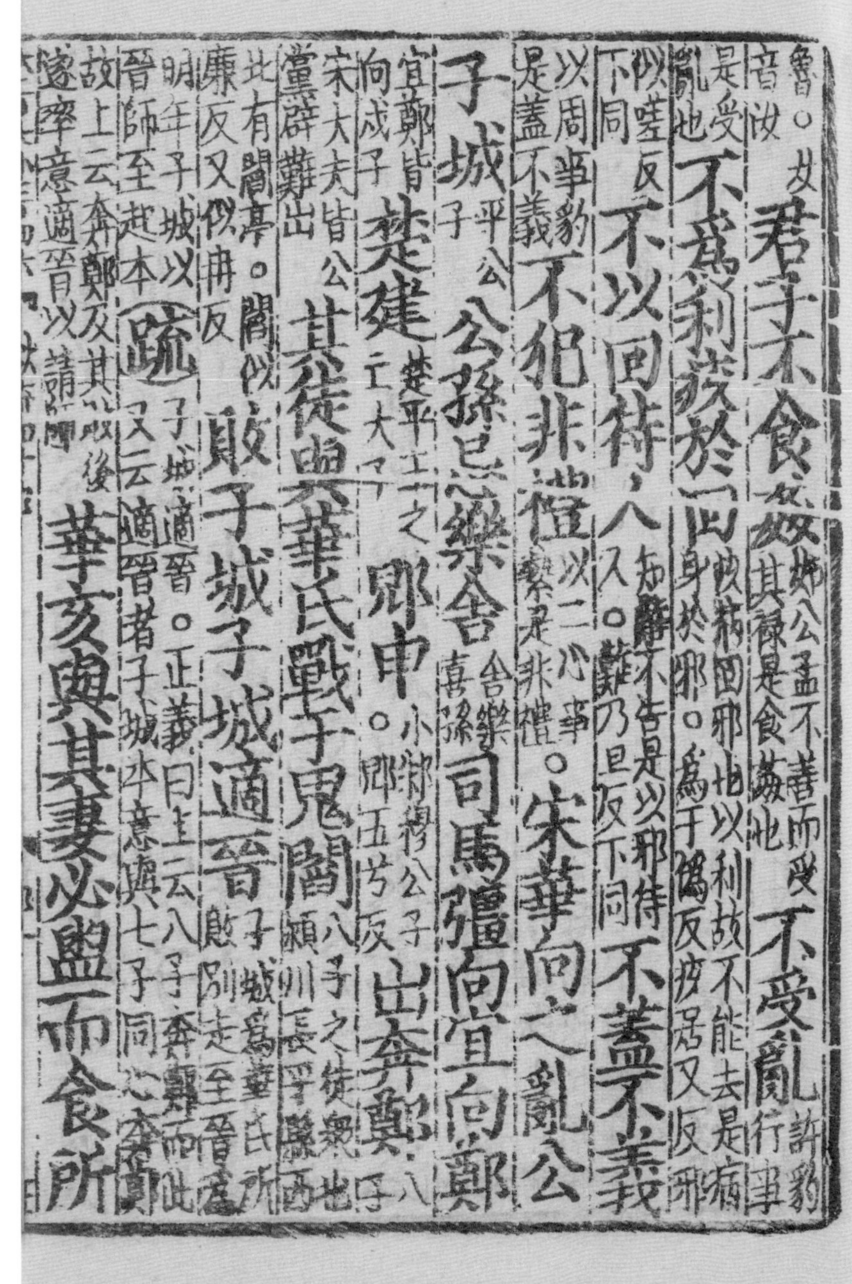
魯。女音汝君子不食姦姦謂公孟不善而受其祿是食姦也不受亂許豹行事
是受亂也不爲利疚於回疚病回邪也以利故不能去是病身於邪。爲于僞反疚居又反邪
似嗟反下同不以回待人知豹不告是以邪待人。難乃旦反下同不蓋不義
以周事豹是蓋不義不犯非禮以二心事縶是非禮。宋華向之亂公
子城平公子公孫忌樂舍舍樂喜孫司馬彊向宜向鄭
宜鄭皆向戌子楚建楚平王之大子郳申小邾穆公子。郳五兮反出奔鄭八子
宋大夫皆公黨辟難出其徒與華氏戰于鬼閻八子之徒衆也潁川長平縣西
北有閻亭。閻似廉反又似冉反敗子城子城適晉子城爲華氏所敗則走至晉
明年子城以晉師至起本（疏）子城適晉。○正義曰上云八子奔鄭而此又云適晉者子城本意與七子同心奔鄭
故上云奔鄭及其從後遂率意適晉以請師華亥與其妻必盥而食所

質公子者而後食公與夫人每日必適華氏食公子而後歸華亥患之欲歸公子向寧曰唯不信故質其子若又歸之死無日矣公請於華費遂將攻華氏費遂大司馬華氏族。盟古鑊反而食音嗣下食公子同質音致下同費扶味反對曰臣不敢愛死無乃求去憂而滋長乎恐殺大子憂益長。去起呂反長丁丈反注及下同臣是以懼敢不聽命公曰子死亡有命余不忍其詢詢恥也。詢許候反本或作詬【疏】子死至其詢。正義曰言我子死亡自有天命天同命殺盡非人所爲我不忍其恥欲喪子以伐之

冬十月公殺華向之質而攻之戊辰華向奔陳華登奔吳登費遂之子華殺向猶向寧欲殺大子華亥

曰君而出又殺其子其誰納我且歸之有庸可以爲功善使少司寇牼以歸以三公子歸公也牼華亥庶兄○少詩照反下注少牼同牼苦耕反曰子之齒長矣不能事人以三公子爲質必免質信也遣公子歸可以自明不叛之信○質如字注同【疏】注不能事人○正義曰言年齒既長不能他國事人爲臣公子既入華牼將自門行從公門去公遽見之執其手曰余知而無罪也入復而所而女也所所居官○遽其據反女音汝○齊侯疥遂痁痁瘧疾○疥舊音戒梁元帝音該依字則當作痎說文云兩日一發之瘧也痎音皆後學之徒僉以疥字爲誤案傳例因事曰遂若痎已是瘧疾何爲復言遂痁乎痁失廉反【疏】齊侯疥遂痁○正義曰後魏之世嘗使李繪聘梁梁人袁狎與繪言及春秋說此事云疥當爲痎痎是小瘧痁是大瘧疥患積久以小致大非疥也狎之所言梁主之說也案說文疥搔也瘧熱寒休作

痁有熱瘧疾二日一發瘧今人瘧有二日一發亦有頻日發
者俗人仍呼二日一發久不差者爲痎瘧則梁王之言信而
有徵也是齊侯之瘧初二日一發後遂頻日熱發故曰痁遂
痁以此久不差故諸侯之賓問疾者多在齊也若其不然痁
是小患與瘧不類何云疥遂痁乎徐仙民音作疥是
先儒舊說皆爲疥遂痁初疥後瘧耳今定本亦作疥 期而
不瘳諸侯之賓問疾者多在 多在齊。期音基瘳勑留反 （疏）
期而。正義曰期三百有六旬又六日法天數三百六十五
度四分度之一帝言周從全數故言三百六十又六日合三
百六十五日又四分度之一分欠三分不成
六日大月卻還天其日十度小月不盡置閏 梁丘據與
裔款 二子齊嬖大夫。裔以制反嬖必計反 言於公曰吾事鬼神豐
於先君有加矣今君疾病爲諸侯憂是祝史
之罪也諸侯不知其謂我不敬君盍誅於祝
固史嚚以辭賓 欲殺嚚固以辭謝來問疾之賓。盍戶臘反嚚魚巾反 （疏）注欲

殺嚚固。正義曰：服虔云祝固齊大祝史嚚大史也謂祝史之固陋嚚闇不能盡禮薦美至於鬼神慾也其意以爲請誅祝史之嚚闇固陋者嚚固非人名也案莊三十二年神降于莘虢公使祝應宗區史嚚享焉彼是人名則此亦名也世族譜齊雜人內有祝固史嚚此云欲殺嚚固是杜必以爲人名也

公說告晏子晏子曰日宋之盟日往日也宋盟在襄二十七年。說音悅屈建問范會之德於趙武趙武曰夫子之家事治言於晉國竭情無私其祝史祭祀陳信不愧其家事無猜其祝史不祈家無猜疑之事故祝史無求於鬼神。疑魚其反治直吏反愧九位反本又作媿猜七才反

【疏】晏子曰至不祈。正義曰彼傳趙武對曰夫子之家事治言於晉國無隱情其祝史陳信於鬼神無愧辭此晏子言之其辭微多於彼其意亦不異也

建以語康王楚王。語魚據反康王曰神人無怨宜夫子之光輔五君以爲

諸侯主也五君文襄靈成景(疏)光輔五君。○正義曰文公爲戎右襄靈爲大夫成公爲卿景公爲大傅公曰據與欵謂寡人能事鬼神故欲誅於祝史子稱是語何故對曰若有德之君外內不廢無廢事上下無怨動無違事其祝史薦信無愧心矣君有功德祝史陳說之無所愧(疏)上下無怨。○正義曰此猶如孝經上下無怨也言人臣及民上下無相怨耳服虔云上下謂人神無怨即如服言下云上下怨疾復是人與神相怨疾也是以鬼神用饗國受其福祝史與焉與受國福。○與焉音預注同下祝史與焉亦同其所以蕃祉老壽者爲信君使也其言忠信於鬼神其適遇淫君外內頗邪上下怨疾動作辟違從欲厭私使私情厭足。○蕃音煩祉音恥爲于僞反又如字下

昭二十

[illegible]爲君使同嬖，普何反。邪，似嗟反。辟，匹亦反。從，子用反，下淫從同，或音如字。厭，於豔反，注同。高臺深池，

撞鍾舞女，斬刈民力，輸掠其聚。掠，奪取也。○撞，直江反。刈，本又作艾，魚廢反。掠，音亮。聚，才住反，又如字。【疏】輸掠其聚。○正義曰：輸，墮也。故爲墮毀奪其所聚之物。以成

其違，不恤後人，暴虐淫從，肆行非度，無所還

忌。還，顧也。【疏】傳肆行非度。○正義曰：肆，縱恣也，恣意行非法度之事也。不思謗讟，

不憚鬼神，神怒民痛，無悛於心。其祝史薦信，

是言罪也。以實白神，是爲言君之罪。○讟，徒木反。悛，七全反。【疏】不思謗讟。○正義曰：俗本作畏，定本作思。其蓋失數美，是矯誣也。蓋，掩也。○數，所主反。矯，居表反。【疏】其蓋至誣也。○正義曰：掩蓋愆失，妄數美善，是矯詐誣罔也。進退無辭，則虛以求

媚。作虛辭以求媚於神。○媚，眉記反。是以鬼神不饗其國以禍

之祝史與焉所以夭昏孤疾者爲暴君使也其言僭嫚於鬼神公曰然則若之何對曰不可爲也言非誅祝史所能治○僭子念反下僭令同嫚武諫反山林之木衡鹿守之澤之萑蒲舟鮫守之藪之薪蒸虞候守之海之鹽蜃祈望守之衡鹿舟鮫虞候祈望皆官名也言公專守山澤之利不與民共○萑音丸鮫音交藪素口反蒸之丞反麤曰薪細曰蒸蜃市軫反【疏】注衡鹿至民共○正義曰周禮司徒之屬有林衡之官掌巡林麓之禁鄭玄云衡平也平林麓之大小及所生者竹木生平地曰林山足曰麓此置衡鹿之官守山林之木是其官也舟是行水之器鮫是大魚之名澤中有水有魚鮫故以舟鮫爲官名也周禮山澤之官皆名爲虞每大澤大藪中士四人鄭玄云虞度也度知山之大小及所生者澤水所鍾也水希曰藪則藪是少水之澤立官使之候望故以虞候爲名也海是水之大神有時祈望祭之因以祈望爲主海之官也此皆齊自立名故與周禮不同山澤之利當

與民共之言公立此官使之守掌專山澤之利不與民共故鬼神怒而加病也縣鄙之人入從
其政偪介之關暴征其私介隔也迫近国都之關言邊鄙既入服政役又爲
近關所征稅暴奪其私物○其政如字一音征偪彼力反介音界近附近之近〔疏〕注介隔至私物○正義曰
聘礼及竟謁關人鄭玄云古者竟上爲關又周礼司關注云關界上之關然則礼之正法周之竟界之上乃有關耳自竟
至国更無關也齊於竟内更復置關不與常礼同以隔外内故注介爲隔也迫近国都爲關以隔邊鄙之人縣鄙之人入
從国之政役近關又征稅奪其私物而使民困也承嗣大夫強易其賄承嗣大夫
世位者○強其丈反賄呼罪反布常無藝藝法制也言布政无法制〔疏〕布常无藝正義曰布
其恒常之政無準藝徵斂無度宮室日更淫樂不違違去也
內寵之妾肆奪於市肆放也外寵之臣僭令於
鄙詐爲教令於邊鄙私欲養求不給則應養長也所求不給則應之以罪

○應應對之應注同長丁丈反（疏）私欲至則應。正義曰言此嬖寵之臣私有所欲長養其情求物共之民不共給則應之以罪民人苦病夫婦皆詛祝有益也詛亦有損聊攝以東聊攝齊西界也平原聊城縣東北有攝城○詛莊慮反祝之又反下著祝同姑尤以西姑尤齊東界也姑水尤水皆在城陽郡東南入海（疏）聊攝至以西。正義曰聊攝姑尤皆是邑也管仲奪蔡言其竟界所至故遠舉河海也晏子言其人多故唯舉屬邑言之也其為人也多矣雖其善祝豈能勝億兆人之詛萬萬曰億萬億曰兆○億於力反君若欲誅於祝史脩德而後可公說使有司寬政毀關去禁薄斂已責除逋責。○說音悅去起呂反下以去其禁同斂力驗反責本又作債同逋布胡反○十二月齊侯田于沛言疾愈行獵沛澤名○沛音貝招虞人以弓不進虞人掌山澤之官公使執之辭曰昔我先君之田也旃以招大夫弓以招士皮冠以招虞人臣不見皮冠故不敢進乃舍之仲尼曰守道不如守官君招當往道之常也非物不進官之制也。旃之然反

疏旃以至虞人。正義曰周禮孤卿建旃大夫尊故舉旃以招之也逸詩翹翹車乘招我以弓古者聘士以弓故弓以招士也諸侯服皮冠以田虞人掌田獵故皮冠以招虞人也

君子韙之韙是也。韙于鬼反

齊侯至自田晏子侍于遄臺子猶馳而造焉子猶梁丘據。田本亦作佃音同遄市專反造七報反公曰唯據與我和夫晏子對曰據亦同也焉得為和公曰和與同異乎對曰異和如羹焉水火醯醢鹽梅以烹魚肉燀之以薪燀炊也。夫音扶焉於虔反羹音庚舊音衡醯呼兮反醢音海

烹普庚反煮也燀章善反爨也炊昌垂反疏醯醢鹽梅。正義曰醯酢也醢肉醬也梅果實似杏而酢禮記內則炮豚之法云調之以醯醢尚書說命云若作和羹爾惟鹽梅是古人調鼎用梅醢也此說和羹而不言豉古人未有豉也禮記內則楚辭招魂備論飲食而言不及豉史游急就篇乃有蕪荑鹽豉蓋秦漢以來始爲之耳宰夫和之齊之以味濟其不及以洩其過濟益也洩減也。齊才細反又如字洩息列反疏齊之至其過。正義曰齊之者使酸鹹適中濟益其味不足者泄減其味大過者君子食之以平其心君臣亦然亦如羹君所謂可而有否焉否不可也臣獻其否以成其可獻君之否以成君可君所謂否而有可焉臣獻其可以去其否是以政平而不干民無爭心故詩曰亦有和羹既戒既平詩頌殷中宗言中宗能與賢者和齊可否其政如羹敬戒且平和羹備五味異於大羹。

争争鬭之争，和齊並如字。一讀上戶郎反，下才細反。鬷嘏無言，時靡有争。鬷，總也。嘏，大也。言總大政，能使上下皆如和羹。○鬷，子工反。嘏，古雅反。總，音揔。

【疏】詩曰至有争○正義曰：詩言殷王中宗非徒身自賢明，亦有和羹之臣，臣與其君可否相濟，如宰夫之和齊羹也。此臣既敬戒其事矣，既志性和平矣，中宗總齊大政，自上及下無怨恨之言，時民無有相争鬭訟者也。言其上下悉如和羹○注詩頌至大羹○正義曰：詩商頌列祖之篇，祀中宗之詩也。中宗，殷王大戊，湯之玄孫也。有桑穀之異，懼而脩德，殷道復興，故表顯之，號爲中宗。殷人祭其廟，述其德而歌此詩也。言亦有者，臣能諫君，君能改悔，亦者，兩相須之意也。言中宗能與臣之賢者和齊可否，其爲政教如宰夫和齊羹之味。臣敬戒且平，言此賢臣之性行也。樂記云：大羹不和。鄭玄云：大羹，肉湇，不調以鹽菜。桓二年傳云：大羹不致。注云：大羹，肉汁，不致五味。和羹備五味，異於大羹也。○注鬷總至和羹○正義曰：鬷，總；嘏，大。詩毛傳文也。言中宗爲天子，總大政，能使上下皆如和羹焉。傳引此詩，證民無争心，則以時靡有争，謂時無有争也。

先王之濟五味，濟，成也。和五聲也，以平其心，成其政也。聲亦如味一氣須氣以動○一氣杜解以爲人氣也服云歌氣也【疏】一氣○正義曰服虔云歌氣也杜言須氣以動則一氣不主爲歌吹人以氣主動皆由氣彈絲擊石莫不用氣氣是作樂之主故先言之人作諸樂皆須氣以動則與服不異

二體舞者有文武【疏】二體○正義曰樂之動身體者雖有舞耳文舞執羽籥武舞執干戚舞者有文武之二體

三類風雅須【疏】三類○正義曰樂以歌詩爲主詩有風雅須其類各別知三類是風雅須也一國之事諸侯之詩爲風天下之事天子之詩爲雅成功告神爲須是三者類別各不同

四物雜用四方之物以成器【疏】四物○正義曰樂之所用八音之器金石絲竹匏土革木其物非一處能備故雜用四方之物以成器

五聲宮商角徵羽○五聲宮爲君商爲臣角爲民徵爲事羽爲物徵張里反【疏】五聲○正義曰漢書律歷志云五聲者宮商角徵羽也所以作樂者諧八音蕩滌人之邪志令其正性移風易俗也五聲和八音諧而樂成商之爲言章也物成熟可章度也角觸也物觸地而出戴芒角也宮中也居中央暢四方唱始生爲四聲綱也徵祉也物盛大而繁祉也羽宇也物聚宇而覆之也夫聲者中於宮觸於角祉於徵章於商

字於羽故四聲爲宮紀也是五聲之名義也聲之清濁凡有五品自然之理也聖人配於五方宮居其中商角徵羽分配四方四時之物春生夏長秋成冬聚取其事而爲之名也志又云五聲之本生黃鍾之律九寸爲宮或損或益以定商角徵羽九六相生陰陽之應也樂記云宮爲君商爲臣角爲民徵爲事羽爲物月令春其音角夏其音徵中央土其音宮秋其音商冬其音羽鄭玄云聲始於宮宮數八十一屬土以其最濁君之象也三分宮去一以生徵徵數五十四屬火以其徵清事之象也三分徵益一以生商商數七十二屬金以其濁次宮臣之象也三分商去一以生羽羽數四十八屬水以爲最清物之象也三分羽益一以生角角數六十四屬木以其清濁中民之象也志言或損或益者十生三分損一下生三分益一上生八相生者以九生六是三損一也以六生九是三益一也損益之數清濁之差無可以相準况以黃鍾九寸自乘爲九九八十一定之爲宮數因宮而損益以定商角徵羽之差言其相較如此數也唯相準况耳非言實有此數可用之也

六律黃鍾大蔟姑洗蕤賓夷則無射也陽聲爲律陰聲爲呂此十二月氣。大音泰蔟七豆反蕤人誰反射音亦

【疏】六律。正義曰周禮大師掌六律六呂以合陰陽之聲陽聲黃鍾太蔟姑洗蕤賓夷則無射陰

聲大呂應鍾南呂林鍾小呂夾鍾月令以小呂爲仲呂律歷
志云律有十二陽六爲律陰六爲呂黃帝之所作也黃帝使
伶倫自大夏之西崑崙之陰取竹之竅孚均者斷兩節間而
吹之以爲黃鍾之宮制十二筩以聽鳳皇之鳴其雄鳴爲六
雌鳴亦六以比黃鍾之宮是爲律本黃鍾者中之色也鍾
者種也天之中數五五爲聲聲上宮五聲莫大焉地之中數六
六爲律律有形有色色上黃五色莫盛焉故陽氣施種於黃
泉孳萌萬物爲六氣元也以黃色名元氣律者著宮聲也始
於子在十一月大呂呂旅也言陰大旅助黃鍾宣氣而牙物
也位於丑在十二月大蔟蔟奏也言陽氣大奏地而達物也
位於寅在正月夾鍾言陰氣夾助大蔟宣四方之氣而出種
物也位於卯在二月沽洗沽洗絜也言陽氣洗物辜絜之也彼
注云辜以也位於辰在三月仲呂言微陰始起未成著於其
中旅助沽洗宣氣齊物也位於巳在四月蕤賓蕤繼也賓導也
言陽氣始道陰氣使繼養物也位於午在五月林鍾林君也
言陰氣受任助蕤賓君主種物使長大茂盛也位於未在六
月夷則則法也言陽氣正法度而使陰氣夷當傷之位也位
於申在七月南呂南任也言陰氣旅助夷則任成萬物也位
於酉在八月無射射厭也言陽氣究物而使陰氣畢剝落之
終而復始無厭已也位於戌在九月應鍾言陰氣應無射該

藏萬物而雜陽閡種也彼注云亥閡閡位於亥在十月是

〔解〕六律六呂之名義也如志之言初為律者以竹為之吹其聲也其後則用銅為之以候氣後漢書章帝時零陵文學奚景於泠道舜祠下得白玉管是古或以玉為管也續漢書云候氣之法為室三重戶閉塗釁必周密布緹縵室中以木為案每律各一內庳外高從其方位加律其上以葭莩灰實其端案曆而候之其月氣至則灰飛而管通蓋音聲之道與天地之氣通故取律以候氣月令正月律中大蔟鄭玄云律者候氣之管以竹為之中猶應也正月氣至則大蔟之律應應謂吹灰也是其舊說然也其律呂相生鄭注周禮大師職云黃鍾之初九下生林鍾之初六林鍾又上生大蔟之九二大蔟又下生南呂之六二南呂又上生姑洗之九三姑洗又下生應鍾之六三應鍾又上生蕤賓之九四蕤賓又上生大呂之六四大呂又下生夷則之九五夷則又上生夾鍾之六五夾鍾又下生無射之上九無射又上生中呂之上六同位者象夫妻異位者象子母所謂律取妻而呂生子也子午以東為上生子午以西為下生五下六上乃一終矣鄭玄云同位象夫妻者黃鍾初九林鍾初六及大蔟九二南呂六二之類同在初二之位故象夫妻異位象子母者謂林鍾初六生大蔟九二初之與二其數不同故為異位象子母律

生於呂是爲同位故云律取妻呂生於律則爲異位故云呂
生子言五下者謂林鐘夷則南呂無射應鐘皆是子午以東
之管下而生之故云下生六上者謂大呂大蔟夾鐘姑洗仲
呂蕤賓皆是子午以西之管上而生之故云上生黄鐘爲律
之首不是餘管所生不入其數上生者三分
益一下生者三分減一皆左旋隔八而相生

七音

周武王
伐紂自
午及子凡七日王因此以數合之以聲昭之故以七同其數
以律和其聲謂之七音○七音宫商角徵羽變宫變徵也

【疏】七音○正義曰聲之清濁數不過五而得有七音者終
五以外更變爲之也賈逵注周語云周有七音謂七律
謂七器音也黄鐘爲宫太蔟爲商姑洗爲角林鐘爲徵南呂
爲羽應鐘爲變宫蕤賓爲變徵是五聲以外更加變宫變徵
爲七音也周語云景王將鑄無射問律於伶州鳩對曰律所
以立均出度也古之神瞽考中聲而量之以制度律均鍾百
官軌儀效先王貴之王曰七律者何對曰昔武王伐殷歲在
鶉火月在天駟日在析木之津辰在斗柄星在天黿星與辰
之位皆在北維我姬氏出自天黿則我皇妣大姜之姪逢公
之所憑神也歲之所在則我周之分野也月之所在辰馬農
祥我大祖后稷之所經緯也王欲合是五位三所而用之自
鶉及駟七列也南北之揆七同也凡神人以數合之以聲昭

之數今聲和然後可同也故以七同其數而以律和其聲於
是乎有七律也是言周樂有七音之意也五位者歲月日辰
星之位也三所者星與日辰之位是一所也歲之所在是二
所也月之所在武王以殷之十二月二十八日戊午發師其
年歲星在鶉火之次也其日月合宿於房五度房即天駟之
星也日在箕七度箕於次分在析木之津也日月之會謂之
辰斗柄斗前也戊午後三日得周二月辛酉朔日月合宿於
箕一度在斗前一度是爲辰在斗柄也星在天黿者星於五
星爲水星辰星是也天黿即玄枵次之別名也於是辰星在
婺女之宿其分在天黿之宿次也鶉是張星也駟是房星也
天宿以右旋爲次張翼軫角亢氐房凡七宿是自鶉火至駟
爲七列宿有七也鶉火在午天黿在子斗柄所建月移一次
是自午至子爲南北之揆七月也揆度也度量星之有七月
也武王既見天時如此因此以數比合之其數有七也以聲
昭明之聲亦宜有七也故以七同其數五聲之外加以變宮
變徵也此二變者舊樂無之聲或不會而以律和其聲調和
其聲使與五音諧會謂之七音由此也武王始加二變周樂
有七音耳以前未有七柱言武王伐紂自午及子凡七日者
尚書泰誓云戊午王次于河朔又牧誓云時甲子昧爽王朝
至于商郊牧野乃誓又武成云戊午師逾孟津癸亥陳于商

郊甲子受率其旅若林前徒倒戈攻于後以北血流漂杵一
戎衣天下大定是自戊午至甲子七日也刘炫云杜既取国
語之文以七同其數以律和其聲何爲又云自午及子凡七
日乎是杜意以武王爲七日之故而作樂用七音也違国語
之文是杜説謬今知不然者以尚書国語俱有七義事得兩
通故杜兼而取之刘以爲杜背国語之文而規杜過非也

八風 八方之風○八風易緯通卦驗云東北曰條風東方曰明庶風東南曰清明風南方曰景風西南曰凉風西方曰閶闔風西北曰不周風北方曰廣莫風條風又名融風景風一名凱風

疏 八風○正義曰易緯通卦驗云
立春調風至春分明庶風至立夏清明風至夏至景風至立
秋凉風至秋分閶闔風至立冬不周風至冬至廣莫風至調
風一名融風十八年傳云是謂融風是調融同也此八方之
風以八節而至但八方風氣寒暑不同樂能調陰陽和節氣
隱五年傳曰舞所以節八音而行八風故樂以八風相成也
八節之風亦與八卦八音相配賈逵云兌爲金爲閶闔風也
乾爲石爲不周風也坎爲革爲廣莫風也艮爲匏爲融風也
震爲竹爲明庶風也巽爲木爲清明風也離爲絲爲景風也
坤爲土爲凉風也是先儒依易緯配八風也

九歌 九功之德皆可歌也六府三事謂之九功○六府水火金

木土穀三事正德利用厚生也【疏】九歌。○正義曰九歌之事尚書大禹謨與文七年傳具有其文以相成也言此九者合然後相成爲和樂清濁小大短長疾徐哀樂剛柔遲速高下出入周疏以相濟也周密也。哀樂音洛下及注皆周周疏傳本皆作流然此五句皆相對不應獨作周流古本有作疏者案注訓周爲密則與疏相當宜爲疏耳【疏】清濁小大長短至出入周疏。○正義曰周疏以上凡十事皆兩字相對其義相反乃言樂聲如此相反以成音曲猶羹之水火相反人之和而不同也杜訓周爲密則疏爲希亦相反也俗本疏作流易繫辭云周流六虛仲尼燕居云周流無不徧也涉彼文而說耳杜既以周爲密則流當爲疏今定本作流非也君子聽之以平其心心平德和故詩曰德音不瑕詩豳風也義取公平則德音無瑕闕。豳彼貧反【疏】詩曰德音不瑕。○正義曰詩豳風狼跋美周公攝政遠則四國流言近則成王不知周大夫美其不失其聖也云公孫碩膚德音不瑕鄭玄云不瑕瑕言不可瑕疵今據不然若所謂可據亦曰可君所謂否據亦曰否若以水濟水誰能食之若琴瑟之專壹誰能聽之同之不可也如是飲酒樂公曰古而無死其樂若何晏子對曰古而無死則古之樂也君何得焉昔爽鳩氏始居此地爽鳩氏少皥氏之司寇也○專如字董遇本作摶音同季荝因之季荝虞夏諸侯代爽鳩氏者○荝仕側反又音户雅反

疏注季荝至氏者正義曰此相傳說也以逢伯是殷之諸侯此在逢伯之前故以爲虞夏時也爽鳩在少皥之世至虞夏歷代多矣未必其間更無他姓據晏子之言六代爽鳩氏

有逢伯陵因之逢伯陵殷諸侯姜姓蒲姑氏因之蒲姑氏殷周之閒代逢公者而後大公因之古者無死爽鳩氏之樂非君所願也齊侯甘於所樂志於不死晏子稱古以節其情

○大音泰爽鳩氏之樂一本作樂之[疏]古者至願也○正義曰自古者其無死爽鳩至今猶存則此齊地是爽鳩氏得而樂也君不得爲齊君不死之事此樂爽鳩氏之有非君所願樂也晏子以爽鳩氏爲始故言爽鳩之樂非謂爽鳩以前処齊地者猶應大有人矣○鄭子産有疾謂子大叔曰我死子必爲政唯有德者能以寬服民其次莫如猛夫火烈民望而畏之故鮮死焉水懦弱民狎而翫之狎輕也○鮮息淺反懦乃亂反又乃臥反二反一音儒狎戶甲反翫五亂反則多死焉故寬難難以治○治直吏反疾數月而卒大叔爲政不忍猛而寬鄭國多盜取人於萑苻之澤萑苻澤名於澤中劫人○數所主反萑音丸苻音蒲又如字大叔悔之曰吾早從夫子不及此興徒兵以攻萑苻之盜盡殺之盜

少止仲尼曰善哉政寬則民慢慢則糾之以猛糾猶攝也○盡殺之本或作盡之殺衍字糾居黝反疏盡殺之盜少止○正義曰既言盡殺之復云盜少止者盡謂盡萑苻之內盜也少止謂鄭國餘處之盜由此少止猛則民殘殘則施之以寬寬以濟猛猛以濟寬政是以和詩曰民亦勞止汔可小康惠此中國以綏四方施之以寬也詩大雅汔其也康綏皆安也周厲王暴虐民勞於苛政故詩人刺之欲其施之以寬○汔許乙反苛音何毋從詭隨詭人隨人無正心不可從○毋本又作無從子用反注同詭九委反以謹無良謹勅慎也式遏寇虐慘不畏明糾之以猛也式用也遏止也慘曾也言為寇虐曾不畏明法者亦當用猛政糾治之○遏於葛反慘七感反柔遠能邇以定我王平之以和也柔安也邇近也遠者懷附近者各以能進

則王室定

【疏】詩曰至和也○正義曰此詩大雅民勞之篇刺厲王之詩也其下十句詩之文也仲尼分爲三段每以一句釋之汔其也柔綏皆安也止辭也於是厲王以苛政勞民故言當今之民亦大疲勞止其可以小息之中國京師也四方諸夏也施惠於此京師中國以綏彼諸夏之民此四句者欲其施之以寬也詭隨謂詭人爲善隨人小惡此雖惡之小者其事不可舍從也毋得從此詭隨之人以謹敕無善之人無善之惡人於詭隨詭隨不從則無詩息止是謹敕之也寇虐之惡人又大於無善式用也遏止也憯曾也王當嚴爲刑威用止此民之間有爲寇盜苛虐曾不畏明白之刑者此四句者欲其糾之以猛也柔安也邇近也能謂材能也王者當以寬政安慰遠人使之懷附則各以材能自進者是近人也遠者懷而歸近者以能自進用此以定我爲王之功此二句者言平之以和也○注詩大雅云云○正義曰釋詁云汔幾也杜以幾其同聲故以汔爲其也柔綏皆安及下注遏止皆釋詁文也式用憯曾釋言文也

又曰不競不絿不剛不柔詩殷頌言湯政得中和競強也絿急也○絿音求布政優優百祿是遒優優和也遒聚也○遒在由反又子由反和之至也

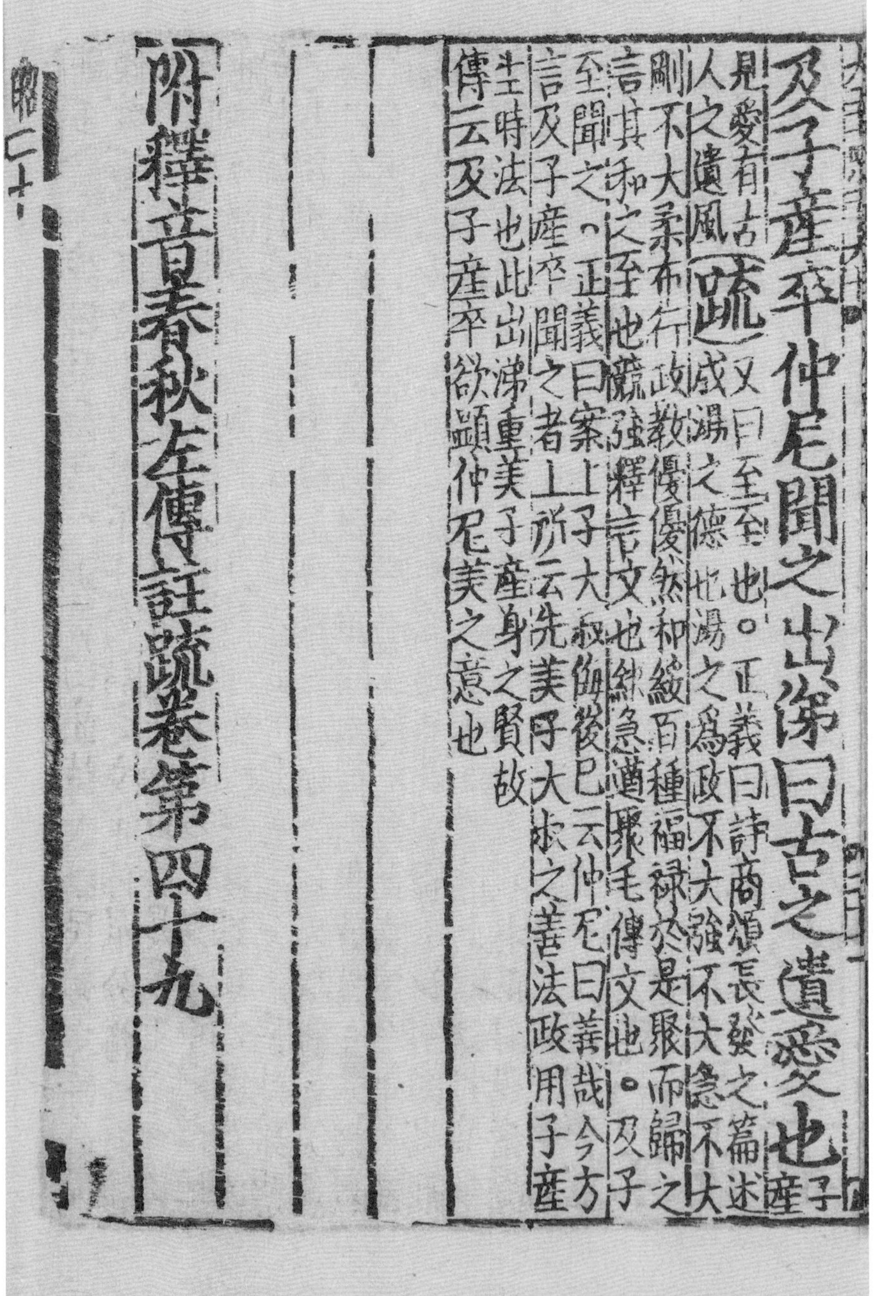

及子産卒仲尼聞之出涕曰古之遺愛也子産見愛有古人之遺風【疏】又曰至至也○正義曰詩商頌長發之篇述成湯之德也湯之爲政不大強不大急不大剛不大柔布行政教優優然和緩百種福禄於是聚而歸之言其和之至也絿強釋言文也絿急遒聚毛傳文也○及子至聞之○正義曰案上子大叔悔後已云仲尼曰善哉今方言及子産卒聞之者上所云先美子大叔之善法政用子産生時法也此出涕重美子産身之賢故傳云及子産卒欲顯仲尼美之意也

附釋音春秋左傳註疏卷第四十九

昭二十

附釋音春秋左傳註疏卷第五十　起二十一年盡二十三年

杜氏註　孔穎達疏

經二十有一年春王三月葬蔡平公○夏晉侯使士鞅來聘晉頃公即位通嗣君。○頃音傾○宋華亥向寧華定自陳入于宋南里以叛自外至故曰入披其邑故曰叛南里宋城內里名○披普彼反

疏注自外至里名○正義曰賈逵云書入華貙凡釋例曰春秋稱入其例有二施於師旅則曰弗地在於復歸則曰国逆国逆又以立爲例逆而不立則非例所及諸在例外稱入直自外入内記事常辭義無所取而賈氏皆以爲例如此甚多是杜意以賈氏逆之爲非故云自外至故曰入以顕異之也五年傳叔孫昭子數豎告之罪云羌戍披其邑將以赦罪彼注云披析也此分析君邑以自屬巳故曰叛也傳稱華氏居盧門以南里叛宋城舊墉及桑林之門守之知此南里是宋城之内里居

○秋七月壬午

朔日有食之○八月乙亥叔輒卒叔弓之子伯張○冬

蔡侯朱出奔楚宋爲大子則失位遂微弱爲国人所逐故以自出爲文○公

如晉至河乃復晉人辭公故還

傳二十一年春天王將鑄無射周景王也無射鐘名律中無射○鑄之樹反射音亦注同中丁仲反

【疏】注周景至無射○正義曰周語云景公云二十一年鑄大錢二十三年將鑄無射單穆公曰不可作重幣以絶民資又鑄大鐘以鮮其繼三年之中而有離民之器二焉国其危哉王不聽問之於州鳩州鳩對王又弗聽卒鑄大鐘二十四年鐘成二十五年王崩孔晁於二十四年注云昭二十一年如彼文則此年鑄鐘成之年而傳云將鑄無射者此爲州鳩之言張本州鳩以未成之時爲此言故此年發傳而言將也州鳩此下之言與周語州鳩之言全不同者彼是對王之問此是自言其事異時别言故不同也周語及此皆論鐘事故云無射鐘名其聲於律應無射之管故以律名名鐘襄十九年季武子作林鐘亦是鐘聲應林鐘之律也此無射之鐘在王城鑄之敬王居洛陽

蓋稜就之也秦滅周其鍾徙於長安歷漢魏晉常在長安及劉裕滅姚泓又移於江東歷宋齊梁陳時鍾猶在東魏使魏收聘梁收作聘遊賦云珍是淫器無射■■縣是也及開皇九年平陳又遷於西京置大常寺時人悉■■見之至十五年勑毀之

泠州鳩曰王其以心疾死乎泠樂官州鳩其名也○泠力丁反字或作伶非也

夫樂天子之職也職所主也夫音樂之輿也樂因音而行而鍾音之器也音由器以發天子省風以作樂省風俗作樂以移之

疏注省風至移之○正義曰漢書地理志曰凡民函五常之性而有剛柔緩急音聲不同繫水土之風氣故謂之風好惡取舍動靜無常隨君上之情欲故謂之俗是解風俗之名但風俗盛衰隨時隆替因之將滅風散俗煩天子新受命者省此風俗之敝乃作樂以移之孝經曰移風易俗莫善於樂孔安国云風化也俗常也移太平之化易衰敝之常也地理志以風爲本俗爲末言聖王在上統理人倫必移其本而易其末此混同天下一之乎中和然後王教成是說作樂移風之事也

器以鍾之鍾聚也以器聚音輿以行

之樂須音而行 疏 器以至行之○正義曰爲上言鐘音之器也故此云器以鐘之言器以鐘聚其音又上言音樂之輿也故此云輿以行之承上語不倫者亦猶易繫辭云天尊地卑乾坤定矣卑高以陳貴賤位矣隨文便而言耳

小者不窕窕細不滿○窕他彫反大者不槬槬橫大不入○槬戶化反

疏 小者至不槬○正義曰言小不至窕則窕是細之意也大不至槬則槬是大之義也說文云窕深肆極也內細故能極於深是窕爲細不滿謂不能充滿心也槬聲近橫故爲橫大心所不容故不入心也下窕則不咸咸如字本或作感戶暗反

則和於物物和則嘉成嘉樂成也故和聲入於耳而藏於心心億則樂億安也○億於力反樂音洛窕則不咸不充滿人心○咸如字本或作感戶暗反槬則不容心不堪容心是以感感實生疾今鐘槬矣王心弗堪其能久乎爲明年天王崩傳○三月葬蔡平公蔡太子朱失位位在

卑不在適子位以長幼齒○適丁歷反長丁丈反疏注不在至幼齒○正義曰喪大記記國君初死之禮云既正尸子坐于東方卿大夫父兄子姓立于東方有司庶士哭于堂下北面鄭玄云正尸者謂遷尸牖下南首也子姓謂衆子孫也姓之言生也其男子立於主人後彼言子坐東方謂大子即鄭所謂主人也彼初死之時即别適庶宂其至葬君道成矣大子失其位明其不在適子位也位在卑是以長幼爲齒蓋處其庶兄之下大夫送葬者歸見昭子昭子問蔡故以告昭子歎曰蔡其亡乎若不亡是君也必不終詩曰不解于位民之攸塈詩大雅塈息也○解佳賣反塈許器反今蔡侯始即位而適卑身將從之爲蔡侯朱出奔傳○夏晉士鞅來聘叔孫爲政叔孫昭子以二命爲國政季孫欲惡諸晉憎叔孫在己上位欲使得罪於晉○惡烏路反使有司以齊鮑國歸費之禮爲

士鞅鮑國歸費在十四年牢禮各如其命數魯人失禮故爲鮑國七牢○費音祕故爲于僞反疏注鮑
國至七牢○正義曰十四年傳曰司徒老祁慮癸來歸費齊
侯使鮑文子致之是鮑國歸費之事也杜以周禮掌客云上
公饔餼九牢侯伯七牢子男五牢以諸侯牢禮各以其命數
卿大夫來者亦當牢禮如其命數討鮑國齊卿不過三命於
法當三牢而魯人失禮爲鮑國七牢也下云加四爲十一知
本七也劉炫云案聘禮使卿主國待之饔餼五牢則臣之牢
禮不依命數鮑國禮當五牢加二牢耳今知非者杜以掌客
諸侯牢禮各依命數以卿大夫无文故杜據諸侯言之不謂
卿大夫以下亦依命數而劉以鄭注掌客爵卿五牢爵大夫三牢爵士大牢而規杜非也士鞅怒疏
士鞅怒○正義曰七牢於禮厚矣而鞅怒者但陳設爲鞅鞅必不怒其時魯人報云鮑國之禮鞅遂怒其輕已曰
鮑國之位下其國小而使鞅從其牢禮是卑
敝邑也將復諸寡君魯人恐加四牢焉爲十
一牢言魯不能以禮事大國且爲哀七年吳徵百牢起○恐丘勇反下注同○宋華費遂

生華貙、華多僚、華登。貙爲少司馬，多僚爲御士，公御士。○貙，勑俱反。少，詩照反。與貙相惡，乃譖諸公曰：「貙將納亡人。」亡人，華亥等。○惡，如字，又烏路反。亟言之。公曰：「司馬以吾故，亡其良子。司馬謂費遂，爲大司馬。良子謂華登。○亟，欺冀反。疏「亟言之」。○正義曰：服虔云：「亟，疾也。疾言之，欲使信。」則服虔讀爲亟也。或當爲亟，亟，數也，數言之。死亡有命，吾不可以再亡之。」對曰：「君若愛司馬，則如亡。言若愛大司馬，則當亡走失國。死如可逃，何遠之有？」言亡可以逃死，勿慮其遠。以恐初公。公懼，使侍人召司馬之侍人宜僚，飲之酒，而使告司馬。告司馬使逐貙。○飲，於鴆反，下同。司馬歎曰：「必多僚也。吾有讒子而弗能殺，吾又不死，抑君有命，可若何？」

乃與公謀逐華貙將使田孟諸而遣之(疏)抑君有命可若何○正義曰抑語助若如也言吾有讒子謂多僚也雖知其讒既不能殺多僚華貙雖枉為君有逐貙之命何如何言無如之何遂謀逐之公飲之酒厚酬之(酬酒幣)賜及從者司馬亦如之(亦如公賜○從才用反)張匄尤之(張匄華貙臣尤怪賜之厚○匄古害反本亦作丐)曰必有故使子皮承宜僚以劍而訊之(子皮華貙訊問也○訊音信)宜僚盡以告(告欲因田以遣之)張匄欲殺多僚子皮曰司馬老矣登之謂甚(言登已傷司馬心已甚)吾又重之不如亡也五月丙申子皮將見司馬而行則遇多僚御司馬而朝張匄不勝其怒遂與子皮臼任鄭翩殺多僚(任翩亦貙家臣○重直用

反見賢遍反勝音升任音壬翩音篇劫司馬以叛而召亡人壬寅華向入樂大心豐愆華牼禦諸橫梁國睢陽縣南有橫亭○愆起虔反本或作愆睢音雖華氏居盧門以南里叛盧門宋東城南門六月庚午宋城舊鄘及桑林之門而守之舊鄘故城也桑林城門名○鄘音容本或作墉○秋七月壬午朔日有食之公問於梓慎曰是何物也禍福何為物事也對曰二至二分二至冬至夏至二分春分秋分日有食之不為災日月之行也分同道也至相過也二分日夜等故言同道二至長短極故相過

【疏】分同至過也○正義曰日月之行交則相食自然之理但日為君象月為臣象陰既侵陽如臣掩君聖人因之設教制為輕重以夏之四月純陽之月時陽極盛陰氣未作正當陽盛之時不宜為陰所侵以為大忌此月日食

災最重也餘非陽盛之月爲災稍輕至於分至之月日食即
不爲災又解不爲災之意以二分晝夜等似其同一道二至
長短極並行則相過以爲理必相侵故言不爲災劉炫云此
皆假其事以爲等差其實災之大小不如此也且詩云十月
之交朔月辛卯日有食之亦孔之醜先儒以爲周之十月夏
之八月秋分之月也而甚可醜惡七年四月甲辰朔日食春
分之月也而云魯衛惡之衛大魯小安在乎二分之食不爲
災足明此是先賢寓言非實事也○注二分至相過○正義
曰日之行天一歲一周月之行天二十九日有餘已得一周
日月異道互相交錯月之一周必半在日道裏從外而入内
也半在日道表從内而出外也或六入七出或七入六出凡
十三出入而與日一會曆家謂之交交道通而討之一百七十
三日有餘而有一交交在望前朔則日食望則月食交在望
後望則月食後月朔則日食此自然之常數也交數滿則相
過非二至乃相過也傳之所言以二分日夜等者春分之時
朔則日在婁望則月在角秋分之時朔則日在角望則月在
婁婁角是天之中道日月俱從中道故晝夜等似有躰敵之
理月可敵冬至之時朔則日在斗望則月在井夏至之時
朔則日在井望則月在斗斗井南北晝夜長短之極似若月
之極長可以掩日然故云至相過謂絶相縣殊也此至唯冬

二句言二至者全句以成文此皆假託以爲言也以日者人君之象天明人君之象不可虧損故於正陽之張未法爲重於分至之月其害爲輕於餘月之食其災爲水假之以垂訓非實事也其他月則爲災陽不克也故常爲水陰侵陽是陽不勝陰【疏】其他至爲水○正義曰其他月非分至之月則爲災日食是陰侵陽是陽不勝也故日食常爲水者災莊二十三年六月日食秋大水此二十四年五月日食卒愼曰將水昭子曰旱也其年八月大雩旱也則亦不是常爲水也又七年四月甲辰朔日食春分之月而云魯衞惡之當水之言既無其驗足知是賢聖假託日食以爲戒耳於是叔輒哭日食惡甚哀憂戚

昭子曰子叔將死非所哭也八月叔輒卒○

冬十月華登以吳師救華氏登前年奔吳齊烏枝鳴戍宋烏枝鳴齊大夫廚人濮曰濮宋廚邑大夫○廚直誅反濮音卜軍志有之先人有奪人之心後人有待其衰盡及其

勞且未定也伐諸若入而固則華氏衆矣悔無及也從之丙寅齊師宋師敗吳師于鴻口梁國睢陽縣東有鴻口亭○先悉薦反後戶旦反盡戶臘反獲其二帥公子苦雂吳偃州員二帥吳大夫○帥所類反注同雂古含反員音云又音圓華登帥其餘吳餘師以敗宋師公欲出出奔厨人濮曰吾小人可藉死可借使死難○難乃旦反戰決勝負○而不能送亡君君絕徇復扶又反下文復即之同而不能送亡君請待之請君待復【疏】而不能送亡君○正義曰服虔以君上屬孫毓以君下屬杜注不明亦以上屬乃徇曰揚徽者公徒也徽識也○徇似俊反徽許歸反識又作幟識注又作幟申志反又音昌志反一音式【疏】注徽識也○正義曰禮記大傳云聖人南面而治天下必改正朔殊徽號鄭玄云徽號旌旗之名也周礼大司馬云中夏教茇舍辨號名之用帥以門名縣鄙各以其名家以

昭二十一

號名，縣鄙以州名，野以邑名，百官各象其事，以辨軍之夜事。鄭玄云：號名者，徽識所以相別也。鄉遂之屬謂之名，家之屬謂之號，百官之屬謂之事。在国以表朝位，在軍又象其制而爲之被之，以備死事。帥謂軍將及師帥、旅帥至五長也。以門名者，所被徽識如其在門所樹者也。此言以也、象也，皆謂其制同耳。縣鄙謂縣正、鄙師至鄰長也。家謂食采地者之臣也。鄉以州名，亦謂州長至比長也。野謂公邑大夫。百官以其職從王者。此六者皆書其官與名氏焉。夜事，戒夜守之事也。草止者慎於夜，於是上別其部職。如鄭此言，則徽識制如旌旗，書其所在之官與姓名於上，被之於背，以備其死，知是誰之尸也。士喪礼云：爲銘各以其物，亡則以緇長半幅，頳末長終幅，廣三寸，書銘于末曰某氏某之柩。今之銘旌，旗旛也。此云之徽識，如死之銘旌，其制之大小，蓋亦如銘旌也。書其官名，即今之軍記。令其各自揚徽，欲知其助公多少，如漢書絳侯之令軍人云爲劉氏者左袒。衆從之。入，公自揚門見之，見国人皆揚徽。揚門，䧟陽正東門名。下而巡之，曰：國亡君死，二三子之耻也，豈專孤之罪也。齊烏枝鳴曰：用少莫如齊致死。

齊致死莫如去備備長兵也。去起呂反彼多兵矣請皆用劒從之華氏北復即之北敗走廚人濮以裳裹首而荷以走曰得華登矣遂敗華氏于新里新里華氏所取邑。裹音果荷何可反又音何翟僂新居于新里既戰說甲于公而歸居華氏地而助公戰。僂音力主反說他活反下注同華妵居于公里亦如之妵華氏族故助華氏亦如僂新說甲歸傳言古之爲軍不呰小忿。妵他口反下注同呰本又作訾子斯反又音紫十一月癸未公子城以晉師至城以前年奔晉今還救宋曹翰胡曹大夫。翰音寒又戶旦反會晉荀吳中行穆子○行戶郎反齊苑何忌齊大夫衛公子朝前年出奔晉今還衛救宋丙戌與華氏戰于赭丘赭丘宋地。赭音者丘又作丠同鄭

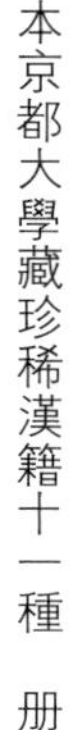

翩願爲鸛，其御願爲鵝。鄭翩，華氏黨。鸛、鵝皆陳名。○鸛，古喚反。鵝，五多反。陳，直覲反。子祿御公子城，莊堇爲右。子祿，向宜。○莊堇，音謹，本或作謹堇。干犨御呂封人華豹，張匄爲右。呂封人，華豹。張匄，華氏黨。○犨，尺由反。[疏]注「呂封人華豹」。○正義曰：呂，宋邑。封人，官名。豹即下文華豹是也。本或豹上有華字。劉炫謂薑是一人，再見名字不同，皆兩載之，未離人內。有呂封人，豹、華豹爲一人。知此本無華也。今定本有華。相遇，城還。華豹曰：「城也！」城怒，而反之。怒其呼己，將反還戰。將注，則又關矣。注，傅矢。關，引弓。○注，之樹反。關，烏環反，本又作彎，同。下同。傳音附。曰：「平公之靈，尚輔相余。」平公，公子城之父。○相，息亮反。豹射，出其間。出子城、子祿之間。○射，食亦反，又音食夜反，下及注皆同。將注，則又關矣。曰：「不狎鄙。」狎，更也。○更音庚。[疏]注「不狎鄙」。○正義曰：服虔云：狎，更也。子城謂華豹曰：不更射爲鄙。一曰[illegible]

狎習故鄙然則豹已關矣何處不射公子城何當畏之云不更射爲鄙鄙城方與豹相射此非譏讓之所又何須自言不旨爲鄙服之二說皆非杜亦訓狎爲更言更遞也城請豹安變射我不使我得更遞是爲鄙也豹服此言故抽矢而止此豹亦不達軍之戰禮也抽矢豹上不射城射之殪豹死。殪一計反張匄抽殳而下殳長丈二在車邊。殳音殊長直亮反又如字射之折股扶伏而擊之折軫折城車軫。折之設反下及注同扶伏並如字上又音蒲下又蒲北反本或作匍匐同又射之死匄死干犨請一矢求死城曰余言女於君欲活之。女音汝對曰不死伍乘軍之大刑也同乘共伍當皆死。乘繩證反注及下同干刑而從子君焉用之子速諸乃射之殪犨又死。焉於虔反大敗華氏圍諸南里華亥搏膺而呼見華貙曰吾爲欒氏矣晉欒盈還入作

亂而死事在襄二十三年○傳音傳呼好故反貙曰子無我迋不幸而後亡迋恐也○迋求往反恐丘勇反使華登如楚乞師華貙以車十五乘徒七十人犯師而出犯公師出送華登食於睢上哭而送之乃復入入南里○睢音雖復扶又反楚薳越帥師將逆華氏大宰犯諫曰諸侯唯宋事其君今又爭國釋君而臣是助無乃不可乎王曰而告我也後既許之矣爲明年華向出奔楚傳○薳于委反

疏諸侯唯宋事其君○正義曰言諸侯之內唯宋之臣民善事其君古以前未嘗有叛逆者也於本或無其字若無其字則是唯宋事楚於時宋國不屬楚也○王曰而告我也後○正義曰謂大宰犯諫在華登出師之後○蔡侯朱出奔楚費無極取貨於東國東國隱大子之子平侯廬之弟朱叔父也

而謂蔡人曰朱不用命於楚君王將立東國若不先從王欲楚必圍蔡蔡人懼出朱而立東國朱愬于楚楚子將討蔡無極曰平侯與楚有盟故封（盟于鄧依陳蔡人以國○愬音素）其子有二心故廢之（子謂朱也）靈王殺隱大子其子與君同惡德君必甚（疏）（德君必甚○正義曰荷恩謂之德言其荷君恩必甚也）又使立之不亦可乎且廢置在君蔡無他矣（言權在楚則蔡無他心）○公如晉及河鼓叛晉（鼓叛晉屬鮮虞）晉將伐鮮虞故辭公（將有軍事無暇於待賓且懼泄軍謀○泄息列反又以制反）

經二十有二年春齊侯伐莒○宋華亥向寧

華定自宋南里出奔楚言自南里別從國去。別彼列反○大
蒐于昌間無傳。蒐所求反間如字○夏四月乙丑天王崩
六月叔鞅如京師葬景王叔鞅叔弓子三月而葬亂故速。鞅於丈反
王室亂承叔鞅言而書之末知誰是故但曰亂【疏】注承叔至曰亂。正義曰傳曰叔鞅至自京師
言王室之亂是魯史承叔鞅之言而書之也閔馬父聞叔鞅
之言乃遥度其事云子朝必不克是末知誰是誰非也故史
但書曰亂不言某人某人爲亂魯史書事必待告乃書傳聞
行言不書之此承叔鞅之言即書策者魯是周之宗國既聞
王室之亂義當釋位救之魯聞周乱所憂在已承言即書見
魯之憂王室也公羊傳曰何言乎王室亂言不及外也其意
言兄弟爭位室內自亂其亂
不及外國故指言王室也○劉子單子以王猛居
于皇河南鞏縣西南有黄亭辟子朝難出居皇王猛書名未即位。單音善鞏九勇反難乃旦反【疏】
注辟子至即位。正義曰傳曰鞏簡公敗績于京毋平公亦
敗焉單子欲告急於晉以王如平時遂如圃車次于皇是辟

子朝之難出居皇也王人以在皇告故書皇也景王既葬猛當成君仍書名者王室大亂未得以禮即位故也如莒展弑

君而立未會諸侯元年書莒展輿出奔吳鄭忽嗣父而立鄭人賊之不以為君桓十一年書鄭忽出奔衛然則未成君者

法當書名此王猛雖未即位異於諸侯故稱王而以名繫之劉炫云以王當國亦如莒展以名繫國也○

秋劉子單子以王猛入于王城王城郟鄏今河南縣晉助猛故得還王都

○郟古洽反鄏音辱○冬十月王子猛卒未即位故不言崩【疏】注未即至

言崩○正義曰未即位不成為王故不言崩也書王子猛卒者未成為君繫父言之故稱子猶魯之子般子野卒○

十有二月癸酉朔日有食之無傳此月有庚戌又以長曆推校前後當

為癸卯朔書癸酉誤【疏】注此月云云○正義曰案傳十二月庚戌晉籍談云云庚戌上去癸酉三十七日若此月

癸酉朔其不得有庚戌也又傳十二月下有閏月晉箕遺云云又云辛丑伐京辛丑是壬寅之前日也二十三年傳曰正

月壬寅朔二師圍郊則辛丑是閏月之晦日也又計明年正月之朔與今年十二月朔中有一閏相去當為五十九日此

年十二月當爲癸卯朔經書癸酉明是誤也故言長歷推校十一月小甲戌朔傳有乙酉十二日也又有己丑十六日也十二月大癸卯朔傳有庚戌八日也閏月小癸酉朔傳有閏月辛丑二十九日也明年正月壬寅朔則上下符合矣

傳二十二年春王二月甲子齊北郭啓帥師伐莒啓齊大夫○北郭佐之後莒子將戰苑羊牧之諫牧之莒大夫○苑於元反牧之州牧之牧曰齊師賤其求不多不如下之大國不可怒也弗聽敗齊師于壽餘莒地○帥所類反下之遐嫁反齊侯伐莒怒敗莒子行成司馬竈如莒涖盟竈齊大夫莒子如齊涖盟盟于稷門之外稷門齊城門也莒於是乎大惡其君爲明年莒子來奔傳○惡烏路反○楚薳越使告于宋曰寡君聞君有不令之臣爲

君憂無寧以爲宗羞無寧寧也言華氏爲宋宗廟之羞恥寡君請受
而戮之對曰孤不佞不能媚於父兄華亥向寧公族父
兄也以爲君憂拜命之辱抑君臣日戰君曰余
必臣是助亦唯命人有言曰唯亂門之無過
君若惠保敝邑無亢不衷以獎亂人孤之望
也唯君圖之楚人患之患宋以義距之○過音古禾反亢苦浪反衷音忠
【疏】無亢至亂人○正義曰亢高也衷善也獎勸也無高貴不善之事以勸亂人爲惡也易曰亢龍有悔言其位高而
也諸侯之戍謀曰若華氏知困而致死楚恥
無功而疾戰非吾利也不如出之以爲楚功
其亦能無爲也已言華氏不能復爲宋患○復扶又反下復欲同【疏】若華至也已

已。○正義曰：若華氏知困而致死戰，或敗諸侯之師也。楚恥無功而疾戰，戰勝則楚獨有功，二者並非吾諸侯之利也。聞楚師將至，華氏即出，亦是楚之功也。不如出之以爲楚功，其此華氏亦無所能爲也已。言雖放令出，亦不復能爲宋害。言宋人慮更爲害，决欲取殺之，故謂侯之戍固請出之，宋人乃從之。救宋而除其害，又何求？乃固請出之，宋人從之。己巳，宋華亥、向寧、華定、華貙、華登、皇奄傷、省臧、士平出奔楚。華貙已下五子不書，非卿。○省悉井反，又所景反。臧子郎反。宋公使公孫忌爲大司馬，代華費遂。邊卬爲大司徒，卬，平公曾孫，代華定。○卬五郎反。樂祁爲司城，祁，子罕孫樂祁犂。○犂力私反，又力兮反。仲幾爲左師，幾仲左孫，代向寧。○幾音基。樂大心爲右師，代華亥。樂輓爲大司寇，輓，子罕孫。○輓音晚。以靖國人。終扞慎之言，三年而後弭。○弭彌氏反。○王子朝賓起有寵於景王子朝景王之長庶子賓起子朝之傅○朝如字凡人名字皆張遥反或云朝錯是王子朝之後又音潮案錯姓亦有兩音長丁丈反王與賓孟說之欲立之孟即起也王語賓孟欲立子朝為大子○說如字又音悅語魚據反

疏王子至立之○正義曰賈逵云賓孟子朝之傅也王愛子朝因愛其傅欲朝起並有寵於景王也與賓孟並談說之欲立朝為大子周語云景王欲殺下門子乃云賓孟適郊見雄雞賈逵云下門子周大夫王猛之傅也景王欲立朝故先殺猛傅然則王與賓孟言說既欲立朝乃殺猛傅譏久不決故賓孟歎雄雞斷尾以勸之○注子朝至之傅○正義曰二十六年傳子朝使告于諸侯云單劉賛私立少知朝年長於猛也賓孟欲立子朝明是子朝之傅

劉獻公之庶子伯蚠事單穆公獻公劉摯伯蚠劉狄穆公單旗○蚠扶粉反　音扶云反摯音至下同惡賓孟之為人也願殺之又惡王子朝之言以為亂願去之子朝有欲位之言故劉蚠惡之○惡烏路反去起呂反有欲位之言一本位作立

疏

劉獻至去之○正義曰伯盆是果決有知謀者也願得殺賓孟去子朝所以彊單子之心故劉子亦與同志共立子猛也於賓孟云願殺之於子朝云願去之者朝是王之寵子王在不可專殺願逐去而已獻謚法知質有聖曰獻

賓孟適郊見雄雞自斷其尾問之侍者曰自憚其犧也畏其爲犧牲奉宗廟故自殘毀○斷丁管反憚待旦反犧許宜反遽歸告王且曰雞其憚爲人用乎人異於是雞犧雖見寵飾然卒當見殺害人見寵飾則當害盛故言異於雞○遽其據反犧者實用人人犧實難已犧何害言設使寵人如寵犧則不宜假人以招禍難使犧在已則無患害已喻子朝欲使王早寵異之○難乃旦反

【疏】賓孟至何害○正義曰說文云犧宗廟之牲也曲禮云天子以犧牛鄭玄云犧純毛也周禮牧人掌牧六牲以共祭祀之牲牷鄭玄云六牲謂牛馬羊豕犬雞牷體完具也又曰祭祀共犧牲以授充人繫之鄭玄云犧牲毛羽完具也授充人者當殊養之然則祭祀之牲選其毛羽完具者養之以爲犧犧者寵養祭牲之名賓孟感雞以毛羽牷

具恐其被養以為犧故自斷其尾殘毀其形賓孟怪而問之侍
者曰自憚其犧言此雞憚其被寵養也賓孟因此感悟實
歸以雞事告王且又言曰雞其憚畏為人用乎人則異於是
雞矣雞被寵飾然當見殺人被寵飾則當貴盛此其所以異
於雞也犧者寵貴之名因以犧喻寵子朝即名寵子為犧言寵
愛為犧者依其用牲今寵愛為犧者乃實用人言寵當用純
德之人猶如祭犧當用純色之牲也他人之有純德寵之如
犧後實若禍難矣已子之有純德寵之如犧有何害也但人
有親踈若踈人被寵愛為犧實為禍難若己家親屬寵愛如
犧有何患害他人謂子猛親屬謂子朝也犧者實用人以
是對牲為稱普據凡人也人犧實難此下人據踈外之人
字[illegible]同上下人意異○注雞犧難見寵飾○正義曰犧者繫
養之名耳言寵飾者當養之時必為之服飾以異之如今之
殺五承也史記稱楚王欲以莊周為國相謂使者曰郊祭犧
牛養之數歲衣以文繡牽入大廟是時欲為孤豚豈可得乎
是亦飾之事○注言設至異之○正義曰賓孟言人犧實難
假踈人以為說人為踈遠之人寵養踈人擅權害主故言設
使寵人如寵犧則不宜假人以招禍難假借他人以權或將
反來害己子猛雖亦王子不得王寵與他人無異使犧在己
家則無害己喻子朝子朝是己之子欲使王早寵異之如寵

昭廿六

義也

王弗應十五年大子壽卒王立子猛後欲立子朝而未定賓孟感雞盛稱子朝王心許之故不應○應應對之應注同

疏注十五至不應○正義曰賈逵以為大子壽卒景王不立適子鄭衆以為壽卒王命猛代之後欲廢猛立朝耳服虔以賈為然杜今從鄭說者二十六年傳閔子馬云子朝干景之命則景王有命矣若不命猛更命誰乎若子朝二子猛並未有命俱是庶子朝年又長於次當立自求為嗣宜矣劉蚠何以惡其為亂而欲去之若俱未被立王意不屬羣臣無黨王命為嗣則莫敢不從何須將殺單劉以立朝也杜以此知大子壽卒王立子猛為適其後復欲立子朝而王意未定賓孟感雞自毀因此盛稱子朝之美王心許賓孟故不應處其溢言也

夏四月王田北山使公卿皆從將殺單子劉子北山洛北芒也王知單子劉不欲立子朝欲因田獵先殺之○從才用反芒音亡王有心疾乙丑崩于榮錡氏四月十九日河南鞏縣西有錡澗○錡魚綺反澗古晏反

疏注四月十九日○正義曰此於乙丑之下言四月十九日戊辰之下言二十二日經言此二日者此年之傳其日最密臣之與傳又時月令錯故此經言二

引欲今自此以下依次推之易驗耳

戊辰，劉子摯卒（二十二日）。無子，單子立劉蚠（蚠摯子單子故）。五月庚辰，見王（見王猛○見賢遍反注同），遂攻賓起，殺之（黨子朝故），盟羣王子于單氏（王子猛次王故單劉立之懼諸王子或黨子朝故盟之）。

〔疏〕注王子猛次正○正義曰：猛朝俱是王子，單劉以欲立猛，明猛是次正當立故也。公羊多有次正之語，杜取為說。猛為次正，不知其本，蓋是大子壽之母弟，或是穆后姪娣之子，或母貴也。

○晉之取鼓也（在十五年），既獻而反鼓子焉（獻於廟），又叛於鮮虞（叛晉屬鮮虞）。六月，荀吳略東陽（略行也東陽晉之山東邑魏郡廣平以北○行下孟反），使師偽糴者負甲以息於昔陽之門外（昔陽故肥子所都○糴音狄），遂襲鼓，滅之，以鼓子鳶鞮歸，使涉佗守之（守鼓之地涉佗晉大夫○鳶悅全反鞮丁兮反佗徒多反守手又反[illegible]）

字○丁巳葬景王王子朝因舊官百工之喪職秩者與靈景之族以作亂（百工百官也靈王景王之子孫○喪息浪反下注羣喪同）帥郊要餞之甲（三邑周地○要一遥反餞賤淺反）以逐劉子（逐伯蚠）壬戌劉子奔揚（揚單子邑）單子逆悼王于莊宮以歸（悼王子猛也）王子還夜取王以如莊宮（王子還子朝黨也不欲使單子得王猛故取之）癸亥單子出（失王故出奔）王子還與召莊公謀（莊公召伯奐子朝黨也○召上照反奐音喚）曰不殺單旗不捷（旗單子也○旗音其捷才接反）與之重盟必來背盟而克者多矣從之（從還謀也○背音佩下注同）樊頃子曰非言也必不克（頃子樊齊單劉黨○頃音傾本或作須字）

【疏】注頃子至劉黨○正義曰此下二十三年單子劉子樊齊

以王如劉故知是單劉黨也遂奉王以追單子王子還奉王及領大盟而復領周地欲重盟令單子劉子復歸。令力呈反殺摯荒以說妄罪於荒。說如字又音悅劉子如劉歸其采邑單子亡乙丑奔于平時平時周地知王子還欲背盟故亡走。奔于平時一本作于平時音止又音市下同本或作平壽誤【疏】及領至平時。正義曰此上言子還夜取王以如莊宮遂與召莊謀殺單旗與之重盟必來來而殺之王子還遂奉王追單子及領遂與重盟而還殺摯荒者爲前取王如莊宮令單子失王而出奔更殺摯荒以解說此事單子竟還欲背又奔平時羣王子追之單子殺還姑發弱鬷延定稠八子靈景之族因戰而殺之。鬷子工反稠直由反【疏】注八子靈景之族。正義曰以上言王子還此八人還居其首還既稱王子明八子皆王子也故知靈景之族子朝奔京其黨死故丙寅伐之單子伐京京人奔山劉子入于王城子朝奔京故得入辛未鞏簡公敗績于京乙亥甘平公亦敗焉甘平二公周鄉士皆爲子朝所敗。鞏九勇反。疏簡公平公。正義曰謚法一意不懈曰簡布綱持紀曰平。注皆爲子朝所敗。正義曰知爲子朝所敗者以傳云敗績于京故知是敬王黨爲子朝所敗也叔鞅至自京師葬景王還言王室之亂也經所以書閔馬父曰子朝必不克其所與者天所廢也閔馬父閔子馬魯大夫天所廢謂舉喪職秩者單子欲告急於晉秋七月戊寅以王如平畤遂如圃車次于皇出奔以示急戊寅七月三日經書六月誤也。圃音補疏注戊寅至月誤。正義曰傳言七月戊寅杜以長歷推校之戊寅是七月二日明傳是也經書王猛居皇乃在六月上知經六月誤也劉子如劉單子使王子處守于王城王子處子猛黨守王城距子朝盟百工于平宮平宮平王廟辛卯鄩肸伐皇鄩肸子朝黨○鄩音尋肸許乙反大敗獲鄩肸壬辰焚諸王城之市焚鄩肸八月辛酉司徒醜以王師敗績于前城醜悼王司徒前城子朝所得邑百工叛司徒醜敗故己巳伐單氏之宮敗焉百工伐單氏為單氏所敗疏注百工至所敗○正義曰知單氏所敗者以上云伐單氏下云反伐之是單氏反伐百工也若單氏被敗焉能反伐百工庚午反伐之單氏反伐百工辛未伐東圉百工所在洛陽東南有圉鄉○圉魚呂反冬十月丁巳晉籍談荀躒帥九州之戎九州戎陸渾戎十七年滅屬晉州鄉屬也五州為鄉○躒力狄反及焦瑕溫原之師焦瑕溫原晉四邑以納王于王城丁巳在十月經書秋誤疏注丁巳至秋誤○正義曰傳言冬十月丁巳杜以長歷推之丁巳是十月十四日經書此事在秋其下乃有冬知經誤庚申單子劉盆以王師敗績于郊

為子朝之黨所敗前城人敗陸渾于社前城，子朝衆。社，周地。○社，布者反，本或作
杜，下皆同十一月乙酉王子猛卒乙酉在十二月，經書十一月，誤。雖未即位，周人謚
曰悼王疏注乙酉至悼王○正義曰：傳言十一月乙酉，杜以長曆推之，乙酉是十一月十二日，知經書下月
誤也。上云單子逆悼王于莊宮，悼王即猛也。經書爲卒，傳言與謚，故解之。雖未即位，周人謚曰悼王。敬王，猛之母弟。敬王
位定，乃追謚之不成喪也釋所以不稱王崩己丑敬王即位敬王，王子
猛母弟王子匄。○匄，古害反疏注敬王至子匄○正義曰：敬王名匄，本紀文也。本紀不言敬王是猛之母弟，先
儒相傳說耳。謚法：夙夜共事曰敬館于子旅氏子旅，周大夫○十二月庚
戌晉籍談荀躒賈辛司馬督司馬烏。○督音篤帥師軍
于陰籍談所軍于侯氏荀躒所軍于谿泉賈辛所軍。鞏縣西南有明谿泉次
于社司馬督所次王師軍于氾于解次于任人三邑皆在

三邑洛陽西南有大解小解○氾音凡解音蟹任音任閏月晉箕遺樂徵右行詭濟師取前城三子晉大夫濟師渡伊洛○行户郎反詭九委反軍其東南王師軍于京楚辛丑伐京毀其西南京楚子朝所在

經二十有三年春王正月叔孫婼如晉諱[illegible]節○婼勑略反○癸丑叔鞅卒無傳○晉人執我行人叔孫婼稱行人譏晉執使人○使使吏反【疏】注稱行至使人○正義曰傳說魯取邾師則是魯有罪矣而譏晉執者凡諸侯有罪盟主討之以師討之不宜執其使人故譏之○晉人圍郊討子朝也郊周邑圍郊在叔鞅卒前經書後從赴【疏】注討子至從赴○正義曰往年傳閏月辛丑晉師王師伐京毀其西南注云京子朝所在此年傳正月壬寅朔二師圍郊討辛丑壬寅頻日耳蓋京[illegible]既毀故郊是子朝之邑故二師圍之故云討子朝也

郊不繫於周者大都以名通也傳稱朔日圍郊至癸丑乃叔鞅卒癸丑正月十二日也是圍郊在叔鞅卒前也晉人來告圍郊不以圍郊日告之告在叔鞅卒後故經書在後是從赴也圍郊在朔或亦在叔孫婼如晉之前但行無日未必不以朔行據鞅卒有日而言之 ○夏六月蔡侯東國卒于楚無傳未同盟而赴以名 ○秋七月莒子庚輿來奔 ○戊辰吳敗頓胡沈蔡陳許之師于雞父不書楚楚不戰也雞父楚地安豐縣南有雞備亭 ○輿音餘 父音甫

【疏】吳敗至雞父 ○正義曰此戰獲胡沈之君是胡沈君自將也頓序於上頓亦君自將也獲陳大夫陳是大夫將則蔡許亦大夫將也故云頓胡沈蔡陳許君在臣上各自以大小序耳桓十三年經書齊師宋師衛師燕師敗績此不每國書師而摠云師者傳無其說杜不為注是史略文非義例也賈逵云不國國書師惡其同役而不同心案隱十年宋人蔡人衛人伐戴鄭伯伐取之傳曰宋衛既入鄭而以伐戴召蔡人蔡人怒故不和而敗亦是同役而不同心彼既不變其文此何當變文以見義乎賈之妄 ○注不書楚至雞父 ○正義曰杜知楚不戰者以傳云戰于雞父

吳子以罪人先犯胡沈與陳三國敗舍胡沈之囚使奔許與蔡頓師譟而從之三國奔是戰於雞父之時先犯胡沈陳後破許蔡頓也六國既陳戰敗而奔下傳始云楚師大奔是大國敗後楚師怖懼不得成陳望風而奔故傳云不言戰楚未陳杜云不書楚楚不戰劉炫用服虔義云不書楚楚諱敗不告然則必其楚人來告容或諱敗若吳人來告豈代楚諱乎○劉逵背傳文而規杜非也

胡子髡沈子逞滅國雖存君死曰滅○髡苦門反逞勑逞反

【疏】注國雖至曰滅○正義曰公羊傳曰君死于位曰滅其意言本國雖存其君見殺與滅國相類據君身言之謂之滅

獲陳夏齧大夫死生通曰獲夏齧徵舒玄孫○夏戶雅反齧五結反

【疏】注大夫至玄孫正義曰宣二年鄭人獲華元生獲也哀十一年獲齊國書死獲也故云大夫死生通曰獲案此本宣公生子夏夏生御叔叔生徵舒舒生惠子晉晉生御寇寇生悼子齧齧是徵舒曾孫杜云玄孫未詳○

天王居于狄泉敬王辟子朝也狄泉今洛陽城內大倉君西南池水也時在城外○大音泰

【疏】注敬王至城外○正義曰此事傳無其文不言無傳者傳稱六月庚寅單子劉子樊齊以王如劉當從劉而居狄泉不是全無其事故不云無傳也

狄泉今洛陽城內大倉西南池水是也在城內宜云王居城周知此時在城外也今主城內者土地名云或曰定元年城成周乃遷之入城內也 尹氏立王子朝 尹氏周世卿也書尹氏立子朝明非周人所欲立

【疏】注尹氏至欲立○正義曰宣王之世有尹吉甫春秋以來數有尹子見經是其食采於尹世爲周卿士也以其世爲卿士宗族彊盛故能專意立朝不言尹子而言尹氏者見其氏族彊盛故能立之也敬王是單劉所立不書單子立者敬王猛之母弟兄死次正當立立之是當朝不應立立燕以亂國書尹氏立朝所以惡尹氏也隱四年衛人立晉善其得衆書衛人言舉國共立之此書尹氏立朝明非周人所欲立獨尹氏立之耳

○八月乙未地震○冬公如晉至河有疾乃復

傳二十三年春王正月壬寅朔二師圍郊 二師王師晉師也王師不書不以告 癸卯郊鄩潰 河南鞏縣西南有地名鄩中郊鄩二邑皆子朝所得○鄩音尋潰户內反 丁未晉師在平陰王師在澤邑 平陰今河

陰縣王使告間子朝敗故○間音閑庚戌還晉師還○邾人城翼翼邾邑還將自離姑離姑邾邑從離姑則道徑魯之武城○徑音經疏注離姑至武城正義曰邾魯接連竟界相錯邾人從翼邑還邾先經魯之武城然後始至離姑而後至邾故舉離姑爲道次公孫鉏曰魯將御我鉏邾大夫○鉏仕居反下同御魚呂反欲自武城還循山而南至武城而還依山南行不欲過武城○過古禾反下遂過同徐鉏丘弱茅地三子邾大夫○茅亡交反曰道下遇雨將不出是不歸也謂此山道下濕遂自離姑遂過武城武城人塞其前以兵塞其前道疏武城人塞其前○正義曰此所塞之處必有隘道當是已過武城之邑未出武城之竟故得塞其前斷其後而攻取之斷其後之木而弗殊邾師過之乃推而蹷之遂取邾師獲鉏弱地取邾師不書非公命○斷丁管反殊

如字說文云死也一曰斷也𨛏其月反又音厥又居衞反【疏】注取邾至公命○正義曰傳言武城人則是武城之大夫自專爲此謝也既取邾師邾始愬晉晉人來討乃令叔孫往謝叔孫以年初即行則魯取邾師事在往年因叔孫婼如晉追言之

邾人愬于晉晉人來討○愬息路反 叔孫婼如晉晉人執之書曰晉人執我行人叔孫婼言使人也 嫌外內異故重發傳○使所吏反重直用反下重發同 晉人使與邾大夫坐 坐訟曲直【疏】注坐訟曲直○正義曰周禮小司寇云凡命夫命婦不躬坐獄訟凡獄者皆令競者坐而受其辭故使並坐訟曲直

叔孫曰列國之卿當小國之君固周制也 在禮卿得會伯子男故曰當小國之君【疏】注在禮至之君○正義曰僖二十九年傳曰在禮卿不會公侯會伯子男可也於禮得與相會故當小國之君

邾又夷也 邾雜有東夷之風 寡君之命介子服回在 子服回魯大夫爲叔孫之介副○介

〔音界注同〕請使當之不敢廢周制故也乃不果坐韓宣子使邾人聚其衆將以叔孫與之〔與邾使執〕之叔孫聞之去衆與兵而朝〔示欲以身死○去起呂反〕士彌牟謂韓宣子〔彌牟士景伯○彌亡支反牟亡侯反〕曰子弗良圖而以叔孫與其讎叔孫必死之魯亡叔孫必亡邾邾君亡國將焉歸〔特邾君在晉若亡國無所歸恐益晉憂○焉於虔反下同〕子雖悔之何及所謂盟主討違命也若皆相執焉用盟主〔聽邾衆取叔孫是爲諸侯皆得輒相執〕乃弗與使各居一館〔分別叔孫子服回○別彼列反〕

【疏】注分別至服回○正義曰賈逵云使叔孫邾魯大夫各居一館鄭衆云使叔孫子服回各居一館邾魯大夫本不同館無爲復言使各居一館也欲分別叔孫與子服回不得相見各聽其辭

尋服虔並載兩說仍云賈氏近之案傳文各居一館之下即
云士伯聽其辭而愬諸宣子乃皆執之則皆執各居一館者
也若是邾魯別館豈得邾大夫乎且下云館叔孫於箕舍子
服回於他邑明此各居一館是分別子服與叔孫惡其相教
示士伯聽其辭而愬諸宣子乃皆執之二子辭不屈故
士伯愬而執之【疏】注二子至執之○正義曰魯人實取邾師二子辭不屈者蓋以朝聘征伐過他國必假道乃行
[illegible]人不假魯道是邾亦合責不假道小過也取其師大罪也[illegible]田奪牛爲報已甚故士伯愬而執之久囚其使足以謝邾
故晉以明年釋之士伯御叔孫從者四人過邾館以如
吏欲使邾人見叔孫之屈辱○從才用反下同【疏】士伯至如吏○正義曰御謂迎引也引叔孫詣於獄
也叔孫從者唯有四人先過於邾君之館然後以之如吏故杜云欲使邾人見叔孫之屈辱先歸邾子
士伯曰以芻蕘之難從者之病將館子於都
都別都謂箕也○芻初俱反蕘而聊反叔孫旦而立期焉立待命也從旦至旦爲期○期

本又作朞同居其反乃館諸箕舍子服昭伯於他邑别囚之

范獻子求貨於叔孫使請冠焉以求冠為辭取其冠法而與之兩冠曰盡矣既送作冠模法又送二冠以與之僞若不解其意○模莫胡反字從木解音蟹為叔孫故申豐以貨如晉欲行貨以免叔孫○為于僞反叔孫曰見我吾告女所行貨見而不出留申豐不使得出不欲以貨免○女音汝吏人之與叔孫居於箕者請其吠狗弗與及將歸殺而與之食之示不愛○吠扶廢反【疏】請其吠狗○正義曰狗有吠守者有主獵者主獵者貴吠守者賤吏人請叔孫乞其吠守之狗叔孫所館者雖一日必葺其牆屋葺補治也○葺七入反去之如始至不以當去而有所毀壞○壞音怪○夏四月乙酉單

子取訾。言劉子取牆人、直人。（三邑，盡子朝者。訾在河南鞏縣西南。○訾，子斯反。）六月壬午，王子朝入于尹。（尹氏之邑。自京入尹。）

疏　注"自京"至"之邑"。正義曰：知自京入尹者，以前年子朝在京，王師雖毁其西南，不言京，京又今年二師圍郊，不言子朝在郊，故云自京入尹。劉炫以爲前年王師已克子朝，從京入郊，郊潰不知子朝所在，而規杜非也。

癸未，尹圉誘劉佗殺之。（尹圉，尹文公也。劉佗，劉蚠族，敬王黨。○圉，魚呂反。佗，徒何反。）丙戌，單子從阪道，劉子從尹道伐尹。單子先至而敗，劉子還。（單子敗故。○阪，音反，又扶板反。）己丑，召伯奐、南宫極以成周人戍尹。（二子，周卿士，子朝黨。奐，召莊公。）庚寅，單子、劉子、樊齊以王如劉。（辟子朝，出居劉子邑。）甲午，王子朝入于王城，次于左巷。（近東城。○近，附近之近。）秋七月戊申，鄩羅納諸莊宫鄩羅周大夫鄩肸之子尹辛敗劉師于唐尹辛尹氏族唐周地丙辰又敗諸鄩甲子尹辛取西闈西闈周地○闈音韋一音暉丙寅攻蒯蒯潰蒯河南縣西南蒯鄉是也於是敬王居狄泉尹氏立子朝○蒯苦怪反○莒子庚輿虐而好劒苟鑄劒必試諸人國人患之又將叛齊烏存帥國人以逐之烏存莒大夫○好呼報反鑄之樹反庚輿將出聞烏存執殳而立於道左懼將止死殳長而無刃○殳音殊【疏】注殳長至無刃○正義曰詩毛傳文也考工記云殳長尋有四尺八尺曰尋是其長丈二也又考工記戈戟皆有刃殳不言刃是無刃也苑羊牧之曰君過之苑羊牧之亦莒大夫烏存以力聞可矣何必以弒君成名遂來奔齊人納郊公郊公著丘公之子十四年奔齊○著直除反又直慮反

反○吳人伐州來楚薳越帥師令尹以疾從戎故薳越攝其事及諸侯之師奔命救州來吳人禦諸鍾離子瑕卒楚師熸子瑕即令尹不起所疾也吳楚之間謂火滅爲熸軍之重主喪亡故其軍人無復氣勢○熸子潛反字林子廉反復扶又反下王往復賊復增修同吳公子光曰諸侯從於楚者衆而皆小國也畏楚而不獲已是以來吾聞之曰作事威克其愛雖小必濟克勝也軍事尚威

疏威克至必濟○正義曰尚書胤征云威克厥愛允濟愛克厥威允罔功是古有此言

胡沈之君幼而狂經無常○狂求匡反陳大夫齧壯而頑頓與許蔡疾楚政楚令尹死其師熸帥賤多寵政令不壹帥賤薳越非王卿也軍多寵人政令不壹於越○帥所類反注及下帥賤同七國同役

而不同心七國楚頓胡沈蔡陳許帥賤而不能整無大威
命楚可敗也若分師先以犯胡沈與陳必先
奔三國敗諸侯之師乃搖心矣諸侯乖亂楚
必大奔請先者去備薄威示之以不整以誘之○去起呂反後
者敦陳整旅敦厚也○陳直覲反下未陳并注同吳子從之戊辰晦
戰于雞父七月二十九日遣兵忌晦戰擊楚所不意〔疏〕注七月至不意○正義曰成十六年
傳郤至云陳不違晦以犯天忌我必克之注云晦月終陰之
盡故兵家以為忌楚以兵之忌日不意吳來擊之必不設備
吳人故違兵忌以晦出兵而戰擊楚所不意也僖二十二年
泓之戰書己巳朔成十六年鄢陵之戰書甲午晦此書戊辰
而不言晦者釋例曰經傳之見晦朔此時史隨其日而存之
無義例也賈氏云泓之戰譏宋襄故書朔鄢陵之戰譏楚子
故書晦雞父之戰夷之故不書晦左氏既無此說案雞父之
戰經傳稱晦其例非夷之實晦戰而經不書晦明經不以晦

示窮從敗吳子以罪人三千先犯胡沈與陳囚徒不習戰以示不整三國爭之吳爲三軍以繫於後中軍從王從吳王光帥右掩餘帥左掩餘吳王壽夢子吳之罪人或奔或止三國亂吳師擊之三國敗獲胡沈之君及陳大夫舍胡沈之囚使奔許與蔡頓曰吾君死矣師譟而從之三國奔三国許蔡頓○譟素報反楚師大奔書曰胡子髡沈子逞滅獲陳夏齧君臣之辭也国君社稷之主與宗廟共其存亡者故稱滅大夫輕故曰獲獲得也疏注国君社稷之主與宗廟共其存亡者至獲得也○正義曰傳言舍胡沈之囚使曰吾君死矣是胡沈之君死稱滅也釋例曰国君者社稷之主百姓之望當與社稷宗廟共其存亡者也而見獲於敵国雖存若亡死之與生皆與滅同故曰胡子髡沈子

逞滅諸以戰傷死雖敗績而不見擒故經皆不曰滅則杜意國君生見獲亦書爲滅也劉炫謂此胡沈之君戰死故言滅也春秋君戰生見獲者皆言以歸不書滅何得言雖存若亡皆爲滅公羊傳曰其言滅獲何別君臣也君死于位曰滅生得曰獲大夫生死皆曰獲以爲君死曰滅生曰以歸韓戰獲晉侯從大夫例故書獲以規杜失今知非者莊十年齊師滅譚譚子奔莒定六年鄭游遬滅許以許男斯歸是君存稱滅劉炫以爲生獲於敵但言以歸不得稱滅規杜非也但君存稱滅則滅文在上滅譚滅許是也國存君死則滅文在下胡子沈子是也

不言戰楚未陳也（謙與陳例相涉故重發之）

○八月丁酉南宮極震（經書乙未地動魯地也丁酉南宮極震周地亦震也爲屋所壓而死○壓本又作厭同於甲反）

【疏】注經書至而死○正義曰經書乙未地震謂魯国之地動也丁酉南宮極震則周地亦震周與魯相去千里故震日不同以震而死明爲屋所壓

萇弘謂劉文公曰君其勉之先君之力可濟也（文公劉蚠也先君謂蚠之父獻公也獻公亦欲立子猛未及而卒）

周之亡也其三川震

謂幽王時也三川涇渭洛水也地動川岸崩【疏】注謂幽至岸崩○正義曰周語云幽王二年西周三川皆震伯陽父曰周將亡矣陽伏而不能出陰迫而不能烝於是有地震今川實震是陽失其所而鎮陰也陽失而在陰原必塞原塞國必亡夫水土演而民用也土無所演民乏財用不亡何待昔伊洛竭而夏亡河竭而商亡今周德若二代之季矣其川原又塞塞必竭夫國必依山川山崩川竭亡之徵也川竭山必崩若亡不過十年數之紀也夫天之所棄不過其紀是歲也三川竭岐山崩十一年幽王乃滅注國語者亦云三川涇渭洛也西周在雍州之域周禮職方氏正西曰雍州其川涇汭其浸渭洛鄭玄云浸可以爲灌漑者

今西王之大臣亦震天弃之矣子朝在王城故謂西王東王必大克敬王居狄泉在王城之東故曰東王○楚大子建之母在郹郹郹陽也平王娶秦女廢大子建故母歸其家○郹古闃反召吳人而啓之冬十月甲申吳大子諸樊入郹諸樊吳王僚之大子○吳大子諸樊案吳子遏號諸樊王僚是遏之弟子先儒又以爲遏弟何容僚子乃取遏號爲名恐

[illegible]寫誤耳未詳取楚夫人與其寶器以歸楚司馬薳越
追之不及將死衆曰請遂伐吳以徼之徼要其勝負○
徼古堯反要一遥反【疏】大子至追之○正義曰上地名郥是蔡地蔡在楚之東北故建母在郥得召吳人也於時
蔡名從楚且夫人故薳越追之○注諸樊至大子○正義曰吳子諸樊吳王僚之伯父也僚子文名諸樊乃與伯祖同
名吳人雖是東夷理亦不應然也此必遂之書又字經篆隷或誤耳薳越曰再敗君師
死且有罪此年秋敗於雞父設往復敗爲再敗亡君夫人不可以
莫之死也乃縊於薳澨薳澨楚地○縊一賜反澨市制反○公爲
叔孫故如晉及河有疾而復此年春晉爲邾人執叔孫故公如晉謝之
○爲于僞反注及下注鄰國爲之守相爲同○楚囊瓦爲令尹囊瓦子囊之孫子常
也伐陽匄○囊乃郎反城郢楚用子囊遺言已築郢城矣今畏吳復增脩以自固○郢以井反又餘政反

[illegible]二十三

【疏】注楚用至自固。○正義曰：襄十四年子囊將死，遺言謂子庚必城郢，君子謂子囊忠，將死不忘衛社稷，可不謂忠乎？彼子囊城郢，君子謂之爲忠，此囊瓦城郢，沈尹戌謂之必亡，事不同者，國而無城，不可以治，楚自文王都郢，城郭未固，子囊必欲城之，其事未暇，將死而令城郢，故可謂之爲忠。今郢既固矣，足以爲治，而囊瓦畏吳侵偪，恐其寇入國都，更復增脩其城以求自固，不能遠撫邊竟，唯欲近守城郭，沈尹謂之必亡，爲其事異故也。

沈尹戌曰：子常必亡郢，苟不能衛城，無益也。古者天子守在四夷，德及遠。○守，手又反，下文除守其交禮並同。天子卑守在諸侯，政卑損。諸侯守在四鄰，鄰國爲之守。諸侯卑守在四竟，裁自完。○竟音竟，下及注同。愼其四竟，結其四援，結四鄰之國爲助。○援，于眷反。民狎其野，狎，安習也。○狎，戶甲反。三務成功，春夏秋三時之務。民無內憂，而又無外懼，國焉用城？今吳是懼而城於郢守已小矣卑之不獲能無亡乎不獲守四竟。焉於虔反昔梁伯溝其公宮而民潰在僖十八年【疏】注在僖十八年。正義曰事在十九年諸本皆然當是轉寫誤民弃其上不亡何待

夫正其疆埸脩其土田險其走集走集邊竟之壘辟。強居良反埸音亦壘力軌反辟音壁親其民人明其伍候使民有部伍相為候望【疏】明其伍候。正義曰賈服王董皆作伍候賈服云五候五方之候也敬授民時四方中央之候王云五候山候林候澤候川候平地候也董云五候候四方及國中之姦謀也杜作伍候故云使民有部伍相為候望彼諸本蓋以上多云四故誤為五也

信其鄰國慎其官守守其交禮交接之禮不僭不貪不懦不耆懦弱也耆強也。僭子念反懦乃亂反又乃卧反耆臣支反一音直支反【疏】不僭至不耆。正義曰不僭守信也不貪蘇正也不懦不受辱也不彊不陵人者此皆論守竟之事不僭

不貪不貪不耆謂不往侵鄰國也不懦謂不使人侵己也完其守備以待不虞又何畏矣詩曰無念爾祖聿脩厥德詩大雅無念念也聿述也義取念祖考則述治其德以顯之【疏】詩曰至厥德○正義曰詩大雅文王篇也無念念也聿述也言士者念女先祖之法則還當述治其先祖之德以顯之無亦監乎若敖蚡冒至于武文四君皆楚先君之賢者○蚡扶粉反冒莫報反【疏】注四君至賢者○正義曰楚世家云周成王始封熊繹於楚以子男之田居丹陽歷十四君至熊儀是為若敖若敖生霄敖霄敖生蚡冒蚡冒卒弟熊達立是為武王武王生文王始都郢杜文十六年云蚡冒楚武王父雖不從世家以蚡冒為武王兄要流尹以四君為賢故特言之土不過同方百里為一同言未滿一圻○圻音祈【疏】土不過同○正義曰言土雖至九百里猶止名同故云不過同非謂百里以下也知者以要是子爵上方二百里明非百里也慎其四竟猶不城郢今土數圻方千里為圻○數所主反【疏】猶不城郢○正義曰案楚世家云武王以

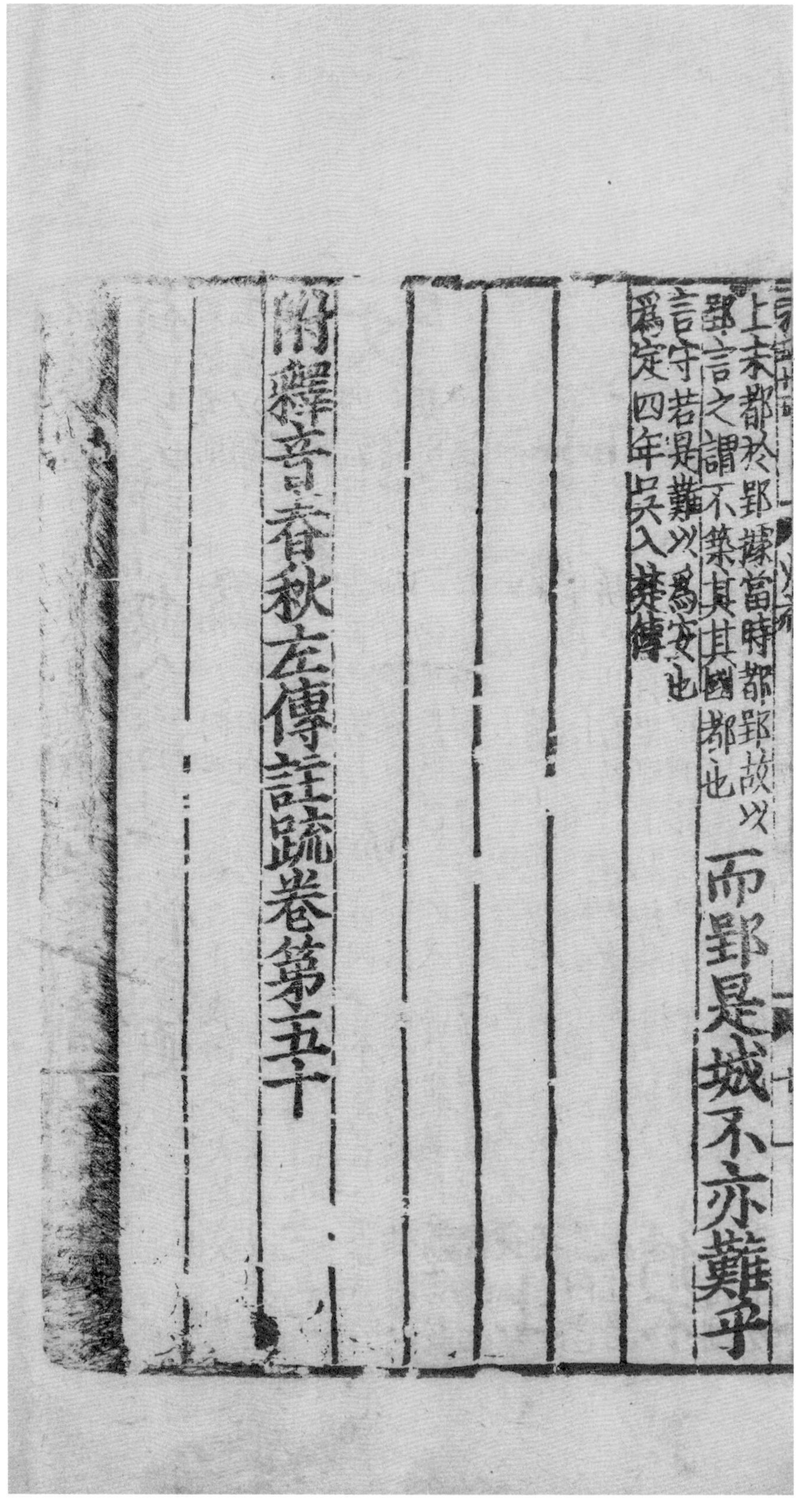
上未都於郢謂當時都郢故以郢言之謂不築其其國都也而郢是城不亦難乎言守若是難以爲安也爲定四年吳入楚傳

附釋音春秋左傳註疏卷第五十

附釋音春秋左傳註疏卷第五十一 昭二十四盡二十五年

杜氏註　孔穎達疏

經二十四年春王二月丙戌仲孫貜卒無傳孟僖子也○貜俱縛反徐俱碧反○婼至自晉喜得赦歸故書至○夏五月乙未朔日有食之○秋八月大雩○丁酉杞伯郁釐卒無傳未同盟而赴以名丁酉九月五日有日無月○郁於六反釐本又作鰲力之反又音來疏注丁酉至無月○正義曰此年五月乙未朔一大一小七月至甲午朔九月癸巳朔五日得丁酉又在八月之下是有日而無月也○冬吳滅巢楚邑也書滅用大師疏注巢楚邑至大師○正義曰大都以名通故不繫楚也襄十三年傳例曰用大師焉曰滅○葬杞平公無傳

傳二十四年春王正月辛丑召簡公南宮嚚

以甘桓公見王子朝簡公召莊公之子召伯盈也嚚南宮極之子桓公甘平公之子○嚚魚巾反見賢遍反劉子謂萇弘曰甘氏又往矣對曰何害同德度義度謀也言雖同心同德則能謀義子朝不能於我無害○度待洛反注同

疏注度謀至無害○正義曰同德度義尚書泰誓文也劉炫云案孔安國云德鈞則秉義義者彊長弘此言取彼爲說也昔與彼德同乃度義之勝負但使德勝不畏彼彊故即引泰誓而勸甘務德甘氏爲不見古文故致有此謬今知非者彼尚書之文兩敵對戰挍度有義者彊此論甘氏又往既不能同德何能度義意有異與書義不同其引詩斷章其類多矣劉以爲相違尚書之文而規其過非也

大誓曰紂有億兆夷人亦有離德言紂衆億兆兼有四夷不能同德○離力智反紂直九反億於力反

疏注四夷○正義曰孔安國云夷人謂平人杜以爲夷狄之人若案四年傳曰商紂爲黎之蒐東夷叛之孔杜各自爲義其意俱通劉炫以杜爲過而規其非也

余有亂臣十人同心同德武王言我有治臣十人雖少同

心也今大誓無此語○治直吏反此周所以興也君其務德無患無人戊午王子朝入于鄔緱氏西南有鄔聚言子朝稍強○鄔烏戶反緱古侯反又苦侯反聚才住反○晉士彌牟逆叔孫于箕將扎一而歸之叔孫使梁其踁待于門內踁叔孫家臣○踁戶定反曰余左顧而欬乃殺之疑士伯來殺己故謀殺之○欬苦代反右顧而笑乃止叔孫見士伯士伯曰寡君以為盟主之故是以久子久執子以謝邾不腆敝邑之禮將致諸從者使彌牟逆吾子叔孫受禮而歸二月婼至自晉尊晉也稱婼族所以尊晉婼行人故不言罪己○腆他典反從才用反〈疏〉注稱婼至罪己○正義曰卿當備書名氏去氏則為貶貴其婼之族言婼得免族所以尊晉而自貶也釋例曰意如至自晉衡言尊晉

衆已婼至自晉傳復重發但言晉者意始以衆見執宜在罪已婼本使人不應見執故尊晉而已內大夫行還皆不書今異於公也今此二人執而見釋史以書至見義也其言見義者見其喜得釋特告廟而書至也○二月

庚戌晉侯使士景伯涖問周故涖臨也就問子朝敬王知誰曲直○涖音利疏晉侯至周故○正義曰晉助敬王又會今使景伯涖周問曲直者以子朝更彊又競未定晉人恐敬王不成更審其事故疑而使察之也晉人於此乃辭王子朝不納其使則以前猶與往來其心既望至此始絕耳

士伯立于乾祭而問於介衆乾祭王城北門介大也○乾音干祭側界反介音戒注同晉人乃辭王子朝不納其使衆言子朝曲故○使所吏反○夏五月乙未朔日有食之梓慎曰將水陰勝陽故曰將水昭子曰旱也日過分而陽猶不克克必甚能無旱乎過春分陽氣盛時而不勝陰陰積聚必出故爲旱○猥烏罪反陽不

克莫將積聚也（陽氣莫然不動乃將積聚○陽不克莫絶句）○六月壬申王子朝之師攻瑕及杏皆潰（瑕杏敬王邑○瑕戶加反杏户孟反潰戶內反）鄭伯如晉子大叔相見范獻子獻子曰若王室何對曰老夫其國家不能恤敢及王室抑人亦有言曰嫠不恤其緯（嫠寡婦也織者常苦緯少寡婦所宜憂○相息亮反嫠本又作釐力之反緯有貴反）而憂宗周之隕爲將及焉（恐禍及己○隕于敏反）今王室實蠢蠢焉（蠢蠢動擾貌○蠢昌允反擾而小反本又作動擾）吾小國懼矣然大國之憂也吾儕何知焉吾子其早圖之詩曰缾之罄矣惟罍之恥（詩小雅罍大器缾小器常稟於罍者而所受罄盡則罍爲無餘故恥之○儕仕皆反缾本又作瓶步丁反罍音

雷 疏注詩小至耻之 正義曰此詩小雅蓼莪刺幽王之詩也或曰缾是器罍大缾小實由罍所資缾是小器常稟受於罍今缾罄盡罍更無物以共缾恥是罍之恥也缾喻周罍喻晉言周之微弱相依倚於晉今王室乱矣晉無力以助之是晉之恥也詩注云缾小而盡罍大而盈刺王不使富分貧衆恤寡 王室之不寧晉之恥也獻子懼而與宣子圖之宣子韓起乃徵會於諸侯期以明年爲明年會黄父傳。父音甫 秋八月大雩旱也終如叔孫之言。冬十月癸酉王子朝用成周之寶珪于河禱河求福。珪于河本或作沈于河沈直蔭反又如字 甲戌津人得諸河上珪自出水 陰不佞以溫人南侵不佞敬王大夫晉以溫救郊敬王南侵子朝 拘得王者取其玉將賣之則爲石王定而獻之不佞獻玉。拘音具王定而獻之本或作王定之 與之東訾喜得玉故與之邑在帝南訾城是也○訾子斯反○楚子爲舟師以略吳疆略行也行吳界將侵之○疆居良反冊小孟反下同沈尹戌曰此行也楚必亡邑不撫民而勞之吳不動而速之速召也吳踵楚躡楚踵跡○踵章勇反躡女輒反而疆埸無備邑能無亡乎越大夫胥犴勞王於豫章之汭汭水曲○埸音亦犴音岸勞力報反汭如銳反越公子倉歸王乘舟歸遺也○歸如字又其媿反乘繩證反力如字遺唯季反倉及壽夢帥師從王壽夢越大夫○夢莫公反王及圉陽而還圉陽楚地○圉魚呂反【疏】王及圉陽而還　正義曰王歸行及圉陽倉與壽夢而還遂歸於越也吳人踵楚而邊人不備遂滅巢及鍾離而還鍾離不書告敗略沈尹戌曰亡郢之始於此在矣王壹動而

亡二姓之帥（二姓之師守巢鍾離大夫○帥所類反注同）幾如是而不及郢詩曰誰生厲階至今爲梗（詩大雅厲惡階道梗病也○幾居豈反又音幾梗更猛反）【疏】（注詩大雅○正義曰此詩大雅桑柔刺厲王之詩也）其王之謂乎（爲定四年吳入郢傳）

經二十有五年春叔孫婼如宋○夏叔詣會晉趙鞅宋樂大心衛北宮喜鄭游吉曹人邾人滕人薛人小邾人于黄父（○詣五計反）○有鸜鵒來巢（此鳥穴居不在魯界故曰來巢非常故書○鸜其俱反嵇康音權本又作鴝音劬公羊傳作鸛音灌郭璞注山海經云鸜鵒鴝鵒也鵒音欲）【疏】（注此鳥至故書 正義曰此鳥穴居今驗猶然考工記云鸜鵒不○踰濟禹貢導沇水東流爲濟入于河溢爲滎東出于陶丘北又東至于荷又東北會于汶又北東入于海濟經齊魯之界魯在

汶水之南鸜鵒北方之鳥南不踰濟舊不在魯界今來魯而不穴又巢居故曰來巢傳曰書所無也是非常故書也公羊傳曰何以書記異也何異爾非中國之禽也宜穴又巢穀梁亦然案今大河以北皆有鸜鵒不得云非國之禽也宜穴又巢信然○**秋七月上辛大雩季辛又雩**季辛下旬之辛也言又重上事。○重直龍反又直用反○

【疏】注季辛至上事○正義曰月有三辛上辛上旬之辛也季辛下旬之辛也長歷推校此年七月己丑朔上辛月三日上辛二十三日也不書其日之辰空言辛者本見旱甚欲知二雩相去遠近耳無取於辰故空書辛也季辛又雩不言大者言又見其重上事上辛是大雩明季辛亦大雩也春秋旱則脩雩雩而得雨則書雩喜雩有益雩而不得雨則書旱以明災成此書二雩者上辛雩而得雨雨少尋即爲旱故季辛又雩傳曰秋書再雩旱甚也是言前雩少得雨旱甚而復雩故賈云上辛不注是也公羊傳曰又雩者何又雩者非雩聚以逐季氏也公以九月始孫豈七月已與季氏戰乎若使時實不旱亦不得託雩以聚衆矣○**九月己亥公孫于齊次于陽州**諱奔故曰孫若自孫讓而去位者陽州齊魯竟上邑未敢直前故次于竟○孫音遜

本亦作遜注及傳同竟音境下同○齊侯唁公于野井濟南祝阿縣東有野井亭齊侯來唁公公不敢遠勞故逆之往至野井○唁音彥弔失國曰唁○冬十月戊辰叔孫婼卒公不與小斂而書日者公在外非無恩○與音預斂力驗反○十有一月己亥宋公佐卒于曲棘陳留外黃縣城中有曲棘里宋地未同盟而赴以名十有二月齊侯取鄆取鄆以居公也○鄆音運

傳二十五年春叔孫婼聘于宋桐門右師見之右師樂大心居桐門語卑宋大夫而賤司城氏司城樂氏之太宗也卑賤謂其才德薄○昭子告其人曰右師其亡乎君子貴其身而後能及人是以有禮唯禮可以貴身故尚禮○今夫子卑其大夫而賤其宗是賤其身也賤人人亦賤己

能有禮乎無禮必亡為定十年宋大心出奔傳疏君子至必亡○正義曰揚子
法言云何以動而見敬曰敬人何以動而見侮曰侮人然則
貴人者人亦貴之卑人者人亦卑之此言凡人輕賤其身則
不能以尊貴之道及於他人若君子能自貴其身者已先貴
人欲其身之貴是以須有禮然後能以尊貴之道及於他人
既尊貴他人是以有禮○宋公享昭子賦新宮逸詩疏賦新宮○正義曰燕
禮記云升歌鹿鳴下管新宮鄭玄云新宮小雅逸篇也其詩
既逸知是小雅篇者管即笙也以燕禮及鄉飲酒升歌笙歌
同用小雅知新宮必是小雅但其詩辭義皆亡無以知其意也昭子賦車轄詩小雅周人思得賢
女以配君子昭子將為季孫迎宋公女故賦之○轄本又作舝胡瞎反將為于偽反疏注詩小至賦之○正義曰
周人思得賢女以配君子車舝詩序也注以下云逆女故知
將為季孫迎宋公之女故賦之杜必知為逆女而賦者以車
舝之詩論逆女之事其詩云間關車之舝兮思孌季女逝兮
言間關然設此車舝思戀孌然季女而往迎之又云辰彼碩
女令德來教皆論逆女之事又昭子因聘逆女已共宋公平
論故於享禮之時而賦車轄猶如季文子如宋致女還賦韓

亦之詩與此正同又何不可而劉炫以爲昭子賦車轄不爲逆女又以新宮非昏姻之事而規杜過矣然新宮既亡焉知非

是親好昏生異見於義非也○明日宴飲酒樂宋公使昭子右坐

坐宋公右以相近言改礼坐○樂音洛近附近之近礼坐如字又才卧反【疏】注坐宋至礼坐○正義曰燕礼云司宮筵賓于戶西東上小臣設公席于阼階上西鄉是礼坐公西向賓南向也宋公使昭子右坐令在宋公之右盖在宋公之北同西向以相近言其改礼坐也語相泣也樂祁佐助宴禮○退而告

人曰今茲君與叔孫其皆死乎吾聞之哀樂

可樂而哀○樂哀音洛注及下同○而樂哀可哀而樂皆喪心也心之精

爽是謂魂魄魂魄去之何以能久爲此冬叔孫宋公卒傳○

喪息浪反下同○季公若之姊爲小邾夫人平子庶姑與公若同母故

曰公若姊【疏】注平子至若姊○正義曰公若即平子之叔父也哀言平子之姑而云公若之姊明公若是平子庶叔

齊歸與公若同母敬曰公若嬉也。生宋元夫人宋元夫人平子之外甥。生子以妻季平子昭子如宋聘且逆之平子人臣而因卿逆季氏強橫。妻七計反橫華孟反。公若從從昭子。從才用反又如字注同。謂曹氏勿與魯將逐之曹氏宋元夫人曹氏告公公告樂祁樂祁曰與之如是魯君必出政在季氏三世矣文子武子平子疏注文子武子平子。正義曰武子生悼子悼子生平子政在季氏唯云三世不數悼子者悼子未爲卿而卒不執魯政故不數也十二年傳曰季悼子之卒也叔孫昭子以再命爲卿卿以再命乃得經書名氏七年十二月經書叔孫婼如齊涖盟其年十一月季孫宿卒是悼子先武子而卒平子以孫繼祖也魯君喪政四公矣宣成襄昭無民而能逞其志者未之有也國君是以鎮撫其民詩曰人之云亡心之憂矣

詩大雅言無人則憂患至○逞勑景反○魯君失民矣焉得逞其志請以待命猶可動必憂爲下公孫傳○焉於虔反○夏會于黃父謀王室也王室有子朝亂謀定之○趙簡子令諸侯之大夫簡子趙鞅輸王粟具戍人曰明年將納王納王於王城○子大叔見趙簡子簡子問揖讓周旋之禮焉對曰是儀也非禮也【疏】簡子至非禮○正義曰樂記云簠簋俎豆制度文章礼之器也升降上下周旋裼襲礼之文也又曰鋪筵席陳尊俎列籩豆以升降爲礼者礼之末節也故有司掌之仲尼燕居云子張問礼子曰師爾以爲必鋪几筵升降酌獻酬酢然後謂之礼乎言而履之礼也又五年傳云公如晉自郊勞至于贈賄礼無違者晉侯以爲知礼女叔齊曰是儀也非礼也此所揖讓周旋之礼又云是儀也非礼也此此諸文皆言礼與儀異礼之與儀非爲異矣但所從言之有不同耳礼是儀之心儀是礼之貌本其心謂之礼察其貌謂之儀行礼必爲儀

爲儀未是禮故云儀非禮也鄭玄禮序云禮者躰也履也統之於心曰禮踐而行之曰履此訓兩釋良有以也鄭謂躰爲禮履爲儀是其所以禮儀别也簡子曰敢問何謂禮對曰吉也聞諸先大夫子産曰夫禮天之經也經者道之常○地之義也義者利之宜○民之行也行者人所履行○之行下孟反注同天地之經而民實則之則天之明日月星辰天之明也因地之性高下剛柔地之性也

疏 夫禮至之性○正義曰自夫禮至因地之性言禮本法天地也自生其六氣至民失其性言天用氣味聲色以養人不得過其度也是故爲禮以下言聖人制禮以奉天性不使過其度也經常也義宜也夫禮者天之常道地之宜利民之所行也天地之有常道人民實法則之法則天之明道因循地之恒性聖人所以制作此禮也此傳文於天言常則地亦常也於地言義則天亦義也覆言天地之經明天地皆有常也天有常明之義地有常利之義也覆云則天之明是天以明爲常因地之性則地以性爲義是天以光明爲常義地以剛柔爲常義義謂義理性謂本性

言天地性義有常可以爲法故民法之而爲禮也○注經者
道之常義者利之宜○正義曰覆而無外高而在上運行不
息日月星辰温凉寒暑皆是天之道也訓經爲常故言道之
常也載而無弃物無不殖山川原隰剛柔高下皆是地之利
也訓義爲宜故云利之宜也杜以今文孝經云用天之道分
地之利故天以道言之地以利言之天無形言其有道理也
地有質言其有利益也民之所行法象天地象天而爲之者
皆是天之常也象地而爲之者皆是地之宜也故禮爲天之
經地之義也孝經以孝爲天之經地之義者孝是禮之本禮
爲孝之末本末別名理實不異故取法天地其事同也○注
行者人所履○正義曰民謂人也人稟天地之性而生動作
皆象天地其踐履謂之爲行但人有賢與不肖行有過與不
及聖人制爲中法名之曰禮故禮是民之行也行者人之所
履也易及爾雅並訓履爲禮是禮名由踐履而生也人之本
性自然法象天地聖人還復法象天地而制禮教之是禮由
天地而來故仲尼說孝子産論禮皆天地民三者並言之○
注日月星辰天之明也高下剛柔地之性也○正義曰則天
之明杜以爲日月星辰者以下傳云爲父子兄弟昏媾姻亞
以象天明若衆星之共北辰故知天明日月星也杜知高下
剛柔地之性者以下傳云爲君臣上下以則地義則君高臣

下臣柔君剛地義則地之性也傳文上下其理分明人法天地其事多種杜以天明地義章要而言故不備顯刑罰威獄溫慈惠和劉炫責杜不具載其文而規其過非也此傳文天言則地言因者民見地有宜利因取而法效之因亦則之義也既言天之經不可復言地之經故變文稱義既言則天之明不可復言則地之性故變文言因因之與則互相通也正義是變文使相辟耳。生其六氣謂陰陽風雨晦明。用其五行金木水火土。氣為五味酸鹹辛苦甘。發為五色青黃赤白黑發見也。見賢遍反下解見同。章為五聲宮商角徵羽。徵張里反淫則昏亂民失其性滋味声色過則傷性疏生其至其性。正義曰此言天用氣味声色以養人不得過其度也因上則天之下更復奉之於天傳稱天有六氣此言生其六氣謂天生之也用其五行者天用之也上天用此五行以養人五行之氣入人之口為五味發見於目為五色章徵於耳為五声味以養口色以養目聲以養耳此三者雖復用以養人人用不得過度過度則為昏乱使人失其恒性故須為礼以節之。注金木水火土。正義曰洪範云五行一曰水二曰火三曰木四曰金

五曰土孔安国云皆其生數是其以生數爲次也大禹謨謂
六府云水火金木土穀五行之次與洪範異者以相剋爲次
也此注言金木水火土者隨便而言之不以義爲次也五物
世所行用故謂之五行五者各有材能傳又謂之五材此傳
所謂祝意意在味色声也但味色声本於五行而來五行又
是六氣所生故先言六氣五行然後至於味色聲也釋名五
氣於其方各施行白虎通云言爲天行氣於謂之五行○注
酸鹹辛苦甘○正義曰洪範又演五行云水曰潤下火曰炎
上木曰曲直金曰從革土爰稼穡潤下作鹹炎上作苦曲直
作酸從革作辛稼穡作甘孔安国云鹹水鹵所生苦焦氣之
味酸木實之性辛金之氣味甘味生於百穀是言五行之氣
爲五味水味鹹火味苦木味酸金味辛土味甘也五行本性
自有此氣氣至於人乃爲五味味之爲異入口乃知言氣
爲五味謂氣入口與下章也發也皆據人知爲文味爲性所
有色是形之貌声是質之響音色可近視聲可遠聞自近以及
遠故以口目耳所知味色聲爲次也○注青黃至見也○正
義曰五色五行之色也木色青火色赤土色黃金色白水色
黑也木生柯葉則青金被磨礪則白土黃火赤水黑則本質
自然也發見也謂見於人目有此五色○注宮商角徵羽○
正義曰聲之清濁差爲五等聖人因其有五分配五行其[illegible]

來由五行而來也但既配五行即以五者爲五行之聲土爲宫金爲商木爲角火爲徵水爲羽聲之清濁入耳乃是章徵於人爲五聲也此言章爲五聲元年傳云徵爲五聲章徵不同者據聲之至人是爲章徵據人之知聲則爲徵驗是彼此之異言耳○注滋味至傷性○正義曰老子云五味令人口爽五色令人目盲五音令人耳聾言其過耽者之則有此病是其過則傷本性也**是故爲禮以奉之**制禮以奉其性**爲六畜**馬牛羊雞犬豕○畜許又反又褚六反**五牲**麋鹿麏狼兔○麋亡悲反麏君九倫反本亦作麇**三犧**祭天地宗廟三者謂之犧**以奉五味爲九文**謂山龍華蟲藻火粉米黼黻也華若草華藻水草火畫火粉米若白米黼若斧黻若兩已相戾傳曰火龍黼黻昭其文也○黼音甫黻音弗

【疏】是故至五味○正義曰口欲嘗味目欲視色耳欲聽聲人之自然之性也欲之不已則失其性聖人慮其失性是故爲禮以奉養其性使不失也牲犧祭祀所用非人所食而以牲犧奉五味者禮推人道以事神神之所享皆是人食尊鬼神而異其名耳故亦爲奉五味○注馬牛羊雞犬豕○正義曰爾雅釋畜馬牛羊犬雞五者之名其豕在釋獸之篇畜養也家養謂之畜野生謂之

獸豕有野豕故因記之於釋獸耳又釋畜之末別釋馬牛羊豕犬雞六者之名其下題曰六畜謂此是也周禮膳夫云膳用六牲是庖用六牲也庖人掌其六畜鄭玄云六牲馬牛羊豕犬雞六畜即六牲也始養之曰畜將用之曰牲是畜牲一也○注𪊑麃麏狼兎○正義曰十一年傳曰五牲不相爲用注云五牲牛羊豕犬雞此異彼者以上文已言六畜則五牲非六畜故別解之周禮庖人掌共六獸鄭衆云六獸麋鹿熊麏野豕兎鄭玄云獸人冬獻狼夏獻麋又內則無熊則六畜當有狼而熊不屬今杜解五牲之名用鄭玄六獸之說去野豕而以其餘當之也傳稱牛卜日曰牲鄭玄云將用之曰牲此五者實獸也擾其將用祭祀故名之曰牲服虔云牲麏鹿熊狼野豕○注祭天至之犧○正義曰尚書泰誓武王數紂之罪云乃夷居弗事上帝神祇遺厥先宗廟弗祀犧牲粢盛旣于凶盜於神祇宗廟之下摠言犧牲牲雞不見古文其言闇與之會是祭天地宗廟之牲謂之犧也然則犧亦六畜而別言之者周禮牧人凡祭祀共其犧牲以授充人繫之鄭玄云犧牲毛羽完具也授充人者當殊養之然則六畜之內取其毛羽完具別養以共祭祀者乃名爲犧故與六畜異言之也服虔云三犧鴈鶩雉也○注謂山至文也○正義曰尚書益稷篇云帝曰予欲觀古人之象日月星辰山龍華蟲作會

宗彝藻火粉米黼黻絺繡以正采彰施于五色作服汝明尚書之文如此其解者多有異說孔安國云日月星爲三辰華象草華蟲雉也畫三辰山龍華蟲於衣服旌旗會五采也以五采成此畫焉宗廟彝樽亦以山龍華蟲爲飾藻水草有文者火爲火字粉若粟冰米若聚米黼若斧形黻爲兩己相背葛之精者曰絺五色備曰繡如孔此言日也月也星辰也山也龍也華也蟲也七者畫於衣服旌旗山龍華蟲四者亦畫於宗廟彝器藻也火也粉也米也黼也黻也六者繡之於裳如此數之則十三章矣天之大數不過十二若爲十三無所法象或以爲孔并華蟲爲一其言華象草華蟲雉者言象草華之蟲故爲雉也若華別以草安知蟲爲雉乎未知孔意必然以否鄭玄讀會爲繢謂畫也絺爲繡謂刺也宗彝謂虎蜼也周禮宗廟彝器有虎彝蜼彝故以宗彝名虎蜼也周禮有衮冕鷩冕毳冕其衮鷩毳者各是其服章首所畫舉其首章以名服耳衮是衮龍也衮冕九章以龍爲首鷩是華蟲也鷩冕七章以華蟲爲首毳是虎蜼也毳冕五章以虎蜼爲首虎毛淺蜼毛深故以毳言之毳亂毛也如鄭此言則於尚書之文其章不次故於周禮之注具分辨之鄭於司服之注具引尚書之文乃云此古天子冕服十二章絺或作黹字之誤也王者相變至周而以日月星辰畫於旌旗所謂三辰旂旗昭

其明也而冕服九章登龍於山登火於宗彝尊其神明也九
章初一曰龍次二曰山次三曰華蟲次四曰火次五曰宗彝
皆畫以爲繢次六曰藻次七曰粉米次八曰黼次九曰黻皆
絺以爲繡則袞之衣五章裳四章凡九也鷩畫以雉謂華蟲
也其衣三章裳四章凡七也毳畫虎雉謂宗彝也其衣三章
裳二章凡五也是鄭玄之說華蟲爲一粉米爲一也杜之此
注亦以日月星辰畫於旌旗九文唯言衣服之文謂山也龍
也華也蟲也藻也粉米也黼也黻也以此爲九杜言華若草
華而不言蟲則華蟲各爲一也粉米若白米是粉米共爲一
也詩云魚在在藻爲水章也孔安國云火爲火字考工記畫
繢之事火以圜鄭衆云爲圜形以火鄭玄云形如半環然則
杜言火畫火蓋同安國爲火字也粉米色白故粉米若白米
也考工記曰白與黑謂之黼孔安國云黼若斧形謂刃白而
身黑故若斧也黻爲兩已相戾今之刺黻猶然也引栢二年
傳曰火龍黼黻昭其文也者以證此九文是山龍之屬也世
本云胡曹作冕注云胡曹黃帝臣也繫辭云黃帝堯舜垂衣
裳而天下治蓋取諸乾坤則冕服起於黃帝也加飾起自唐
虞即書云予欲觀古人之象云云是也所以衣服畫日月星
等者象王者之德照臨天下如三光之耀也山體鎮重象王
者之德鎮重安靜四方又能潤益含靈如山興雲致雨也龍

若水物也象王者之德流通無壅如水利蒼生又龍𦀰卷變化無方象人君有無方之德也華蟲即鷩雉雉有文章表王者有文章之德也宗彝常也宗廟之常器有六彝今唯取虎蜼者虎取毛淺而有威蜼取毛深而有知以表王者有深淺之知威猛之德也藻者水草是鮮絜之物生於清水能隨短長象王者之德冰清玉絜隨機應物濟民設教不肅而成也火者火姓炎上用表王者之德能使率土羣黎向歸上命也粉米者米能濟人之命表王者有濟養之德也黼白與黑形若斧斧能裁斷以象王者有裁斷之德也黻之言犮犮背也黑與青謂之黻作兩已字相背象王者能綏化兆民能使向已背惡以從善故爲黻也日之質赤月星之質白山作獐考工記云山以獐也龍爲騰躍之形似獼猴而大也章次如此者王者與天也合其德日月星天用昭明日最爲盛所以居先月星光劣其次之也上以象天下宜法地地之形勢莫大於山故次三光也龍爲水物水出於山故次之也華蟲象於禮樂文章以禮樂文章潤於萬物故以次龍也宗彝所以次華蟲者言王者既有禮樂須威知乃行無威則民不畏無知則教不成故以次也藻所以次宗彝者王者威知之德隨世而應故以次也火者言王者有德必向歸仰之如火向上故次之也米所以次火者民既歸王王須濟活濟活之理得

米爲生故次之也黼所以次米者言王者能濟活兆民宜裁斷合理如斧之斷决故以次之黻所以次黼者臣既裁斷得所善惡各有分宜人皆背惡從善故以次之○**六采**畫繢之事雜用天地四方之色青與白赤與黑玄與黃皆相次謂之六色○繢戶對反○疏注畫繢至六色○正義曰考工記云畫繢之事雜五色東方謂之青南方謂之赤西方謂之白北方謂之黑天謂之玄地謂之黃青與白相次赤與黑相次玄與黃相次鄭玄云此言畫繢六色所象及布采之第次此杜取彼記文省約而爲之辭也**五章以奉五色**青與赤謂之文赤與白謂之章白與黑謂之黼黑與青謂之黻五色備謂之繡集此五章以奉成五色之用疏注青與至之用○正義曰謂之繡以上皆考工記文也此刺繡之文以北方相次色亦采也六采謂繢畫五色謂刺繡故令色采之文異耳鄭注尚書性曰采施曰色味色聲三事色居其中故杜言集此五章以奉成五色之用明上下二文亦集此所陳以奉成五味五聲之用舉中以明上下也**爲九歌八風七音六律以奉五聲**解見二十年**爲君臣上下以則地義**君臣有尊卑法則有高下**爲**

夫婦外內以經二物夫治外婦治內各治其物疏爲君至二物正義曰此更覆上因地之義也爲父子以下至生殖長育覆上則天之明也地有高下聖人制禮爲君臣上下君在上臣在下以法則地之義也以地有剛柔爲夫婦外內夫治外婦治內以經紀二物也物事也治理外內之二事也上云天之經也地之義也又云則天之明因地之性再重言之皆先天後地但法地事少則天事多故上先言法天後言法地此先云爲君臣上下以則地義始云爲父子兄弟以象天明者以其則地事少故先言之象天事多欲下就以從四時類其震曜殺戮及生殖長育皆是象天之事欲使文相連接故後言之也下云以象天明則此當云以象地性而云以則地義者義之與性一也因其先言故遠覆上文地之義也爲父子兄弟姑姊甥舅昏媾姻亞以象天明六親和睦以事嚴父若衆星之共辰極也妻父曰昏重昏曰媾壻父曰姻兩壻相謂曰亞○媾古豆反姻音因亞於嫁反本亦作婭同重直龍反○疏注六親至曰亞○正義曰老子云六親不和焉有孝慈六親謂父子兄弟夫婦也孝經曰孝莫大於嚴父論語云北辰居其所而衆星共之六親父爲尊嚴衆

星北辰爲長六親和睦以事嚴父若衆星之共北極是其象天明也妻父爲昏壻父爲姻兩壻相謂曰亞皆釋親文也重昏曰媾爾雅無文相傳謠耳釋親文曰男子先生爲兄後生爲弟男子謂女子先生爲姊後生爲妹父之姊妹爲姑母之昆弟爲舅謂我舅者吾謂之甥此皆世俗常言杜不解者爲易知故也

爲政事庸力行　在君爲政在臣爲事民功曰庸治功曰力

務以從四時　行其德教務其時要禮之本也○治直吏反○【疏】注在君至本也○正義曰論語云冉子退朝子曰何晏對曰有政子曰其事也如有政雖不吾以吾其與聞之於時冉子仕於季氏稱季氏有政孔子謂之爲事是在君爲政在臣爲事也此對文別耳論語稱孝友是亦爲政明其政事通言也民功曰庸治功曰力周禮司勳文也鄭玄以爲庸謂法施於民若后稷力謂制法成治若咎繇司勳又云王功曰勳國功曰功事功曰勞戰功曰多鄭注云王功者若周公國功者若伊尹事功者若禹戰功者若韓信陳平行其德教務其時要使民春耕夏耘秋斂冬藏聖王之化先致力於民是爲禮之本也○

爲刑罰威獄

使民畏忌以類其震曜殺戮　雷震電曜天之威也聖人作刑戮以象類

○爲溫慈惠和以效天之生殖長育民有好惡喜怒哀樂生于六氣此六者皆稟陰陽風雨晦明之氣○效戶孝反長丁丈反好呼報反注及下於好皆同惡烏路反下注及下於惡皆同樂音洛下及注皆同○[疏]注此六至之氣○正義曰賈逵云好生於陽惡生於陰喜生於風怒生於雨哀生於晦樂生於明謂一氣生於一志謬矣杜以元年傳云天有六氣降生五味謂六氣共生五味非一氣生一味此民之六志亦六氣共生之非一氣生一志故云此六者皆稟陰陽風雨晦明之氣言共稟六氣而生也○是故審則宜類以制六志爲禮以制好惡喜怒哀樂六志使不過節[疏]是故至六志○正義曰民有六志其志無限是故人君爲政審法時之所宜事之所類以制民之六志使之不過節也下云審行信令謂人君行之知此審則宜類亦是人君則之審者言其謹慎之意也此六志禮記謂之六情在己爲情情動爲志情志一也所從言之異耳哀有哭泣樂有歌舞喜有施舍怒有戰鬬喜生於好怒生於

惡是故審行信令禍福賞罰以制死生生好物也死惡物也好物樂也惡物哀也哀樂不失乃能協于天地之性是以長久（協和也○）簡子曰甚哉禮之大也對曰禮上下之紀天地之經緯也（經緯錯居以相成者）疏（天地之經緯○正義曰言礼之於天地猶織之有經緯得經緯相錯乃成文如天地得礼始成就○）民之所以生也是以先王尚之故人之能自曲直以赴禮者謂之成人大不亦宜乎（曲直以弼其性）疏（注故人至宜乎○正義曰劉炫云礼有宜曲宜直不可信情而行故人之能自曲直以赴於礼者謂之為成人不能赴礼則不成為人謂之為大不亦宜乎赴謂奔走也言弼諧己性奔走以赴礼也恐劉炫義未當○注曲直以弼其性○正義曰性曲者以礼直之性直者以礼曲之故云曲直以弼其性也○）簡子曰

鞅也請終身守此言也鞅能守此言故終免於晉陽之難○以赴禮者趙鞅或作從難乃旦反宋樂大心曰我不輸粟我於周爲客二王後爲賓客若之何使客晉士伯曰自踐土以來踐土在僖二十八年宋何役之不會而何盟之不同曰同恤王室子焉得辟之子奉君命以會大事而宋背盟無乃不可乎右師不敢對受牒而退右師樂大心○焉於虔反背音佩下同

疏受牒而退○正義曰說文云簡牒也牒札也於時號令輸王粟具戍人宋之明出人粟之數書之於牒受牒而退言服從也

士伯告簡子曰宋右師必亡奉君命以使而欲背盟以干盟主無不祥大焉言不善無大此者爲定十年宋樂大心出奔傳○使所吏反

有鸜鵒來巢

書所無也師已曰異哉吾聞文武之世童謠有之師已魯大夫○已音紀一音祀謠音遥○曰鸜之鵒之公出辱之言鸜鵒來則公出辱也○【疏】鸜之鵒之○正義曰此鳥以兩字爲名但謠辭必韻故分言之鸜鵒之羽公在外野往饋之馬饋遺也○饋音求位反遺唯季反○鸜鵒跦跦公在乾侯跦跦跳行貌○跦張于反又張留反跳直彫反徵褰與襦褰袴○褰起虔反字林已偃反又音衍襦本或作繻而朱反袴苦故反說文作絝○【疏】注褰袴○正義曰內則云童子不衣襦袴是衣有袴也以可褰行故以褰爲袴鸜鵒之巢遠哉遥遥稠父喪勞宋父以驕稠父昭公死外故喪勞宋父定公代立故以驕○稠直留反父音甫下同喪息浪反注同鸜鵒鸜鵒往歌來哭昭公生出歌死還哭童謠有是今鸜鵒來巢其將及乎將及禍也○秋書再雩旱

甚也【疏】秋書再雩旱甚○正義曰：既言旱甚，而經不書旱者，傳言旱甚，解經一月再雩。再雩雖曰旱甚，然而後雩得雨，不一至成災，故不書旱。○初，季公鳥娶妻於齊鮑文子，生甲。公鳥，季公亥之兄，平子庶叔父。○娶，七住反。○公鳥死，季公亥與公思展與公鳥之臣申夜姑相其室。公亥即公若也。展，季氏族。相，治也。○夜，本或作射，音夜，又音亦。相，息亮反，注同。及季姒與饔人檀通，季姒，公鳥妻，鮑文子女。饔人，食官。○姒音似。檀，直丹反，人名也，或市戰反。而懼，乃使其妾抶己，以示秦遄之妻，秦遄，魯大夫。妻，公鳥妹秦姬也。○抶，敕乙反。遄，市專反。○曰："公若欲使余，余不可而抶余。"又訴於公甫，公甫，平子弟。○訴音素，又作愬。曰："展與夜姑將要余。"要劫我以非禮。○展與夜姑，並如字。公思展及申夜姑也。與，及也，讀或作餘音者，非也。要，一遥反，下同。○秦姬以告公之，公之亦平子弟。公

之與公甫告平子平子拘展於下而執夜姑

將殺之公若泣而哀之曰殺是是余殺也將

爲之請平子使豎勿內日中不得請有司逆

命執夜姑之有司欲迎受殺生之命○爲于僞反公之使速殺之故公若

怨平子季郈之雞鬬季平子郈昭伯二家相近故雞鬬○郈音后字林下遘反近附

近之近又如字季氏介其雞擣芥子播其羽也或曰以膠沙播之爲介雞○介又作芥音界疏

注擣芥至介雞○正義曰杜此二解一讀介爲芥擣芥子爲末播其雞羽賈逵云擣芥子爲末播其雞翼可以坌郈氏雞

目是此說也鄭衆云介甲也爲雞著甲高誘注呂氏春秋云鎧著雞頭杜又云或曰不知誰說以膠沙播之亦不可解盖

以膠塗雞之足爪然後以沙糝之令其澁得傷彼雞也以郈氏爲金距言之則著甲是也郈氏爲之

金距平子怒怒其不下已○下遐嫁反益宮於郈氏侵郈氏室以自益○

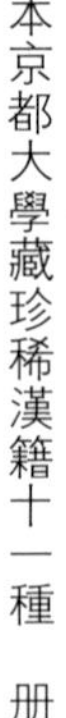

且讓之讓責也○故郈昭伯亦怨平子臧昭伯之從
弟會昭伯臧爲子○從才用反後從者皆同○爲讒於臧氏而逃於季
氏臧氏執旃平子怒拘臧氏老將禘於襄公
萬者二人其衆萬於季氏禘祭也萬舞也於禮公當三十六人○禘大計
反○【疏】將禘至季氏○正義曰季氏私祭家廟與禘同日言將禘是禘襄公也衆人少季氏先使自足故於公萬
者唯有二人其衆萬於季氏輕公重已故大夫遂怨○注禘
祭至六人○正義曰釋例曰三年喪畢致新死之主以進於
廟於是乃大祭於大廟以審定昭穆謂之禘禘於大廟禮之
常也各於其宮時之爲也雖非三年大祭而書禘用禘禮也
釋天云禘大祭也執干戚而舞謂之萬舞也隱五年傳說舞
佾之差云諸侯用六是於禮法當三十六人也此以正禮言
耳亦不知昭公時魯君用六佾以否公羊傳曰昭公告子家駒
曰季氏僭公室吾欲弑之何如子家駒曰諸侯僭天子大夫
僭諸侯久矣公曰吾何僭矣哉子家駒曰設兩觀乘大路朱
干玉戚以舞大夏八佾以舞大武此皆天子之禮也如彼傳

文當時或僭八佾 佾不必用六也○臧孫曰此之謂不能庸先君之

廟不能用禮也盡 襄公別立廟○疏注盡襄公別立廟○正義曰杜以 襄君以次遞毀則廟與先公同數

禘於襄公亦應甞祭於廟今特云禘於襄 公似與先公異廟故云盡襄公別立廟○大夫遂怨平

子公若獻弓於公爲公爲昭公 子務人○且與之出射於

外而謀去季氏公爲告公果公賁果賁皆公爲 弟○去起呂

反賁音奔又扶 云反又彦義反公果公賁使侍人僚柤告公公寢

將以戈擊之乃走公曰執之亦無命也獨言執 之無勑

命○侍人本亦作 寺人柤側加反○懼而不出數月不見公不怒又

使言公使戈以懼之乃走又使言公曰非小

人之所及也謂僚柤登小人○數所主 反下數世同見賢遍反○公果自言

公以告臧孫，臧孫以難。言難逐。○難，如字，注同。○告郈孫，郈孫以可，勸。告子家懿伯。子家羈，莊公之玄孫。○郈孫以可，絕句。勸，勸公逐季氏也。懿伯曰：「讒人以君徼幸，事若不克，君受其名，受惡名。○徼，古堯反。不可為也。疏讒人至為也○正義曰：讒人謂公若、郈孫之徒。讒季氏者勸君使伐季氏，以君徼天之幸，幸而得勝，則以爲己功；不勝，則推君爲惡，不可從也。舍民數世，以求克事，不可必也。疏舍民至必也○正義曰：克，勝也。言君從上以來舍民已經數代，今以求勝此事，不可必也。且政在焉，其難圖也。」公退之。退使去。○舍，音捨。辭曰：「臣與聞命矣，言若洩，臣不獲死。」乃館於公。懼受洩命之罪，故留公宮以自明。○與，音預。洩，息列反，又以制反，注同，漏泄也。叔孫昭子如闞，闞，魯邑。○闞，口暫反。公居於長府。長府，官府名。九月戊戌

伐季氏殺公之于門遂入之平子登臺而請
曰君不察臣之罪使有司討臣以干戈臣請
待於沂上以察罪弗許魯城南自有沂水平子欲出城待罪也大沂水出盖縣南
至下邳入泗○沂魚依反疏注魯城至入泗○正義曰例土地名襄十八年沂水出東莞盖縣又山南經琅邪東
海至下邳縣入泗此沂水出魯国魯縣西南入泗水是沂水有二也此注云魯城南自有沂水謂出魯縣者也又云大沂
水出盖縣南至下邳入泗謂襄十八年之沂水也以其有二故辯明之○請因于費弗許
請以五乘亡弗許子家子曰君其許之政自
之出久矣隱民多取食焉隱約窮困束縄證反○為之徒
者衆矣日入慝作弗可知也慝姦惡也日冥姦人將起叛君助季
氏不可知○慝他得反冥亡定反○衆怒不可蓄也季氏衆○蓄勅六反本亦作畜下並

傳二十五

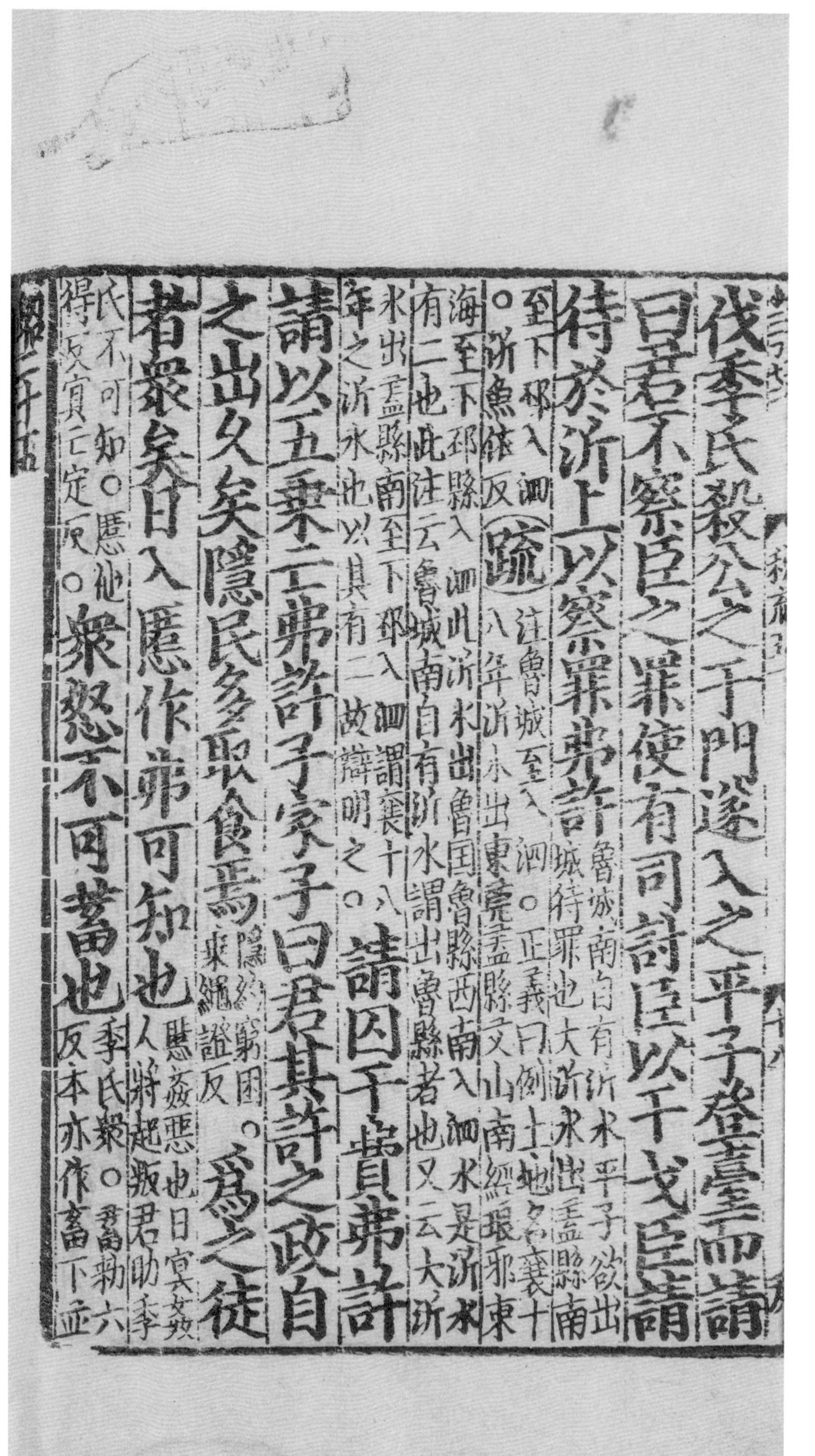

叵○畜而弗治將薀〔薀積也○薀本亦作溫紆粉反〕薀畜民將生心生心同求將合〔與季氏同求叛君者〕君必悔之弗聽郈孫曰必殺之公使郈孫逆孟懿子〔懿子仲孫何忌〕叔孫氏之司馬鬷戾言於其衆曰若之何莫對〔衆疑所動○鬷子公反戾力計反○〕又曰我家臣也不敢知國凡有季氏與無於我孰利皆曰無季氏是無叔孫氏也鬷戾曰然則救諸帥徒以往陷西北隅以入〔陷公圍也○陷陷沒之陷隅本或作堣音同○〕公徒釋甲執冰而踞〔言無戰心也冰櫝丸蓋或云櫝丸是箭筩其蓋可以取飲○踞音據櫝音獨丸胡官反筩音童又音動一音勇〕

【疏】公徒至而踞○正義曰二十七年傳說此事云豈其伐人而說甲執冰以游則此踞是游也曲禮云遊無倨倨是慢也謂

傲慢而遊戲○注言無至取飲○正義曰賈逵云冰櫝丸蓋也則是拒傳爲此言也方言曰弓藏謂之鞬或謂之櫝丸如彼文則櫝丸是盛弓者也此或說櫝丸是箭筩其蓋何以取飲十三年傳云司鐸射奉壺飲冰謂執此也詩云抑釋掤忌抑鬯弓忌鬯藏弓則冰藏矢也毛傳云掤所以覆矢掤與冰字雖異音義同是一器也○遂逐之逐公徒○孟氏使登西北隅以望季氏見叔孫氏之旌以告孟氏執郈昭伯殺之于南門之西遂伐公徒子家子曰諸臣僞劫君者而負罪以出君止使若并君本意者君自可止不出○【疏】子家至君止○正義曰子家子以爲公本意自伐季氏非劫諸臣所劫今子家意欲得令諸臣等僞作劫君以伐季氏者令負罪而出君自可止○意如之事君也不敢不攺意如季平子名公曰余不忍也與臧孫如墓謀辭先君且謀所奔○遂行己亥公孫于齊次于陽

州齊侯將唁公于平陰公先至于野井齊侯曰寡人之罪也使有司待于平陰爲近故也齊侯自咎本不敕有司遠詣陽州而欲近會于平陰故令魯侯過其先至野井遂見迎唁自咎以謝公。爲于僞反咎其九反下同令力呈反書曰公孫于齊次于陽州齊侯唁公于野井禮也將求於人則先下之禮之善物也物事也謂先社至野井。下遐嫁反齊侯曰自莒疆以西請致千社二十五家爲社千社二萬五千家欲以給公。疆居良反(疏)注二十五家爲社正義曰礼有里社故特牲韻唯爲社事單出里以二十五家爲里故知二十五家爲社也以待君命待君伐季氏之命寡人將帥敝賦以從執事唯命是聽君之憂寡人之憂也公喜子家子曰天祿不再天

若胙君不過周公以魯足矣失魯而以千社

爲臣誰與之立爲齊臣。胙才路反。疏天祿至之位。正義曰天之福祿不可再請得齊千社復得魯國也胙報也天若報君終不得過於周公周公止封魯以魯封君足矣若既得魯國又得千社則是過周公矣周公理不可過得齊千社失魯國也既失魯國而以千社爲臣於齊誰復與之立也言從君之人皆將棄君去矣

且齊君無信不如早之晉弗從臧昭伯率

從者將盟載書曰戮力壹心好惡同之信罪

之有無信明也處者有罪從者無罪。戮音六又力彫反繾綣從公無通

外內繾綣不離散。繾音遣綣起阮反以公命示子家子子家子

曰如此吾不可以盟羈也不佞不能與二三

子同心而以爲皆有罪從者陷君罪者逐君皆有罪也或欲通外

內且欲去君去君爲負罪故弃不必繾綣從公二三子好亡而惡定焉可同也陷君於難罪孰大焉通外內而去君君將速入弗通何爲而何守焉乃不與盟何必守公○好呼報反惡烏路反焉可於虔反難乃旦反不與音預昭子自闞歸見平子平子稽顙曰子若我何昭子曰人誰不死子以逐君成名子孫不忘不亦傷乎將若子何平子曰苟使意如得改事君所謂生死而肉骨也昭子從公于齊與公言子家子命適公館者執之恐從者知叔孫謀○稽音啓顙息黨反公與昭子言於幄內曰將安衆而納公昭子請歸安衆○幄於角反公徒

將殺昭子【疏】公徒將殺昭子○正義曰昭子謀歸安衆而從納公則獨公得入從公伐季氏者不得入故欲殺昭子也伏諸道伏道左師展告公公使昭子自鑄歸辟伏兵○鑄之搗反平子有異志不欲復納公○復扶又反冬十月辛酉昭子齊於其寢使祝宗祈死戊辰卒恥爲平子所欺因祈而自殺○齊側皆反本又作齋左師展將以公乘馬而歸公徒執之展魯大夫欲與公俱輕歸○乘如字騎馬也輕遣政反【疏】左師至而歸○正義曰古者服牛乘馬馬以駕車不單騎也至六國之時始有單騎蘇秦所云車千乘騎萬匹是也曲禮云前有車騎者禮記漢世書耳經典無騎字也炫謂此左師展將以公乘馬而歸欲共公單騎而歸此騎馬之漸也○壬申尹文公涉于鞏焚東訾弗克文公子朝黨於鞏縣涉洛水也東訾敬王邑○十一月宋公元公將爲公故如晉請納公○爲音于僞反

夢大子欒即位於廟，已與平公服而相之平公元公父。相息亮反【疏】服而相之。正義曰言已與父平公盛服飾而輔相之也且召六卿。公曰：寡人不佞，不能事父兄父兄謂華向以爲二三子憂，寡人之罪也。若以羣子之靈，獲保首領以歿，唯是楄柎所以藉幹者楄柎棺中笭牀也幹骸骨也。歿音沒楄蒲田反柎步口反又音附藉在夜反笭力丁反骸戶皆反【疏】注楄柎至骨也。正義曰說文云楄方木也幹脅也木以藉脅明是棺中笭牀也宋元所言藉幹者舉脅而言耳非獨爲脅故云幹骸骨也請無及先君欲自貶損。仲幾對曰：君若以社稷之故，私降昵宴，羣臣弗敢知昵近也降昵宴謂損親近聲樂飲食之事。昵女乙反若夫宋國之法，死生之度，先君有命矣。羣臣以死守之弗敢失隊臣之失職常刑不赦臣不忍其死君命祗辱言君命必不行祗適也○隊直類反祗音支宋公遂行巳亥卒于曲棘爲明年粲立據語起本○十二月庚辰齊侯圍鄆欲取以居公不書圍鄆人自服不成圍【疏】注欲取至成圍○正義曰經書取鄆而傳言圍鄆逵云鄆人自服不成圍以傳云書取言易也故賈爲此解杜從之也劉炫以爲此時圍鄆而未得明年方始取之經即因圍書取傳言實圍之日非自服也而規杜氏今知非者案二十六年公圍成亦是圍而不得而書圍此若圍鄆不得何以不書圍案元年莒取鄆書取不言伐此圍鄆取鄆亦書取不言圍其義正同何爲不可劉何知此年圍鄆未服鄆若未服經何得書取苟出胷臆而規杜氏非也○初臧昭伯如晉臧會竊其寶龜僂句僂句龜所出地名○僂力主反又力具反句居具反【疏】注僂句至地名○正義曰釋魚云一曰神龜二曰靈龜三曰攝龜四曰寶龜五曰文龜六曰筮龜七曰山龜八曰澤龜九曰水龜十曰火龜則龜名

一无倦句故云所出地之名臧氏有蔡又有此盖所宝非一以以卜爲信與僭僭吉僭不信也○僭子念反注同臧氏老將如晉問問昭伯起居會請往代家老行昭伯問家故盡對故事也及內子與母弟叔孫則不對內子昭伯妻不對若有他故再三問不對歸及郊會逆問又如初又不對至次於外而察之皆無之執而戮之逸奔郈郈魴假使爲賈正焉郈在東平无鹽縣東南魴假郈邑大夫賈正掌貨物使有常價若市吏○魴音房賈音嫁注同【疏】使爲賈正焉○正義曰賈正如周禮之賈師也賈師二十四則一人其職云各掌其次之貨賄之治辨其物而均平之其貴賣者使有恒賈此郈邑大夫使爲賈正使爲郈市之賈正也郈在後爲叔孫私邑此時尚爲公邑故使賈正通計簿於季氏計於季氏送計簿於季氏○簿步戶反臧氏使五人以戈楯伏諸

桐汝之閭桐汝里名○楯食準反又音允會出逐之反奔執諸
季氏中門之外平子怒曰何故以兵入吾門
拘臧氏老季臧有惡相怨惡及昭伯從公平子
立臧會立以為臧氏後會曰僂句不余欺也傳言卜筮之驗善惡由人
○楚子使薳射城州屈復茄人焉還復茄人於州屈○屈居勿反一音其勿反茄人音加
城丘皇遷訾人焉移訾人於丘皇使熊相
禖郭巢季然郭卷使二大夫為巢卷築郭也卷城在南陽葉縣南○相息亮反禖音梅卷音權或眷觘反為于偽反
子大叔聞之曰楚王將死矣使
民不安其土民必憂憂將及王弗能久矣為明年楚子居卒傳

○春秋左傳註疏卷第五十一

附釋音春秋左傳註疏卷第五十二 昭二十六年盡二十八年

杜氏註　孔穎達疏

經二十有六年春王正月，葬宋元公。三月而葬，速。

三月，公至自齊，居于鄆。疏 公至自齊 ○正義曰：往年公孫于齊，齊侯唁公于野井，公不必往至齊都。亦公至自齊者，得與齊侯相見，雖從齊竟而來，亦是自齊也。穀梁傳云：公次于陽州，其曰至自齊何也？以齊侯之見公，可以言至自齊是也。公不得歸其國都而書至者，賈逵云：季氏不欲為臣，故以告廟。

○夏，公圍成。成，孟氏邑。不書齊師，師賤衆少，重在公。○師，所類反。

○秋，公會齊侯、莒子、邾子、杞伯，盟于鄟陵。鄟陵，地闕。○鄟音專，又市轉反，一音徒亮反。

○公至自會，居于鄆。無傳。

○九月庚申，楚子居卒。未同盟而赴以名。

○冬十月，天王入于成周。傳言王入在子朝奔後，經在前者，子朝來告遲。

疏天王入于成周。正義曰二十三年七月天王居于狄泉自爾以來單子劉子來以東西雖不出王畿而居無定所此時始得入于成周遂以成周爲都來告故特書之案傳子朝奔楚及王入成周皆在十一月經書王入成周子朝奔楚皆在十月者從告也劉炫云杜以朝既奔楚王始得入必在朝奔後經書王入在前傳有告于諸侯之語故以爲王告入在前朝告奔在後故先書王入炫謂子朝出亦王告下注與此自違。

尹氏召伯毛伯以王子朝奔楚召伯當言召氏經誤也尹召族奔非一人故言氏書奔在王入下者王入乃告諸侯

疏注召伯至諸侯。正義曰傳言召伯盈逐王子朝朝及召氏之族奔楚召伯逆王于尸與王入于成周則召氏族出奔召伯身不出奔也知召伯當爲召氏經誤也宣十年崔氏出奔書崔氏者非其罪也此尹氏召氏立庶簒適並爲有罪而亦書氏者彼實崔杼身奔非是舉族盡出但於例諸侯之卿出奔者有罪則名無罪則不名崔杼不合書名因其來告以族遂書崔氏示杼無罪也此尹氏召氏舉族悉奔據實而書與彼有異故注云尹召族奔非一人故言氏所謂文同而意異也子朝奔王乃得入書奔在王入下者王入乃吉諸侯也劉炫云杜上注云子朝來告晚向爲此注又云二

昭二十六

成乃告諸侯以二注不同將爲杜失今知不然者杜意王入
乃告謂王入之後子朝乃告楚以傳云癸酉王入于成周
宋王入于莊宮始云王子朝使告于諸侯是王入之後子朝
告諸侯也劉以爲王入乃告據王告諸侯而規杜失非也

傳二十六年春王正月庚申齊侯取鄆前年已取鄆至是乃發傳

疏 注前年至鄆起 ○正義曰杜謂往年已取鄆書爲公取鄆起取鄆下又發傳言齊侯取鄆者爲下三月公處鄆以發端也服虔以爲往年齊侯取鄆實圍鄆至今圍書取傳實其事故於是言取劉以服言爲是往年十二月庚辰圍鄆今年正月庚申取之凡三十一日闕書取言易也圍乃取言易者齊侯取以居公臣無拒君之義若魯自爲之然故書取以見其易穀梁曰以其爲公取之故易言之是也○

葬宋元公如先君禮也善宋人違命以合禮○**三月公至自齊處于鄆言魯地也**入魯竟故書至猶在外故書地○竟音境

夏齊侯將納公命無受魯貨申豐從女賈豐賈二人皆季氏家臣○女音汝**以幣錦二**

兩二丈爲一端二端爲一兩所謂匹也二兩二匹縳一如瑱瑱充耳縳卷也急卷使如充耳易懷藏。縳直轉反瑱佗殿反易以豉反【疏】注瑱充耳。○正義曰家語云水至清則無魚人至察則無徒故人君冕而前旒所以蔽明黈纊塞耳所以蔽聰又詩云玉之瑱也塞以十懸五采絭冕上兩頭下垂繫黃綿綿下又懸玉爲瑱以塞耳。適齊師謂子猶之人高齮齮子猶家臣子猶梁丘據。齮魚綺反能貨子猶爲高氏後粟五千庾言君若能爲我行貨於子猶當爲請使得爲高氏後又當致粟五千庾庾十六斗凡八千斛。○庾羊主反能爲于僞反下當爲下文爲魯君同【疏】五千庾。○正義曰聘禮記云十六斗曰籔十籔曰秉鄭玄云秉十六斛今江淮之間量名有爲籔者今文籔爲逾杜據儀禮今文故以庾爲十六斗五千庾凡八千斛考工記陶人爲庾實二𪔂厚半寸脣寸其下云旊人云豆實三而成𪔂則𪔂實斗二升庾實二𪔂則受二斗四升也彼陶人所作庾自瓦器今甕之類非量器也與此名同而實異高齮以錦示子猶子猶欲之齮曰魯人買之百兩一布以道之不通，先入幣財。言魯人買此甚多。布，陳之，以百兩爲數。子猶受之，言於齊侯曰：群臣不盡力于魯君者，非不能事君也。欲行貨說，故先示欲盡力魯君。○說，如字，又始銳反。然據有異焉。異猶怪也。宋元公爲魯君如晉，卒於曲棘；叔孫昭子求納其君，無疾而死。不知天之棄魯耶，抑魯君有罪於鬼神，故及此也？君若待于曲棘，使群臣從魯君以卜焉。卜可伐否。

【疏】"君若待于曲棘"。○正義曰：宋公佐卒于曲棘者，杜云曲棘，宋地也。陳留外黄縣城中有曲棘里。今齊侯欲納魯君，當是從齊向魯，必不遠涉宋地。子猶令齊君待于曲棘，必是近魯之地。齊地無曲棘。十年傳柏子召子山而反棘焉，杜云棘，齊國西安縣東有戎里亭，此即彼棘也。本無曲字，涉上卒于曲棘，誤加曲耳。

若可，師有濟也。

君而繼之，茲無敵矣。若其無成，君無辱焉。齊侯從之，使公子鉏帥師從公。（鉏，齊大夫。○鉏，仕居反。）成大夫公孫朝謂平子曰：有都以衛國也，請我受師。許之。（以成邑僞降齊師。○朝如字。）請納質。（恐見欺。○質音致。）弗許，曰：信女足矣。告於齊師曰：孟氏，魯之敝室也，（敝，壞也。○女音汝。）用成已甚，弗能忍也，請息肩于齊。（公孫朝詐齊師，言欲降，使來取成。○降，戶江反，下同。）齊師圍成。成人伐齊師之飲馬于淄者，曰：將以厭衆。（以厭衆心，不欲使知已降也。淄水出泰山梁父縣西北入汶。○飲，於鴆反，又淄側其反。厭，於涉反，又於葉反。汶音問。）魯成備而後告曰：不勝衆。（吉齊衆不欲降已，不能勝。○勝音升，注同，又始證反。）師及齊師戰于炊鼻。（季氏

斷距公非公命則不書梲鼻魯地○梲昌垂反齊子淵捷從洩聲子聲子魯大夫○

洩息列反射之中楯瓦瓦楯脊○射食亦反下及注皆同中丁仲反下中手同楯常允反又音允

聲子亦反繇胊汰輈匕入者三寸入楯瓦也胊車軛輈車轅繇過也汰矢激匕矢

鏃也○繇音由胊其俱反本又作軥同汰他達反又輈陟留反匕必履反軛於革反激古狄反鏃子木反或七木反【疏】射之至三寸○正義曰射之中楯瓦先言中之之處更說矢來之狀繇車輈矢激從車轅之上其矢之匕鏃入者猶瓦者猶深三寸言其弓力多而矢入深也○注入楯至鏃也○正義曰此覆說中楯之事故知入者入楯瓦也說文云輈轅下曲者襄十四年傳楯射兩軥而還此與彼同蓋軥軛字通用耳繇即由也訓為從也從上而過故言繇過也宣四年傳云伯棼射王汰輈注云汰過也此云汰矢激謂矢激汰其上而過也傳言匕入則匕是入楯者也今人猶謂箭鏃之薄而長闊者為匕是匕為大鏃也聲子射其馬斬鞅殪殪死也○鞅於丈反殪音於計反改駕人以為鬷戾也而助之人魯人也鬷戾叔孫氏司馬子

車曰齊人也〔子車即淵捷〕將擊子車子車射之殪其御曰又之〔又欲使射餘人〕子車曰衆可懼也而不可怒也子囊帶從野洩叱之〔囊帶齊大夫野洩即聲子○叱昌實反〕洩曰軍無私怒報乃私也將亢子〔欲以公戰禦之不欲私報其叱○亢苦浪反下同〕又叱之〔子囊復叱之○復扶又反下復欲同〕亦叱之〔野洩亦叱也言齊無戰心但相叱〕冉豎射陳武子中手〔冉豎季氏臣〕失弓而罵〔武子罵○罵馬嫁反〕以告平子曰有君子白皙鬒鬚眉甚口平子曰必子彊也無乃亢諸〔子彊武子字○皙星歷反鬒之忍反黑也鬒本又作須獮于反〕

【疏】〔鬒鬚眉甚口○正義曰說文云鬒稠髮也鬒鬚眉者言鬒鬚眉皆稠多也甚口者謂大口也〕

對曰謂之君子何敢亢之〔偪言不敢違季氏〕林雍

蓋爲顏鳴右下此句魯人盡爲右故下車戰苑何忌取其耳何忌齊大夫不欲殺死但截其耳以辱之。苑於阮反顏鳴去之其右見獲懼而去之苑子之御曰視下顧復欲使苑子與手下兵苑子刜林雍斷其足鑋而乘於他車以歸鑋一足行。刜芳弗反說文云擊也又父勿反又忽勿反斷丁管反鑋遣政反又音磬又苦頂反字林丘貞反【疏】刜林雍○正義曰說文云刜擊也字從刀謂以擊也今江南猶謂刀擊爲刜○注鑋一足行○正義曰既斷其足而云鑋知鑋是一足行也說文云鑋金聲也蓋擊金爲聲亦名鑋顏鳴三入齊師呼曰林雍乘言魯人皆致力於季氏不以私怨而相弃。呼火故反乘繩證反四月單子如晉告急五月戊午劉人敗王城之師于尸氏劉人劉蚠之屬王城子朝之徒尸在鞏縣西南偃師城戊辰王城人劉人戰于施谷劉師敗績

蒲谷周地。秋盟于剸陵謀納公也。齊侯謀。七月己巳

劉子以王出師敗懼而出【疏】劉子以王出。正義曰二十三年傳云六月庚寅單子劉

子樊齊以王如劉蓋從劉而居狄泉自狄泉又居於劉今爲子朝所逐盡自劉而出也服虔云出成周也案二十三年天

王居于狄泉狄泉雖近成周成周不屬王也其傳云召伯奂南宮極以成周人戍尹二十四年傳云王子朝用成周之寶

珪于河是周常屬子朝之驗也二十五年黃父之會趙簡子令諸侯之戍夫云明年將納王納王者欲納之於成周耳若

敬王先在成周無爲更須納之知此出者從劉出耳王既棄劉而去故王城人焚劉庚午次于渠

渠周地王城人焚劉燒劉子邑丙子王宿于褚氏洛陽縣南

有褚氏亭。褚張呂反一音勑呂反丁丑王次于萑谷庚辰王入于

胥靡辛巳王次于滑萑谷胥靡滑皆周地胥靡本鄭邑。萑音丸本又作萑古亂

反【疏】萑谷至鄭邑。正義曰王雖未有安居終亦不欲鐵內知此皆周地也襄十八年楚人伐鄭傳稱八公子

榕卒鍼師傷八費滑胥靡是本為鄭邑今為周邑也晉知躒趙鞅帥師納王使
汝寬守闕塞女寬晉大夫闕塞洛陽西南伊闕口也守之備子朝。○知音智躒音歷女音汝本亦
作汝塞素代反。○九月楚平王卒令尹子常欲立子西
子西平王之長庶。○長丁丈反下文同曰大子壬弱其母非適也壬昭
王也。○適丁歷反下文同王子建實聘之子西長而好善立
長則順建善則治王順國治可不務乎子西
怒曰是亂國而惡君王也言王子建聘之是章君王之惡。○好呼報反治直吏
反下同國有外援不可瀆也外援秦也瀆慢也。○慢武諫反王有適
嗣不可亂也敗親速讎不立子秦將來討是速讎也亂嗣不祥
我受其名受惡名賂吾以天下吾滋不從也滋益

也。賂音路（疏）賂吾至從也。正義曰賂吾以天下使吾爲天子吾益不從也楚國何爲必殺令尹令尹懼乃立昭王。冬十月丙申王起師于滑起發也。滑于八反。辛丑在郊郊子朝邑遂次于尸十一月辛酉晉師克鞏知躒趙鞅之師召伯盈逐王子朝伯盈本黨子朝晉師克鞏知子朝不成更逐之而逆敬王王子朝及召氏之族毛伯得尹氏固南宮嚚奉周之典籍以奔楚尹召二族皆奔故稱氏重見尹固者爲後還見殺。重直用反下賢遍反爲于僞反下且爲同陰忌奔莒以叛陰忌子朝黨莒周邑召伯逆王于尸及劉子單子盟召伯新逐子朝故盟遂軍圉澤次于隄上圉澤隄上皆周地。圉魚呂反隄亦曰低或音啼癸酉王入于成周成周今洛陽甲戌盟于襄宮（襄王之廟）晉師成公般戍周而還（般，晉大夫。○般音班）十二月癸未，王入于莊宮（莊宮在王成）。王子朝使告于諸侯曰：「昔成王克殷，成王靖四方，康王息民，並建母弟以蕃屏周，亦曰吾無專享文武之功（不敢專故建母弟。○蕃方元反，亦作藩）【疏】昔成王克殷○正義曰：諸家本皆然，服虔、王肅並注云：文王受命，武王伐紂，故云文武克殷，下句云吾無專享文武之功，則合文武是也。杜無注，諸本悉作武王克殷，疑誤也。今定本亦作武王克殷。且爲後人之迷敗傾覆而溺入于難，則振救之。至于夷王，王愆于厥身（夷王，厲王父也。愆，惡疾也。○覆芳服反。溺乃歷反。難乃旦反。愆起虔反）【疏】夷王○正義曰：謚法安民好靜曰夷。諸侯莫不並走其望以祈王身。至于厲王，王心戾虐，萬民弗忍居王于彘不忍害王也厲王之末周人流王于彘○彘直例反疏不忍至于彘○正義曰周語云厲王虐國人謗王召公告曰民不堪命也王怒得衛巫使監謗者以告則殺之國莫敢言道路以目三年乃流王于彘劉炫案周本紀民相與叛襲厲王厲王出奔于彘周語又曰彘之亂宣王在召公之宮國人圍之召公知之乃以其子代宣王言代王則國人謂是宣王國語雖不言殺必殺之矣國人相與襲王王既奔免得王子而殺之若得厲王亦應不舍而杜云不忍害王未必然也當謂不忍者不能忍王之虐也今知不然者下云居王于彘是以理居處厲王于彘又云諸侯釋位以間王政是憂念王政則不忍者是不忍害王也若其必欲殺王應云王奔于彘劉以爲周語云周人欲殺王子召公以子代之則周人欲殺王子何肯不忍害不以爲不忍者不堪忍王惡案周語但云求王子不云求殺之是益横周語之文而規杜過非也諸侯釋位以間王政間猶與也去其位與治王之政事○間間側之間注同一音如字與音預下同疏注間猶至政事○正義曰周本紀云彘之亂宣王在召公之宮國人圍之召公以其子代太子太子竟得脫周召二公二相行政號曰共和元年是其釋位與治王

政之事也宣王有志而後效官宣王厲王子彘之亂宣王尚少召公取而長之效授也○效戶教反少詩照反下文同長丁丈反下文同疏注宣王至授也○正義曰周語云召公以其子代宣王宣王長而立之周本紀云共和十四年厲王死于彘太子靖長于召公家二相乃共立之爲王是爲宣王是召公長之也共和之年官之政事皆決於二相宣王長而有志謂爲人主二相乃致其官政於王也效者致與之義故注云效授也○

至于幽王天不弔周王昏不若用愆厥位幽王宣王子若順也愆失也

攜王奸命諸侯替之而建王嗣用遷郟鄏攜王幽王少子伯服也王嗣宜臼也幽王后申姜生大子宜臼王幸褒姒生伯服欲立之而殺大子太子奔申申伯與鄫及西戎伐周戰于戲幽王死諸侯廢伯服而立宜臼是爲平王東遷郟鄏○攜戶圭反奸音干下同替他計反郟古洽反鄏音辱鄫才陵反戲許宜反疏注攜王至郟鄏○正義曰鄭語稱夏之衰也褒人之神化爲二龍以同於王庭而言曰余褒之二君也夏后卜殺之與去之與止之莫吉卜請其漦而藏之吉乃布幣焉而策告之

龍亡而漦在櫝而藏之及歷殷周莫之發也及厲王之末發而觀之漦流於庭不可除也王使婦人不幃而譟之化為玄黿以入於王府府之童妾未既齔而遭之既笄而孕當宣王而生不夫而育故懼而棄之時有童謠曰檿弧箕服實亡周國於是宣王聞之乃有夫婦鬻是器者王使執而戮之夫婦方戮逃在路哀其夜號也而取之以逸逃於褒褒人有獄而以入於王王遂置之而嬖是女使至於后而生伯服周語云幽王伐有褒褒人以褒姒女焉褒姒有寵生伯服於是乎與虢石父比逐太子宜臼而立伯服太子出奔申申人繒人召西戎以伐周周於是亡書傳多說其事此其本也詩序云幽王取申女以為后後得褒姒而黜申后周本紀云幽王太子母申侯女也而為后王廢后并去太子用褒姒為后以其子伯服為太子申侯怒乃與繒西戎共殺幽王于驪山之下虜褒姒盡取周賂而去於是諸侯乃即申侯共立故幽王太子宜臼是為平王東遷徙於洛邑辟戎寇也魯語云幽王滅于戲戲驪山之北水名也皇甫謐云今京兆新豐東二十里戲亭是也劉炫云如國語史記之文幽王止立伯服為太子耳既虜褒姒必廢其子未立為王而得呼為攜王者或幽王死後褒姒之黨立之為王也汲冢書紀年云平王奔西申而立伯盤以為太子與幽王俱死于戲先是申侯魯侯及許文公

立平王於申以本太子故稱天王幽王既死而虢公翰又立王子余臣於攜周二王並立二十一年攜王爲晉文公所殺以本非適故稱攜王束晳云案左傳攜王奸命舊說攜王爲伯服伯服古文作伯盤非攜王伯服立爲王積年諸侯始廢之而立平王其事或當然則是兄弟之能用力於王室也至于惠王天不靖周生頽禍心施于叔帶惠襄辟難越去王都惠王平王六世孫頽惠王庶叔也惠王十九年作亂惠王適鄭襄王惠王子叔帶襄王弟僖二十四年叔帶作難襄王處氾〇頽徒回反難乃旦反注同氾音凡〔疏〕注惠王平王六世孫正義曰世本云平王生桓王林林生莊王佗佗生僖王胡齊齊生惠王閬是六代也惠王生襄王鄭鄭生頃王壬臣壬臣生匡王班及定王瑜瑜生簡王夷夷生靈王泄心心生景王貴貴生悼王猛及敬王匄則有晉鄭咸黜不端黜去也晉文公殺叔帶鄭厲殺子頽爲王室去不端直之人〇去起呂反下同爲于僞反〔疏〕咸黜不端〇正義曰諸本咸或作滅王肅云咸皆也傳咸爲七經詩其傳詩有此句王羲之寫亦作咸杜本當然以

綏定王家則是兄弟之能率先王之命也在定王六年秦人降妖定王襄王孫定王六年魯宣八年。妖本又作祅於驕反說文云衣服謌謠草木之怪謂之妖曰周其有頿王亦克能脩其職諸侯服享二世共職二世謂靈景。子斯反共音恭。頿王室其有間王位諸侯不圖而受其亂災間王位謂子朝也今子朝以爲王猛受亂災謂楚也今子朝以爲晉。間間廁之間注及下以間先王并注同（疏）在宋至亂災。正義曰降旨自上而下之言當時秦人有此妖語若似自上而下神憑之然故云降妖也然自受其亂災以上皆是妖語至于靈王以下是子朝演說妖言謂子猛當間王位且服享言諸侯服從獻國之所有至于靈王生而有頿靈王定王孫王甚神聖無惡於諸侯靈王景王克終其世景王靈王子今王室亂單旗劉狄剝亂

天下壹行不若單旗穆公也劉狄劉蚠也壹專也○剝邦角反謂先王何
常之有言先王無常法唯余心所命其誰敢請之帥羣
不弔之人弔至也○弔如字舊丁歷反至也注同以行亂于王室侵
欲無厭規求無度貫瀆鬼神貫習也瀆易也○厭本又作饜於鹽反貫
古患反易以豉反【疏】規求無度○正義曰俗本作視服王孫皆[illegible]云翫貪也元年傳曰翫歲而愒日杜云翫愒
皆貪也則此言貪求無限度本或作窺誤也慢棄刑法倍奸齊盟傲很
威儀矯誣先王晉爲不道是攝是贊攝持也贊佐也
先王謂景王○傲五報反很戶懇反矯居表反【疏】倍奸齊盟○正義曰倍即背也違背奸犯齊同之盟也蔡於時
諸侯不有同盟許立子朝單劉不當與朝結盟而復背之言單劉倍奸齊盟誣之○注攝持至景王○正義曰凡攝言執
持之使不傾危也是贊謂佐助之使得存立也故以攝爲持贊爲佐也杜以先王爲景王則矯誣先王者當謂矯景之命

立猛耳命先王非先世之王者以言矯誣是矯誣罔播其人有語矯誣之矯今矯稱詔勑若先世之王去此久遠不得有立猛之事子朝何得稱矯誣之乎又傳云干景之命故杜以先王謂景王劉炫以為先世之王而規杜氏非也思肆其罔極也肆放茲不穀震盪播越竄在荊蠻茲此也此不義子朝自謂。盪本又作蕩徒黨反竄七亂反字林七外反未有攸底底至也攸所也○底音旨若我一二兄弟甥舅獎順天法無助狡猾以從先王之命毋速天罰赦圖不穀赦其憂而圖其難○獎將丈反狡古卯反猾又作滑手八反毋音無難乃旦反疏毋速天罰。正義曰速召也子朝以單劉為亂從之必有天殃故勸諸侯無召天罰則所願也敢盡布其腹心及先王之經而諸侯實深圖之昔先王之命曰王后無適則擇立長年鈞以德德鈞以卜此所先王之經適丁歷反【疏】昔先至以下。正義曰先王先出之王非一人蓋自古以來共如此也襄三十一年傳曰公薨立胡女敬歸之子子野子野卒立敬歸之娣齊歸之子裯穆叔曰大子死有母弟則立之無則立長年鈞擇賢義鈞則卜古之道也非適嗣何必娣之子彼言大子死立母弟則此言擇立長謂無母弟者也彼又云子野非適嗣何必娣之子然則適嗣立而死當立娣之子也姪與娣同蓋王后夫人無姪娣之子乃於諸妾之子擇立長耳年鈞擇賢與此年鈞以德皆謂母之貴賤等者公羊傳曰立適以長不以賢立子以貴不以長明母貴則先立也此子朝之母必賤於猛母故專言立長之義不言母之貴賤何休難年鈞以德之言云人君所賢下必從之焉能使王不立愛也鄭玄答云周禮小司寇掌外朝之政以致萬民而詢焉其三曰詢立君其位王南鄉三公及州長百姓北面羣臣西面羣吏東面小司寇以叙進而問焉如此則大衆之口非君所能掩是王不得立愛之法也**王不立愛公卿無私古之制也穆后及大子壽早夭卽世**在十五年

【疏】公卿至制也。正義曰三公六卿無得私附一王之庶子而黨立之其意言單劉有私情違古制也何休膏肓云天

夫不蠲功而弃為公卿通繼嗣左氏為短鄭玄云公卿之世立有大功德元王命所不絕者何辭以非鄭若亦繆

單劉贊私立少以間先王間謂先王之制亦唯伯仲叔季圖之伯仲叔季惣謂諸侯閔馬父聞子朝之辭曰文辭以行禮也子朝干景之命遠晉之大以專其志無禮甚矣文辭何為傳終王室辭○遠于萬反

齊有彗星出齊之分野不書魯不見○彗似歲反又息遂反一囚銳反〔疏〕注出齊至不見○正義曰傳言齊有此星而齊侯使禳之明出齊之分野也玄枵之次也彗即孛也文十四年有星孛入于北斗十七年有星孛于大辰彼皆書此不書者時魯不見或陰不見齊侯使禳之祭以禳除之○禳如羊反晏子曰無益也祗取誣焉誣欺也○祗音支天道不謟謟疑也○謟本又作慆他刀反不貳其命若之何禳之且天之有彗也以

除穢也。君無穢德，又何禳焉？若德之穢，禳之何損？詩曰：惟此文王，小心翼翼。昭事上帝，聿懷多福。厥德不回，以受方國。詩大雅。翼翼，共也。聿，惟也。回，違也。言文王德不回違天人，故四方之國歸往之。○聿，戶橘反。【疏】詩曰至方國。○正義曰：詩大雅大明之篇也。惟此文王慎小其心，翼翼然恭順也，又能明事上天，惟行上天之道，思使自得多福，其德不有回邪，以受四方之國，言四方皆歸之。君無違德，方國將至，何患於彗？詩曰：我無所監，夏后及商。用亂之故，民卒流亡。逸詩也。言追監夏商之亡，皆以亂故。○夏，戶雅反，注同。若德回亂，民將流亡，祝史之為，無能補也。公說，乃止。齊侯與晏子坐于路寢，公歎曰：美哉室！其誰有此乎？景公自知德不能久有國，故歎也。○說音悅，下注喜說同。

晏子曰敢問何謂也公曰吾以爲在德對曰如君之言其陳氏乎陳氏雖無大德而有施於民豆區釜鍾之數其取之公也薄謂以公量收。施式豉反下出者皆同區烏侯反量音亮下同其施之民也厚謂以私量貸。施如字又始豉反公厚斂焉陳氏厚施焉民歸之矣詩曰雖無德與女式歌且舞詩小雅義取雖無大德要有喜說之心欲歌舞之式用也。斂力驗反女音汝疏詩曰至且舞○正義曰詩小雅車舝刺幽王也陳氏之施民歌舞之矣後世若少惰陳氏而不亡則國其國也已公曰善哉是可若何對曰唯禮可以已之在禮家施不及國民不遷農不移工賈不變守常業。○慉徒門反本亦作儥同工賈音古本亦作商賈（疏）家施不及國。正義曰大夫稱家家之所施不得施及國人言國人是國君之所有大夫不得妄施遺之以樹己私恩陳氏施及國人是違禮也士不濫不失職官不滔滔慢也。○滔吐刀反慢武諫反本又作漫武半反大夫不收公利不作福（疏）大夫不收公利。○正義曰尚書洪範曰惟辟作福惟辟作威臣無有作福作威臣之有作福作威其害于而家凶于而國是言作福作威君之利也大夫不得聚收公利自作福也陳氏作福以招國人之心施民作福是收公利也公曰善哉我不能矣吾今而後知禮之可以爲國也對曰禮之可以爲國也久矣與天地並有天地則禮義興（疏）禮之至地並。○正義曰天地人民莫知其始但人稟陰陽之氣生於天地之間天地既形人民必育易序卦曰有天地然後有萬物有萬物然後有男女有男女然後有夫婦有夫婦然後有父子有父子然後有君臣有君臣然後有上下有上下然後禮義有所錯是言有天地即有人民有人民即有父子君臣父子相愛君臣相敬敬愛爲禮之本是與天地並興君令臣共父慈子孝兄愛弟敬夫和妻柔姑慈婦聽禮也君令而不違臣共而不貳父慈而教子孝而箴箴諫也。共音恭下[illegible]之兄愛而友弟敬而順夫和而義妻柔而正姑慈而從從不自專婦聽而婉婉順也。婉於阮反禮之善物也公曰善哉寡人今而後聞此禮之上也對曰先王所稟於天地以爲其民也是以先王上之稟受【疏】先王至上之。正義曰先古聖王所治理人民者爲受陰陽之氣生於天地之中以有上下之禮乃可治其天下又禮與天地同實是以先王上之

昭二十七

經二十有七年春公如齊自鄆行。鄆音運公至自齊

居于鄫。夏四月，吳弑其君僚。僚亟戰民罷，又因楚喪，故光乘間而動。稱國以弑，罪在僚。弑，申志反，下同。僚，力彫反。亟，欺冀反。罷，音皮。【疏】注僚亟至在僚。正義曰：杜數僚之罪，以弍無貢之驗。僚以十六年即位，十七年與楚戰于長岸，二十三年伐州來，敗楚于雞父，其年又使大子諸樊入郢，二十四年滅巢及鍾離，此年又因楚喪而伐之，是其亟戰民罷。又伐楚喪，故光得乘間而動。稱國以弑，罪在僚也。言舉國皆欲弑之，非獨光之罪，故不書光弑。〇楚殺其大夫郤宛。無極，楚之讒人，宛所明知而信近之，以取敗亡，故書名罪宛。〇殺，始察反。郤，去逆反。宛，於阮反，又於元反。近，附近之近。【疏】注無極至罪宛。正義曰：文七年宋殺其大夫，傳曰：不稱名，非其罪也。死者無罪，則不稱其名，是稱名者皆爲有罪矣。此郤宛書名，故杜顯其爲罪之狀。書名所以罪宛也。〇秋，晉士鞅、宋樂祁犂、衛北宮喜、曹人、邾人、滕人會于扈。〇祁，力丐反，又力之反。扈，音戶。〇冬十月，曹伯午卒。無傳。未同盟而赴以名。〇午，音五。〇邾快來奔。無傳。快，邾命卿也，故書。〇快苦怪反[疏]注快邾至故書。○正義曰：邾是小國，其臣見於經者直少，唯此與襄二十三年邾畀我來奔書者二人而已。釋例曰：魯之叔孫豹父見再命而書於經，晉之司空亞旅一命而經不書。推此知諸侯大夫再命以上皆書於經，旨一命以下大夫及士經皆稱人，名氏不得見，此皆典策之正文。此小國之卿，或命而禮儀不備，或未加命數，故不書之。邾畀我之等，其奔亡亦多，所書雖數人而已，知其合制者少。杜言數人，謂此快與畀我及曹公孫會也。是言快是邾之命卿，備於禮，成爲卿，故書也。快不書氏，蓋未賜族，無可稱也。○公如齊。自鄆行。公至自齊，居于鄆。無傳。

傳二十七年春，公如齊。公至自齊，處于鄆，言在外也。在外邑，故書也。○吳子欲因楚喪而伐之，前年楚平王卒。使公子掩餘、公子燭庸帥師圍潛。二子皆王僚母弟。潛，楚邑，在廬江六縣西南。○掩，於檢反。○[疏]注二子至母弟。○正義曰：賈逵云然，當是相傳說耳，未必有正文也。三十年傳

此二公子奔楚楚子大封而定其徙子西諫曰吳光新得國
若好吾邊疆使柔服焉猶懼其至吾又疆其讎以重怒之無
乃不可乎謂此二子爲光之讎或當是僚母弟也

使延州來季子聘于上國

季子本封延陵後復封州來故曰延州來○復扶又反

疏聘于上國○正義曰服虔云上國中國也蓋以吳辟
在東南地勢卑下中國在其上流故謂中國爲上國也下云
遂聘于晉則上國之言不包晉矣當總謂宋衛陳鄭之徒爲
上國耳亦不知其時聘幾國也經不書未必不至魯檀弓云
延陵季子適齊於其反也且長子死葬於嬴博之間鄭玄云
魯昭二十七年吳公子札聘於上國是也如鄭之言此時或
聘齊也○注季子至州來○正義曰襄三十一年注云延州
來季札邑此又分析之言本封延陵後復封州來故曰延州
來成七年吳入州來注云楚邑淮南下蔡縣是也十三年吳
滅州來二十三年傳云吳伐州來楚遠越救之則州來未爲
吳有不可以封札也釋例土地名延州來闕則延陵州來並
闕不知其處杜意當謂吳地別有州來非楚邑也鄭玄云季
子讓國居延陵因號焉襄二十九年公羊傳曰季子去之延
陵終身不入吳國然則季子雖則讓國猶尚仕爲吳卿非自
竄於彼地吳世家云季札封于延陵故號曰延陵季子杜言

封是也封謂賜之爲采邑耳遂聘于晉以觀諸侯觀彊弱楚蒍尹

然王尹麇師師救潛二尹楚官然麇其名。蒍由九反麇九倫反疏注二

尹楚官。正義曰楚官多以尹爲名知二尹是官名耳其蒍王之義不可知也服虔云王尹主宮内之政蒍不可解王未

必然定本王作工左司馬沈尹戌帥都君子與王馬之

屬以濟師都君子在都邑之士有復除者王馬之屬王之養馬官屬校人也濟益也。戌音恤復音

福校胡孝反疏注都君至校人。正義曰都謂國都在都君子明是在都邑之士也都邑之士以君子爲號故

知是有復除者謂優復其身除其繇役賈逵云然今之律令猶名放課役者爲復除是漢世以來有此言也此人或別有

功勞或曲蒙恩澤平常免其繇役事急乃使之耳周禮校人掌養馬知王馬之屬是王之養馬之官屬也校人職云凡頒

良馬而養乘之乘馬一師四圉三乘爲皁皁一趣馬三皁爲繫繫一馭夫六繫爲廏廏一僕夫六廏成校校有左右駑馬

四良馬之數麗馬一圉八麗一師八師一趣馬八趣馬一馭八諸侯六閑養馬之人多矣此皆養馬不給餘役今亦事急

而徵使之與吳師遇于窮令尹子常以舟師及沙汭而還沙水名○汭如銳反【疏】遇于窮○正義曰土地名窮闕也本或窮下有谷字者爲定七年傳敗尹氏于窮谷淺彼而誤耳左尹郤宛工尹壽帥師至于潛吳師不能退楚師還故吳不得退去吳公子光曰此時也弗可失也欲因其師徒在外國不堪役以弑王○弑申志反下文同告鱄設諸曰上國有言曰不索何獲我王嗣也吾欲求之光吳王諸樊子也故曰我王嗣○鱄音專上國賈云上國有言○上國與中國同服云上古國也索所白反【疏】正義曰賈逵云上國中國也服虔云上國謂上古之國賢士所言也此猶如上文聘于上國則賈言是也○注光吳至王嗣○正義曰吳世家云吳王壽夢有子四人長曰諸樊次曰餘祭次曰餘昧次曰季札季札賢而壽夢欲立之季札讓不可乃立諸樊諸樊卒有命授弟餘祭欲傳以次必致國於札兄弟皆欲致國令以漸至焉餘祭卒弟餘昧立餘昧卒欲授季札札讓逃

去於是吳人曰先王有命必致季子今逃位則餘眛後立今卒其子當代乃立餘眛之子僚爲王公子光者王諸樊之子也常以爲吾父兄弟四人當傳至季子季子不受光父先立若既不傳季子光當立遂殺王僚光代立爲王是史記以光爲諸樊之子僚爲夷眛之子也襄二十九年公羊傳曰謁也餘祭也夷眛也與季子同母者四季子弱而才兄弟皆愛之同欲立之以爲君弟兄迭爲君而致國乎季子故謁也死餘祭也立餘祭也死夷眛也立夷眛也死則國宜之季子者也季子使而亡焉僚者長庶也即之闔閭曰將從先君之命與則國宜之季子者也如不從先君之命與則我宜立者也僚惡得爲君乎於是使專諸刺僚世本云夷眛及僚夷眛生光服虔云夷眛生光而廢之僚者夷眛之庶兄夷眛卒僚代立故光曰我王嗣也是用公羊爲說也杜言光吳王諸樊子用史記爲說也班固云司馬遷采世本爲史記而今之世本與遷言不同世本多誤不足依憑故杜以史記爲正也光言王嗣者言己之世適之長孫也事若克季子雖至不吾廢也至謂聘還鱄設諸曰王可弒也母老子弱是無若我何猶言我無若是何欲以老弱託光疏注猶

言至詭光。正義曰古人言有顛倒故杜以爲是無若我何猶言我無若是何恐巳死之後不能存立欲以老弱託光也彭仲博云當言是無我若何我毋無我當如何我字當在若上 **光曰我爾身也** 言我身猶爾身

夏四月光伏甲於堀室而享王 堀地爲室。堀本又作窟同苦忽反掘其勿反又其月反 **王使甲坐於道及其門** 坐道邊至光門 **門階戶席皆王親也夾之以鈹羞者獻體改服於門外** 羞進食也獻體解衣。夾古洽反又古協反下同鈹普皮反說文云劍也 疏 門階至親也。正義曰言從門至階從階至戶從戶至席皆是王之親兵也。鈹。正義曰說文云鈹劍也則鈹是劍之別名 **執羞者坐行而入** 坐行膝行 **執鈹者夾承之** 承執羞者 **及體以相授也** 鈹及進羞者體以所食授王 疏 及體以相授。正義曰鈹之鋒刃及進羞者體也王之左右必要令有人受羞以進王故上言相授也雖則相授進羞者得至王所 **光僞足疾入于堀**

室恐難作，王黨殺己，素辟之。○難，乃旦反 鱄設諸寘劍於魚中以
進全魚炙。○寘，之豉反。炙，章夜反 【疏】注全魚炙。○正義曰：吳世家云：鱄諸置匕首於炙魚之中以進食，手匕首刺王僚。匕首者，劍首如匕匙，手匕首謂劍匕首也。○ 抽劍刺王，鈹交於胷，交鱄
諸胷。○抽，敕留反。刺，七亦反 遂弒王。闔廬以其子為卿。闔廬，光也。以鱄諸子
為卿。○闔，戶臘反 季子至，曰：苟先君無廢祀，民人無廢
主，社稷有奉，國家無傾，乃吾君也。吾誰敢怨？
哀死事生，以待天命。非我生亂，立者從之，先
人之道也。吳自諸樊以下，兄弟相傳而不立適，是亂由先人起也。季子自知力不能討光，故云爾。○
傳，直專反。適，丁歷反 復命哭墓，復使命於僚墓。○使，所吏反 復位而待。復本
位待光命 吳公子掩餘奔徐，公子燭庸奔鍾吾。鍾吾，小國

楚師聞吳亂而還言聞吳亂明郤宛不取賂而還。○郤宛直而和國人說之以直事君以和接類。○說音悅鄢將師爲右領右領官名○鄢於晚反又烏戶反與費無極比而惡之惡郤宛。○費扶味反比毗志反惡烏路反注同令尹子常賄而信讒無極譖郤宛焉謂子常曰子惡欲飲子酒子惡郤宛。○賄呼罪反譖側鴆反飲於鴆反又謂子惡令尹欲飲酒於子氏子惡曰我賤人也不足以辱令尹令尹將必來辱爲惠已甚吾無以酬之若何酬報歡○無極曰令尹好甲兵子出之吾擇焉擇取以進子常○好呼報反取五甲五兵曰寘諸門令尹至必觀之而從以酬之曰無極譖〔疏〕

取五甲五兵。○正義曰周禮司右云凡國之勇力之士能用五兵者屬焉鄭玄司馬法曰弓矢圍殳矛守戈戟助凡五兵長以衛短短以救長然則弓矢殳矛戈戟五者皆名爲兵此云五兵當是一種器具不知應何兵也服虔云五兵矛戟鉞也

饗曰帷諸門左張帷陳甲立兵其中無極謂令尹曰吾幾禍子子惡將爲子不利甲在門矣子必無往且此役也此春殺潛之役。幾音祈吳可以得志子惡取賂焉而還又誤羣帥使退其師曰乘亂不祥吳乘我喪我乘其亂不亦可乎令尹使視郤氏則有甲焉不往召鄢將師而告之告子惡門有甲兵將害己將師退遂令攻郤氏且爇之爇燒也○爇如悅反子惡聞之遂自殺也國人弗爇令曰不爇郤氏與

昭二十七

之同罪或取一編菅焉或取一秉秆焉編菅苫也秉把也秆槀也○編必然反又必千反菅古顔反秆古但反說文云禾莖也或古旦反苫式占反李巡云編菅茅以覆屋曰苫把必馬反槀古老反

【疏】注編菅至槀也○正義曰釋草云白華野菅郭璞云菅茅屬釋器云白蓋謂之苫李巡曰編菅以覆屋曰苫郭璞曰白茅苫也是編菅為苫也秉把詩毛傳文也說文云秆禾莖也是為槀也或取一片苫或取一把秆槀言民不肯燒之

國人投之遂弗爇也令尹炮之燒鄱郤宛○炮步交反又彭交反鄱音煩

【疏】國人至炮之○正義曰國人投之謂投菅秆於地故遂不燒也令尹炮之一句是鄢將師令衆之辭服虔云民弗肯爇也鄢將師稱令尹使女燔炮之燔炮爇皆是燒也

盡滅郤氏之族黨殺陽令終與其弟完及佗令終陽匄子○佗徒何反匄古害反與晉陳及其子弟晉陳楚大夫皆郤氏之黨晉陳之族呼於國曰鄢氏費氏自以為王專禍楚國弱

寡王室蒙王與令尹以自利也蒙欺也○呼火故反令尹盡信之矣國將如何令尹病之爲下殺無極張本○秋會于扈令戍周且謀納公也宋衛皆利納公固請之范獻子取貨於季孫謂司城子梁與北宮貞子子梁宋樂祁也貞子衛北宮喜曰季孫未知其罪而君伐之請囚請亡於是乎不獲君又弗克而自出也夫豈無備而能出君乎季氏之復天救之也復猶安也休公徒之怒休息也○而啓叔孫氏之心不然豈其伐人而說甲執冰以游叔孫氏懼禍之濫而自同於季氏天之道也魯君守

齊三年而無成季氏甚得其民淮夷與之淮夷魯東夷。說他活反〔疏〕懼禍至道也。正義曰言季氏無罪而公濫討之叔孫氏亦懼禍之濫及於己而自同心於季氏俱叛公此乃天之常道也。有十年之備有齊楚之援公雖在齊言齊不致力。有天之贊有民之助有堅守之心有列國之權而弗敢宣也宣用也。守手又反事君如在國書公行告公至是也故鞅以為難二子皆圖國者也而欲納魯君鞅之願也請從二子以圍魯無成死之二子懼皆辭乃辭小國而以難復以難納白晉君孟懿子陽虎伐鄆陽虎季氏家臣伐鄆欲奪公〔疏〕孟懿至伐鄆。正義曰伐鄆欲奪公鄆使公不得居也不書者伐公逆事不可以告廟國史無由得書鄆人將戰子家子曰天命不慆久矣[慆疑也言楚君不疑。慆他刀反]使君亡者必此衆也[言君謀郢衆以與嚕戰必敗亡]天既禍之而自福也不亦難乎猶有鬼神此必敗也(疏)[猶有至敗也。正義曰言尚有鬼神以勒君此戰必當敗也况無鬼神乎]嗚呼爲無望也夫其死於此乎公使子家子如晉公徒敗于且知[且知近郢地也。夫音扶且子餘反近附近之近]。楚郤苑之難國言未已進胙者莫不謗令尹[進胙國中祭祀也謗詛也。難乃旦反年未同胙才故反詛側慮反]沈尹戌言於子常曰夫左尹與中廐尹莫知其罪而子殺之以興謗讟至于今不已[左尹郤宛也中廐尹陽令終。廐九又反讟音獨]戌也惑之仁者殺人以掩謗猶弗爲也今吾子殺人以興謗而弗圖不亦異乎夫無極楚之讒人也民莫不知去朝吴在十五年。去起吕反朝如字下朝夕同出蔡侯宋在二十一年喪太子建殺連尹奢在二十年。喪息浪反屏王之耳目使不聰明不然平王之温惠共儉有過成莊無不及焉所以不獲諸侯邇無及也邇近也。近附近之近今又殺三不辜以興大謗三不辜郤氏陳氏晉陳氏幾及子矣子而不圖將焉用之夫鄢將師矯子之命以滅三族國之良也而不愆位在位無愆過。幾音祈又音機焉於虔反矯居表反愆起虔反

【疏】鄢將師矯子之命。正義曰：令尹召鄢將師告之以郤宛門有甲耳，不令攻郤宛也。鄢將師退而令衆使

攻之是僑令尹命也吴新有君（光新立也）彊埸日駭楚國若有大事子其危哉知者除讒以自安也今子愛讒以自危也甚矣其惑也子常曰是瓦之罪敢不良圖九月己未子常殺費無極與鄢將師盡滅其族以說于國謗言乃止○冬公如齊齊侯請饗之（設饗禮○彊居良反埸音亦知音智）子家子曰朝夕立於其朝又何饗焉其飲酒也乃飲酒使宰獻而請安（比公於大夫也礼君不敵臣宴大夫使宰為主獻獻爵也請安齊侯請自安不在坐也○坐才卧反）

（疏）朝夕至飲酒○正義曰礼為諸侯相為賓主國待之有享食燕三礼享為大鄭玄云享謂享大牢以飲賓是為礼之大者子家以公雖居鄆以齊為主此年已再如齊數相見不為賓客故言朝夕立於其朝又何須設

饗食禮焉其飲酒也勸其用宴禮而飲酒耳○注比公至坐也正義曰燕禮者公燕大夫之禮也公雖親在而別有主人鄭玄云主人宰夫也宰夫大宰之屬掌賓客之獻飲食者也君於其臣雖為賓不親言以其尊莫敢伉禮也今齊侯與公飲酒而使宰献是比公於大夫也献○献爵者禮有三爵献也酬也酢也獻酬是主人獻賓唯酢是賓荅主人耳礼君不敵臣宴大夫使宰為主即燕禮是其事也杜以宰献而請安謂齊侯請自安於別室不在坐也劉炫云案燕禮司正洗角觶南面坐奠于中庭升東楹之東受命西階上北面命卿大夫君曰以我安卿大夫皆對曰諾敢不安彼是請客使自安當如彼使宰請魯侯自安耳主人請安謂主人請司主請安于賓服虔亦然杜今云齊侯請自安非也今知不然者案鄉飲酒禮賓主相敵主人亦請安于賓然則齊侯與公敵禮安賓乃是常事何須傳載其文以見卑公之義明是齊侯請欲自安不在其坐明慢公之甚劉不審思此理用燕礼請安之義而規杜非也

子仲之子曰重為齊侯夫人曰請使重見子仲魯公懃也十二年謀逐季氏不能而奔齊今行飲酒禮而欲使重見從宴媟也○日重直勇反又且恭反見賢遍反注同懃魚覲反媟息列反

子家子乃

以君出辟齊夫人十二月晉籍秦致諸侯之戍于周魯人辭以難經所以不書成周籍秦籍談子

經二十有八年春王三月葬曹悼公無傳六月而葬緩○

○公如晉次于乾侯乾侯在魏郡斥丘縣晉竟内邑○斥音尺一音昌夜反竟音境傳同○夏四月丙戌鄭伯寧卒無傳未同盟而赴以名○六月葬鄭定公無傳三月而葬速○秋七月癸巳滕子寧卒無傳未同盟而赴以名冬葬滕悼公無傳

傳二十八年春公如晉將如乾侯齊侯卑公故適晉子家子曰有求於人而即其安人孰矜之其造於竟欲使次於竟以待命○造七報反弗聽使請逆於晉晉人

曰天禍魯國君淹恤在外君亦不使一个辱

在寡人二个單使○个古賀反注同單使所吏反而郎安於甥舅其亦

使逆君言自使齊逆君使公復于竟而後逆之逆者乾侯也言公不

能用子家所以見辱○著中畧反一音直畧反晉祁勝與鄔臧通室二子祁盈

家臣也通室易妻○祁巨支反字林云太原縣上尸反鄔烏户反又音偃案地名在周者烏户反隱十一年王取鄔劉是也在鄭者音偃成十六年戰于鄢陵是也在楚者於建反又音偃昭十三年王沿夏將入鄢是也在晉者於斑反字林云

法反郭璞三倉解詁音厭於厭反闞駰音厭飫之飫重言之太原有鄔縣唯周地者從烏餘皆從焉字林亦作鄔因同傳

云分祁氏之田以為七縣司馬彌牟為鄔大夫即太原縣也鄔處宜以邑為氏於虔反舊音誤祁盈將執

之盈祁午之子訪於司馬叔游叔游司馬叔侯之子叔游曰鄭

書有之惡直醜正實蕃有徒鄭書古書名也言害正直者實多徒

衆○惡如字又烏路反蕃音煩（疏）惡直至有徒○正義曰以直爲惡以正爲醜惡直事醜正道如此人者實蕃多有徒衆言時世慕善者多從惡者少無道立矣子懼不免言世亂讒說詩曰民之多辟無字立辟詩大雅○多辟本又作僻匹亦反立辟婢亦反（疏）詩曰至立辟○正義曰詩大雅板之篇刺厲王之詩辟邪也辟法也民之多有邪辟者於此之時無自謂所立者為法是言無道之世法不可為古辟辟字同音異耳姑已若何姑且也已止也盈曰祁氏私有討國何有焉言討家臣無與国事○無與音預遂執之祁勝賂荀躒荀躒為之言於晉侯晉侯執祁盈以其傳戮為于偽反祁盈之臣曰鈞將皆死鈞同也（疏）鈞將皆死○正義曰鈞同也殺勝與臧盈亦死不殺盈亦死同將皆死不如殺之使盈聞而快意憖使吾君聞勝與臧之死也以為快憖發語之音○憖魚覲反乃殺之夏

肸晉殺祁盈及楊食我楊叔向邑食我叔向子伯石也○食音嗣向許丈反食我祁盈之黨也而助亂故殺之遂滅祁氏羊舌氏初叔向欲娶於申公巫臣氏夏姬女也○娶七住反夏戶雅反注同其母欲娶其黨叔向曰吾母多而庶鮮吾懲舅氏矣言父多妾媵而庶子鮮少嫌母氏性不曠○鮮息淺反注皆同懲直升反媵繩證反又時證反【疏】吾母多○正義曰言父多妾媵而謂之母者者意言庶弟少嫡庶弟而發言故謂父妾為母耶其母曰子靈之妻殺三夫子靈巫臣妻夏姬也三夫陳御叔楚襄老及巫臣也特巫臣巳死【疏】殺三夫○正義曰三夫皆自命盡而死其死不由夏姬而云殺三夫者婦之配夫欲其偕老其夫數死是妻之薄相故以為夏姬之咎一君陳靈君一子夏徵舒而亡一國陳也兩卿矣孔寧儀行父○【疏】一君至兩卿○正義曰一君一子蒙上殺文兩卿亦

嘗亡文也以兩卿棄位出奔身不死故為亡也此事皆宣十年十一年傳可無懲乎吾聞之甚美必有甚惡是鄭穆少妃姚子之子子貉之妹也子貉鄭靈公夷○少詩照反貉亡白反（疏）甚美必有甚惡○正義曰物忌大盛善不可常著往寒來晝明夜暗孰能為此者天地天地尚不能常況人乎故甚美必有甚惡也甚美謂夏姬之身甚惡當在其後言其禍徵當惡故禁其子取之子貉早死無後而天鍾美於是此夏姬也鍾聚也子貉死在宣四年（疏）子貉至於是○正義曰此因鄭靈早夭而夏姬美推之為此言耳不是兄早死而妹必美也猶今俗語云云哀家文未必甚甚將必以是大有敗也（疏）將必至敗也○正義曰夏姬淫或喪國滅家叔向之母猶謂未是大敗故言將必以是大有敗也十四年傳稱祁邢侯者或是亘夏姬之男比殺楊食我又是夏姬之外孫其衆類蓋盡矣昔有仍氏生女黰黑有仍古諸侯也美髮為黰○黰之忍反說文作㐱又作鬒髮真云稠髮也（疏）生女黰黑○正義曰黰即鬒也詩云鬒髮如雲

毛傳云鬒黑髮也如雲言美長也說文云鬒稠髮也然則鬒者髮多長而黑美之貌也此傳黰下有黑則黰文不兼於黑故賈杜皆云美髮為黰 **而甚美光可以鑑** 髮膚光色可以照人○鑑古暫反鏡也

【疏】注髮膚至照人○正義曰傳於黰黑甚美之下乃云光可以鑑知髮與膚二者光色皆可以照人 **名曰玄妻** 以髮黑故 **樂正后夔取之** 夔舜典樂之君長○夔求龜反取如字又古住反

【疏】注夔舜至君長○正義曰尚書舜典云帝曰夔命汝典樂教胄子是夔為舜之典樂官也正長也后君也故云典樂之君長王朝公卿故以后言之猶謂為后稷 **生伯封實有豕心貪惏無饜忿纇無期謂之封豕** 纇戾也封大也○長丁文反惏力耽反方言云楚人謂貪為惏饜亦作猒於豔反纇又作類立對反服作類○

【疏】注伯至封豕○正義曰豕心言其心似豬貪而無恥也方言云晉魏河內之北謂惏為殘楚謂之貪則惏亦貪也賈逵云惏耆食也其人貪耆財利飲食無知饜足忿怒很戾無有期度時人謂之大豬○注纇戾也封大也○正義曰以纇忿共文則纇亦似忿故以為戾言很戾也定四年傳

封豕與長蛇相對知封為大也服云云忿怒其類以饕其私無期度也有窮后羿滅之夔是以不祀羿篡夏后者○羿音羿篡初患反且三代之亡共子之廢皆是物也夏以妹喜殷以妲己周以褒姒三代所由亡也共子晉申生以驪姬廢○共音恭本亦作恭妹喜本或作嬉音同國語云桀伐有施有施氏以未喜女焉韋昭注漢書云嬉姓也妲己丁達反下音紀國語云有蘇氏之女也韋昭云己姓也褒姒音似龍漦所生褒人所養者也毛詩云姒姓也鄭箋云姒字也驪姬本又作麗同力知反獻公伐驪戎所得而以為夫人穀梁傳云滅虢所得莊子云艾封人之子【疏】注夏以至姬廢正義曰晉語云史蘇曰昔夏桀伐有施有施氏以妹嬉女焉妹嬉有寵於是與伊尹比而亡夏殷辛伐有蘇有蘇氏以妲己女焉妲己有寵於是與膠鬲比而亡殷周幽王伐有褒褒人以褒姒女焉褒姒有寵生伯服於是與虢石甫比逐大子宜咎而立伯服大子奔申申人鄫人召西戎以伐周周於是乎亡是三代所由亡之事也共子之事具見於傳女何以為哉夫有尤物足以移人苟非德義則必有

禍尤異也○妒音汝【疏】苟非至有禍○正義曰苟誠也誠不以德義自持則必有禍叔向懼不敢取平公強使取之生伯石伯石始生子容之母走謁諸姑子容母叔向嫂伯華妻也姑叔向母○敢取七住反又如字強其丈反嫂素早反兄妻也依字宜如此曰長叔姒生男兄弟之妻相謂姒○長丁丈反

【疏】注兄弟至謂姒○正義曰相謂者幼者謂長爲姒也子容是伯華之子其兄弟伯華最長叔向次之其餘諸弟皆小於叔向也故謂叔向爲長叔叔向之妻其年長於子容母故稱長叔姒也釋親云女子同出謂先生爲姒後生爲娣孫炎曰同出俱嫁事一夫也公羊傳曰娣者何弟也此其義也是言共事一夫者長為姒幼爲娣自以身之長幼生娣姒之名其娣姒之名不由夫之長幼也釋親又云長婦謂稚婦爲娣婦娣婦謂長婦爲姒婦自以身之長稚相謂也喪服小功章云娣姒婦報傳曰娣姒婦者弟長也傳言弟長者雙訓娣姒言娣是弟姒是長也鄭玄云娣姒者兄弟之妻相名也長婦謂穉婦爲娣婦娣婦謂長婦爲姒婦亦取爾雅之文以解弟長之義是以身之長幼明矣姑視之及

堂聞其聲而還曰是豺狼之聲也狼子野心非是莫喪羊舌氏矣遂弗視○秋晉韓宣子卒魏獻子爲政獻子魏舒○豺本又作豺同仕皆反喪息浪反分祁氏之田以爲七縣七縣鄔祁平陵梗陽塗水馬首盂也○梗古杏反盂音于下文同公羊舌氏之田以爲三縣銅鞮平陽楊氏○鞮丁兮反司馬彌牟爲鄔大夫太原鄔縣賈辛爲祁大夫太原祁縣司馬烏爲平陵大夫魏戊爲梗陽大夫戊魏舒庶子梗陽在太原晉陽縣南○戊音茂知徐吾爲塗水大夫徐吾知盈孫塗水太原榆次縣○知音智次資利反又如字韓固爲馬首大夫固韓起孫孟丙爲盂大夫太原盂縣樂霄爲銅鞮大夫上黨銅鞮縣○霄音消趙朝爲梗陽

大夫朝趙勝曾孫平陽平陽縣○朝如字僚安爲楊氏大夫平陽楊氏縣○【疏】分祁至氏大夫○正義曰此祁氏與羊舌氏之田舊是私家采邑二族既滅其田歸公分爲十縣爲公邑故選置大夫也傳文先祁後羊舌故依下文選置大夫之次上七縣爲祁氏之田下三縣爲羊舌氏之田且五年傳謂伯石爲楊石明楊氏是羊舌之田也家語與史記皆謂羊舌赤爲銅鞮伯華是銅鞮亦羊舌邑也平陽之次在銅鞮楊氏之間知亦羊舌邑也謂賈辛司馬烏爲有力於王室二十二年辛烏帥師納敬王○僚力彫反【疏】注二十至敬王○正義曰二十二年傳曰晉籍談荀躒賈辛司馬督帥師軍于陰于侯氏于谿泉次于社賈辛軍谿泉司馬督次于社督即烏也此衆軍並爲伐子朝欲納敬王故舉之謂知徐吾趙朝韓固魏戊餘子之不失職能守業者也卿之庶子爲餘子○【疏】注卿之至餘子○正義曰宣二年傳云官卿之適以爲公族又官其餘子亦爲餘子其庶子爲公行注云餘子適子之母弟也庶子妾子也彼適庶分爲三等故餘子與庶子爲異此無所對

故㥋謂孽子爲餘子也此四人之内當有妻生妾生者也知徐吾韓固是卿之孫也趙朝卿之曾孫也而並稱餘子者言其父祖是餘子就餘子子孫之内選其賢者而用之此四人不失常職能守其父祖之業者也其四人者皆受縣而後見於魏子以賢舉也四人司馬彌牟孟丙樂霄僚安也受縣而後見言采衆而舉不以私也○見賢遍反注及下見魏子並同魏子謂成鱄鱄晉大夫○鱄音鄟又市轉反又音附吾與戊也縣人其以我爲黨乎對曰何也戊之爲人也遠不忘君遠疏遠也近不偪同不偪同位○偪彼力反居利思義不苟得在約思純無濫心有守心而無淫行雖與之縣不亦可乎疏對曰至可乎○正義曰遠不忘君言職雖疏遠而心在公室常忠敬也近不偪同言親近有寵不偪迫同位常謙共也居利思義臨財不苟得思義可取乃取之也在約思純處貧匱而思純固無叨濫之心也有守善之心而無淫邪之行雖則親子

而與之縣不亦可乎昔武王克商光有天下光大也。行下孟反其兄弟之國者十有五人姬姓之國者四十人皆舉親也夫舉無他唯善所在親疏一也【疏】昔武至親也。正義曰由武王克商得封建諸國歸功於武王耳此十五國或有在後封者非武王之時盡得封也尚書康誥之篇周公營洛之年始封康叔于衛洛誥之篇周公致政之年始封伯禽于魯明知武王之時兄弟未盡封也僖二十四年傳稱周公弔二叔之不咸故封建親戚以藩屏周亦以周公爲制禮之主故歸功於周公耳非盡周公封也九年傳曰文武成康之封建母弟則康王之世尚有封國宣王方始封鄭非獨武王周公封諸國也僖二十四年傳數文之昭也有十六國此言武王兄弟之國十五人者人異故說異耳非武王封十五周公始加一也以魯衛驗之知周公所加非唯一耳

詩曰唯此文王帝度其心莫其德音其德克明克明克類克長克君王此大國克順克

比比于文王其德靡悔既受帝祉施于孫子

詩大雅美文王能王大國受天福祉及子孫。唯此文王詩作唯此王季度待洛反下及注同莫亡白反又如字爾雅云貊莫安定也下及注同長丁丈反下及注同王此于况反注能王同祉音恥施以豉反注同。疏詩曰至孫子。

正義曰詩大雅皇矣之篇美文王之德也唯此文王之身為天帝所佑天帝開度其心令其有揆度之惪所度前事莫不皆得其中也又使之莫然安靜其德教之善音施之於人則皆應和之也又能有監照在下之明又能有勤施無私之善又能教誨不倦有為人師長之德又能賞善刑惡有為人君上之度既有人君之德故為人君王此周之大邦也其施教令能使國人徧服而順之既為國人順服又能擇人之善者比方其善乃從而用之以此文王之德比于上世有能經緯天地文德之王如堯舜之輩其比詩人稱比較于文王之九德其德皆是無為人所悔吝者言文王之德甚比或以為比于前世文德之王義亦通也以此之故既受天之祉福施及于後世之子孫得使長王天下也此章文次如此者德皆天之所授故先言帝度其心明以下皆掌帝文也德由心起故先言心能度物也心既能度然後能施為政教故次莫其德

音言變政教清靜也爲君所以施政故先言政教清靜乃論身内之德故次能明能善其明與善還是德音之事施之於人有照臨之明勤心之善耳心能施而無私乃可爲人君長故次克長克君長即師也學記曰能爲師然後能爲長能爲長然後能爲君故先長後君也既言堪爲人君即説爲君之事故言王此大邦也既爲大邦之君能使國人順服故次克順也民既順服又須擇善用之故次克比也比于文王其德無所可恨故言受天之福澤流後世以結之此傳言唯此文王毛詩作維此王季經涉劉羅師有異讀後人因而所存不敢追改今王肅注毛詩及韓詩亦作唯此文王鄭注毛詩作維此王季故解比于文王言王季之德可以比于文王也劉炫云此作唯此文王不可以文王之德還自比文王故知比于文王可以比于上代文德之王也

心能制義曰度帝度其心

疏心能制義曰度○正義曰心能制斷時事使合於義是爲善揆度也言預度未來之事皆得中也

德正應和曰莫莫然清靜○應應對之應下如字又胡卧反

疏德正應和曰莫○正義曰毛詩莫作貊樂記引此詩亦作莫釋詁云貊莫安定也郭璞云皆靜定毛傳云貊靜也其德既正爲攻清靜故有所施爲民皆應和易繫辭曰君子居其室出

其言善則千里之外應之即此義也莫是清靜之意故杜云莫然清靜照臨四方曰明勤施無私曰類施而無私物得其所無失類也○施式豉反注及下同疏注施而無私至類也○正義曰勤行施惠情無偏私物皆得所是無失類也鄭玄云類善也無失類者不失善之類也教誨不倦曰長教誨長人之道賞慶刑威曰君作威作福君之職也疏賞慶刑威曰君○正義曰人君執賞罰之柄以賞慶人以刑威物是為君之道慈和徧服曰順唯順故天下徧服○徧音遍注同疏慈和徧服曰順○正義曰人君執慈心以惠下用和善以接物則天下徧服而順從之故為順也易繫辭云天之所助者順故杜云唯順故天下徧服擇善而從之曰比比方善事使相從也經緯天地曰文經緯相錯故織成文疏經緯天地曰文○正義曰易稱聖人先天而天弗違後天而奉天時言德能順天隨天所為如經緯相錯織成文章故為文也九德不愆作事無悔九德上九曰也皆無愆過則動無悔吝○吝力刃反故

襲天禄子孫賴之襲受也主之舉也近文德矣所及其遠哉舉魏戊等勤施無私也其四人者擇善而從故曰近文德所及遠也○近附近之近

疏注近文德所及遠○正義曰成鱄引此詩者唯欲取克類克比二事同於文王故云近文德矣文王以有此德故得施于子孫魏子既近文德亦將所及遠也

賈辛將適其縣見於魏子魏子曰辛來昔叔向適鄭鬷蔑惡惡貌醜○鬷音子工反欲觀叔向從使之收器者從隨也隨使人應飲俎豆者

疏從使之收器者○正義曰下云叔向將飲酒將欲舉爵而飲此則飲猶未畢使者撤收器耳李即收也

而往立於堂下一言而善叔向將飲酒聞之曰必鬷明也素聞其賢故聞其言而知之

疏一言而善○正義曰舊說云下一言者謂設由上繇由下

下執其手以上曰昔賈大夫惡賈國之大夫惡亦醜也○上時掌反下并

注同娶妻而美三年不言不笑御以如皋為妻御之
皋澤○娶七住反為于僞反疏御以如皋○正義曰詩云鶴鳴于九皋是皋為澤也如往也為妻御車以往澤
也射雉獲之其妻始笑而言賈大夫曰才之
不可以已我不能射女遂不言不笑夫令子
少不颺顏貌不揚顯○射雉食亦反女音汝下同夫音扶颺音揚子若無言吾幾
失子矣言不可以已也如是遂如故知令女
有力於王室吾是以舉女因賈辛有功而後舉之言人不可無能○幾音
祈疏遂如故知○正義曰遂如故舊相知行乎敬之哉毋墮乃力墮損
也○毋音無墮許規切仲尼聞魏子之舉也以為義曰近
不失親謂舉魏戊遠不失舉以賢舉可謂義矣又聞

其命賈辛也以爲忠言賞賈辛之勞以爲忠詩曰永言配命自求多福忠也詩大雅永長也言能長配天命致多福者唯忠疏詩曰至忠也○正義曰詩大雅文王之篇也言王者長自言我之所爲配上天之命而行之是内求於己以致多福使歸己此詩之意言忠則然也言魏子能忠必有多福歸之魏子之舉也義其命也忠其長有後於晉國乎○冬梗陽人有獄魏戊不能斷以獄上上時掌反下同斷丁亂反其大宗賂以女樂大宗訟者之太宗魏子將受之魏戊謂閻沒女寬二人魏子之屬大夫○閻以占反曰主以不賄聞於諸侯若受梗陽人賄莫甚焉吾子必諫皆許諾退朝待於庭魏子朝君退而待於魏子之庭○聞如字又音問饋入召之召二大夫食○饋求位反比置三歎

既食使坐更命之令坐○比必利反令力呈反魏子曰吾聞諸伯叔諺曰唯食忘憂吾子置食之間三歎何也同辭而對曰或賜二小人酒不夕食或他人也言飢甚饋之始至恐其不足是以歎中置自咎曰豈將軍食之而有不足是以再歎魏子中軍帥故謂之將軍○咎其九反食之音嗣帥所類反本又作率同【疏】注魏子至將軍○正義曰晉使卿爲將中軍故呼爲將軍自六國以來軍將謂之將中軍將上軍此以魏子遂以將軍爲官名蓋其元起於此及饋之畢願以小人之腹爲君子之心屬厭而已屬足也言小人之腹飽猶知厭足君子之心亦宜然○屬之玉反注同厭於鹽反又於豔反注同獻子辭梗陽人傳言魏氏所以興也

春秋左傳註疏卷第五十二